Psychotherapie: Therapiegestaltung & Praxismanagement

Die Buchreihe „Psychotherapie: Therapiegestaltung & Praxismanagement“ bietet einen umfassenden Leitfaden für erfahrene Psychotherapeut:innen sowie angehende Fachkräfte, die ihr Wissen vertiefen und ihre Fertigkeiten in der Psychotherapie weiterentwickeln möchten. Diese praxisnahe Fachbuchreihe ist darauf ausgerichtet, fortgeschrittene Techniken der Psychotherapie in spezifischen Anwendungsfällen zu vermitteln. Jeder Band der Reihe widmet sich einem spezifischen Therapiethema und bietet eine fundierte, praxisorientierte Herangehensweise. Die Inhalte umfassen die Grundlagen spezifischer therapeutischer Techniken oder deren Anwendung in speziellen Kontexten, so dass Sie in dieser Reihe Werke finden, die die Behandlung bestimmter Störungen unter bestimmten Verfahren und für eine bestimmte Patient:innenzielgruppe (z.B. Kinder und Jugendliche) finden - sowie unterschiedliche Kombinationen von diesen. Die Reihe behandelt ebenso wichtige Aspekte des Berufsstands und der Selbständigkeit in der Psychotherapie. Dazu gehören Themen wie Berufsrecht, Ethikrichtlinien, Verschwiegenheitspflichten, und rechtliche Rahmenbedingungen. Praktische Ratschläge zur Praxisgründung, -verwaltung und zum Praxismanagement werden ebenfalls ausführlich behandelt. Die Autor:innen dieser Reihe sind renommierte Expert:innen auf ihrem Gebiet, die ihr Fachwissen und ihre langjährige Erfahrung in der Praxis einbringen. Die Fachbücher sind sorgfältig strukturiert und bieten einen klaren, gut verständlichen Schreibstil sowie zahlreiche Fallbeispiele, Übungen und Arbeitsmaterialien, um das Verständnis zu vertiefen und die praktische Anwendung zu fördern. „Psychotherapie: Therapiegestaltung & Praxismanagement“ ist eine wertvolle Ressource für Psychotherapeut:innen, Psycholog:innen und andere Fachleute im Bereich der psychischen Gesundheit, die ihre Kompetenzen erweitern und sich professionell weiterentwickeln möchten. Diese Reihe bietet einen umfassenden Leitfaden für eine erfolgreiche und erfüllende Tätigkeit in der Psychotherapiepraxis.

Lara Seifert

Eigene Praxis, eigene Wege - Herausforderungen und Chancen der Praxisgründung für (junge) PsychotherapeutInnen

Springer

Lara Seifert
Kalletal, Deutschland

ISSN 3059-2852 ISSN 3059-2860 (electronic)
Psychotherapie: Therapiegestaltung & Praxismanagement
ISBN 978-3-662-72887-1 ISBN 978-3-662-72888-8 (eBook)
https://doi.org/10.1007/978-3-662-72888-8

Die Deutsche Nationalbibliothek verzeichnet diese Publikation in der Deutschen Nationalbibliografie; detaillierte bibliografische Daten sind im Internet über https://portal.dnb.de abrufbar.

Springer ist ein Imprint der eingetragenen Gesellschaft Springer-Verlag GmbH, DE und ist ein Teil von Springer Nature.
Die Anschrift der Gesellschaft ist: Heidelberger Platz 3, 14197 Berlin, Germany

Für meinen Mann,
der mich in jedem Zweifel gehalten und in jedem Schritt ermutigt hat.
Für meine Familie,
die mir Wurzeln und Flügel zugleich geschenkt hat – Geduld, Vertrauen und die Kraft, meinen eigenen Weg zu gehen.
Ohne euch wäre dieser Weg nicht derselbe gewesen.

Vorwort

Die Gründung einer eigenen Praxis ist ein Abenteuer. Es ist ein Weg, der Mut, Ausdauer und manchmal auch eine gute Portion Unwissenheit erfordert, um sich auf das Unbekannte einzulassen. Als ich diesen Weg einschlug, hatte ich wenig Vorstellung davon, wie herausfordernd und wie erfüllend er sein würde. Die vielen Stolpersteine und unvorhergesehenen Hürden haben mich nicht nur beruflich, sondern auch persönlich wachsen lassen. Während meiner Ausbildung und den ersten Jahren in der Praxis hat mich ein Gedanke des großen Psychotherapeuten Irvin D. Yalom stets begleitet:

> „Jede Therapie ist eine Reise, und auf dieser Reise verändert sich nicht nur der Patient, sondern auch der Therapeut." – Irvin D. Yalom, Die Liebe und ihr Henker

Dieser Satz hat mich tief geprägt. Er erinnert daran, dass wir als Psychotherapeut*innen nicht nur Begleiter*innen für andere sind, sondern uns selbst immer wieder den großen Fragen des Lebens stellen müssen. Das gilt besonders für den Schritt in die Selbstständigkeit, der nicht nur mit fachlichen Herausforderungen, sondern auch mit existenziellen Fragen verbunden ist: *„Bin ich gut genug? Werde ich erfolgreich sein? Wie finde ich die Balance zwischen Nähe und Distanz, zwischen Beruf und Privatleben?"*. Der Weg zur Psychotherapeut*in in eigener Praxis ist eine Reise, die aus den Höhen und Tiefen besteht. Dieses Buch soll inspirieren, informieren und Mut machen. Ich möchte die Erfahrungen teilen, die mich geprägt haben, und das Wissen weitergeben, das ich mir in den letzten Jahren mühsam erarbeitet habe. Dabei geht es nicht nur um die organisatorischen und rechtlichen Aspekte der Praxisführung, sondern auch um die inneren Prozesse: die Zweifel, die Hoffnungen und die tiefen Einsichten, die ich auf diesem Weg gewonnen habe. Für mich war Yalom nicht nur ein Mentor in der Theorie, sondern eine ständige Erinnerung daran, dass Psychotherapie immer ein menschlicher Prozess ist hier bitte Gedankenstrich ein gemeinsames Erkunden, das von Authentizität und Mitgefühl lebt. Mit diesem Buch möchte ich Ihnen nicht nur die technischen Werkzeuge für eine erfolgreiche Praxisgründung an die Hand geben, sondern auch ein Stück von dem, was mich als Therapeutin ausmacht: die Überzeugung, dass jeder Schritt, den wir gehen, ein Teil unseres eigenen Wachstums ist.

Ich wünsche Ihnen viel Freude, Inspiration und vielleicht auch den einen oder anderen „Aha-Moment“ beim Lesen. Möge dieses Buch Sie auf Ihrer eigenen Reise begleiten, wo immer sie Sie hinführen mag.

Lara Seifert

Interessenkonflikt Der/die Autor*in hat keine für den Inhalt dieses Manuskripts relevanten Interessenkonflikte.

Einleitung

Die Gründung einer eigenen psychotherapeutischen Praxis als (junge) Psychotherapeut*in ist ein bedeutender Schritt, der sowohl Herausforderungen als auch Chancen mit sich bringt. Der Weg in die Selbstständigkeit erfordert nicht nur fachliche Kompetenz, sondern auch unternehmerisches Denken und die Bereitschaft, sich mit administrativen und rechtlichen Aspekten auseinanderzusetzen. Die Idee zu diesem Buch entstand aus meinen eigenen Erfahrungen in der frühen Phase meiner beruflichen Selbstständigkeit. Immer wieder habe ich mir in dieser Zeit einen praxisnahen Ratgeber gewünscht – ein Buch, das nicht nur theoretische Grundlagen vermittelt, sondern auch konkrete Einblicke in den Alltag einer Psychotherapeut*in bietet. Dieses Werk soll genau diese Lücke füllen: Es vereint persönliche Reflexionen, praxisnahe Tipps und realitätsnahe Beispiele, die Mut machen und Orientierung geben können.

Alle in diesem Buch dargestellten Fallbeispiele sind fiktiv. Sie dienen ausschließlich der Veranschaulichung typischer Situationen und sollen Denkanstöße geben, ohne Rückschlüsse auf reale Personen zuzulassen.

Der Aufbau des Buches folgt einem roten Faden, der Sie Schritt für Schritt durch die verschiedenen Etappen der Praxisgründung führt:

- **Kap. 1–3:** Hier geht es um die ersten Schritte auf dem neuen Weg – vergleichbar mit dem Legen eines soliden Fundaments. Themen wie Approbation, Kassensitz und finanzielle Planung bilden die Basis, auf der alles Weitere aufbaut. Auch die Gestaltung der Praxisräume wird thematisiert, wie gelingt es, Räume zu schaffen, die sowohl funktional als auch einladend wirken?
- **Kap. 4–6:** In diesem Abschnitt rückt der Aufbau der Praxis in den Vordergrund. Wie finden Patient*innen den Weg zu Ihnen? Welche Rolle spielen Netzwerke und Weiterbildung, und wie lässt sich die Doppelrolle als Therapeutin und Mutter gestalten? Hier erhalten Sie praktische Werkzeuge und Checklisten, die helfen, den Alltag zu strukturieren.
- **Kap. 7–9:** Diese Kapitel widmen sich den inneren Stolpersteinen. Zweifel, Unsicherheiten und finanzielle Sorgen sind häufige Begleiter am Anfang. Sie erfahren, wie sich

diese Hürden annehmen und in Wachstumschancen verwandeln lassen – ein wichtiger Schritt, um Sicherheit und innere Stabilität zu entwickeln.
- **Kap. 10–12:** Auf jedem Weg gibt es Umwege und Rückschläge. Hier wird aufgezeigt, wie man mit solchen Situationen konstruktiv umgehen kann, ohne das Ziel aus den Augen zu verlieren. Ergänzt wird dieser Abschnitt durch Impulse zur Work-Life-Balance und durch konkrete Finanzpläne, die Orientierung und Sicherheit bieten.
- **Kap. 13–16:** Zum Abschluss öffnet sich der Blick in die Zukunft: Soll die Praxis wachsen, soll sie spezialisierter werden oder vielleicht sogar einen Praxis-Hund einschließen? Diese Kapitel laden dazu ein, über die eigene Entwicklung hinauszudenken und gleichzeitig eine persönliche Bilanz zu ziehen.

Dieses Buch versteht sich als Begleiter für alle, die den Schritt in die Selbstständigkeit wagen. Es möchte Mut machen, zeigt realistische Herausforderungen und mögliche Lösungen auf und lädt dazu ein, den eigenen Weg mit Zuversicht und Klarheit zu gestalten. Dabei erhebt es keinen Anspruch auf Vollständigkeit und ersetzt keine professionelle Beratung. Vielmehr soll es eine Inspirationsquelle sein, die dazu ermuntert, Herausforderungen als Teil des Wachstums zu sehen und die eigene Praxis als Ausdruck einer ganz persönlichen beruflichen Reise zu verstehen.

Inhaltsverzeichnis

Über die Autorin

Lara Seifert Die Autorin wurde 1996 geboren und entwickelte früh ein feines Gespür für die leisen Seiten des Lebens – für innere Bewegungen, ungelebte Gefühle und jene Prozesse, die sich dem schnellen Blick entziehen, das Leben eines Menschen jedoch nachhaltig prägen. Schon früh interessierte sie weniger das Offensichtliche als vielmehr das, was unter der Oberfläche liegt: das Unausgesprochene, das Verletzliche, das Suchende. Ihr Blick galt der Frage, was Menschen innerlich bewegt, woher ihre Muster stammen und wie Veränderung möglich wird, selbst dann, wenn sie zunächst unmöglich erscheint.

Ihr Interesse für die Psyche entstand nicht allein aus Neugierde oder akademischem Anspruch, sondern aus einer tiefen persönlichen Verbundenheit mit inneren Entwicklungsprozessen. Die Auseinandersetzung mit seelischen Themen war für sie nie rein theoretisch, sondern immer auch eine Erfahrung auf einer sehr persönlichen Ebene. Diese Nähe zum Menschlichen, zur eigenen inneren Welt wie auch zur Welt anderer, prägt bis heute ihre Haltung als Therapeutin und Autorin.

Nach dem Abitur am Gymnasium Marianum führte ihr Weg zunächst an die Fachhochschule Bielefeld. Dort begann sie ein Studium, das ihr eine wichtige fachliche Grundlage im sozialwissenschaftlichen Bereich vermittelte. Doch schon während dieser Zeit wurde ihr zunehmend klar, dass sie dorthin wollte, wo Menschen nicht nur erklärt, sondern wirklich gesehen werden – in ihrer Geschichte, ihren Brüchen, ihren Gefühlen und Hoffnungen. Der Wunsch, Psychotherapeutin zu werden, wuchs nicht aus einem reinen Berufsziel heraus, sondern aus einem inneren Erleben: aus dem Bedürfnis heraus, Menschen auf einem ihrer schwierigsten, aber auch bedeutendsten Wege zu begleiten – dem Weg zu sich selbst.

Sie absolvierte den Masterstudiengang Angewandte Sozialwissenschaften und begann parallel ihre Ausbildung zur Kinder- und Jugendlichenpsychotherapeutin mit tiefenpsychologischem Schwerpunkt am MAPP-Institut in Magdeburg. Die Entscheidung für die tiefenpsychologische Ausrichtung war bewusst gewählt: Sie spiegelte ihr Interesse an lebensgeschichtlichen Zusammenhängen, unbewussten Prozessen und inneren Konflikten wider, die das Erleben und Verhalten eines Menschen prägen – oft ohne, dass dieser es selbst bewusst steuern kann.

Die Arbeit mit Kindern und Jugendlichen wurde für sie rasch zu einer Herzensaufgabe. In jungen Menschen begegnete ihr in besonderer Weise das Unfertige, das Offene, das Verletzliche – aber auch eine große innere Kraft zur Entwicklung. Gerade hier, wo sich Persönlichkeit noch formt und Erfahrungen tiefe Spuren hinterlassen, erlebte sie Psychotherapie als besonders sinnstiftend. Es war ihr ein Anliegen, jungen Menschen einen Raum anzubieten, in dem sie verstanden werden durften, ohne sich erklären zu müssen, und in dem ihre inneren Welten ernst genommen wurden.

Nach dem Abschluss des ersten Masterstudiums entschied sie sich bewusst für eine weitergehende fachliche Vertiefung und absolvierte zusätzlich den Master in Klinischer Psychologie und Psychotherapie. Damit verband sich für sie der Wunsch, ihre therapeutische Arbeit auf ein noch breiteres wissenschaftliches Fundament zu stellen und ihre Kompetenz in der Behandlung psychischer Erkrankungen weiter auszubauen.

Mit beiden Abschlüssen und der Approbation ergab sich durch einen glücklichen Zufall eine berufliche Möglichkeit, die sie mutig ergriff: Im Kreis Ostwestfalen-Lippe, in der Gemeinde Kalletal, wurde ein Kassensitz für Kinder- und Jugendlichenpsychotherapie frei, den sie übernahm. Für die junge Therapeutin bedeutete dies einen großen Schritt – sowohl beruflich als auch persönlich. Neben der therapeutischen Verantwortung kam nun auch die unternehmerische hinzu.

In Kalletal gründete sie ihre eigene Praxis. Was zunächst als formale Entscheidung begann, wurde rasch zu etwas sehr Persönlichem. Ihre Praxis sollte mehr sein als ein Ort der Behandlung; sie sollte ein Raum sein, in dem Menschen ankommen dürfen – mit ihren Sorgen, ihren Fragen, ihren Verletzungen und ihrer Hoffnung. Ein Ort, der Halt geben kann, ohne einzuengen, und Struktur bietet, ohne zu erdrücken.

Der Aufbau einer eigenen Praxis war geprägt von Lernprozessen, Herausforderungen und Momenten des Zweifelns – aber auch von wachsender Sicherheit und innerer Klarheit. In dieser Zeit lernte sie nicht nur viel über Abrechnungssysteme, Verwaltungsstrukturen und rechtliche Rahmenbedingungen, sondern vor allem über sich selbst: über Belastbarkeit, Verantwortung und darüber, was es bedeutet, seinen eigenen Weg zu gehen – auch dann, wenn er nicht klar vorgezeichnet ist.

Im Jahr 2025 schloss sie schließlich die Doppelapprobation als Psychologische Psychotherapeutin ab. Damit öffnete sich ein weiterer beruflicher Raum: Neben Kindern und Jugendlichen behandelt sie seither auch Erwachsene im privatärztlichen Rahmen. Die Arbeit mit Erwachsenen stellte für sie eine Erweiterung ihres therapeutischen Horizonts dar – mit neuen Lebensgeschichten, Herausforderungen und Entwicklungsaufgaben.

Was all ihre therapeutische Arbeit verbindet, ist eine Haltung, die gleichermaßen von Fachlichkeit und Feinfühligkeit geprägt ist. Sie weiß, dass Psychotherapie nicht in erster Linie aus Methoden besteht, sondern aus Beziehung. Dass Veränderung nicht durch Druck geschieht, sondern durch Vertrauen. Und dass Heilung oft leise beginnt: in einem Moment des Verstandenwerdens, in der Erfahrung, mit dem eigenen Erleben nicht allein zu sein.

In ihrer Arbeit begegnet sie Menschen nicht von oben herab, sondern auf Augenhöhe. Sie sieht nicht nur Symptome, sondern Lebensgeschichten. Nicht nur Diagnosen, sondern Persönlichkeiten. Ihr therapeutisches Handeln ist getragen von Respekt, Achtsamkeit und der Überzeugung, dass jeder Mensch mehr ist als das, was er im Augenblick zeigen kann.

Aus ihren eigenen Erfahrungen beim Aufbau einer Praxis, aus den Unsicherheiten der ersten Jahre und aus dem Bedürfnis heraus, das schwer Zugängliche verständlicher zu machen, entstand der Wunsch, ihr Wissen weiterzugeben. Dieses Buch ist deshalb nicht nur ein fachlicher Leitfaden, sondern auch eine leise Ermutigung – für all jene jungen Psychotherapeutinnen und Psychotherapeuten, die am Anfang ihres Weges stehen, zwischen Idealismus und Realität, zwischen Verantwortung und Selbstzweifel.

Die Autorin möchte mit diesem Buch nicht nur informieren, sondern begleiten. Sie schreibt für Kolleginnen und Kollegen, die Orientierung suchen, Mut brauchen oder sich fragen, ob sie den richtigen Weg eingeschlagen haben. Und sie schreibt aus der Überzeugung heraus, dass fachliche Kompetenz und menschliche Entwicklung untrennbar miteinander verbunden sind.

Ihr Schreiben ist geprägt von Klarheit, Ehrlichkeit und einem tiefen Respekt vor der Komplexität des Menschseins. Sie weiß aus Erfahrung, dass innere Prozesse Zeit brauchen – und dass Entwicklung oft nicht linear verläuft, sondern in Schleifen, Brüchen und Neubeginnen.

Dieses Buch ist ein Ausdruck all dessen.

Ein leiser Begleiter für einen mutigen Schritt.

Tabellenverzeichnis

1 Die ersten Schritte auf dem Weg in die Selbstständigkeit

▶ Der Weg in die psychotherapeutische Selbstständigkeit ist komplex und erfordert sowohl fachliche Qualifikation als auch organisatorische und rechtliche Vorbereitung. Das erste Kapitel gibt einen Überblick über zentrale Schritte und Entscheidungen auf diesem Weg – von der Approbation über die Wahl der Fachkunde und die Zulassung durch die Kassenärztliche Vereinigung bis hin zur Wahl des passenden Praxismodells. Neben gesetzlichen Grundlagen und formalen Rahmenbedingungen werden auch Alternativen zur Kassenzulassung und grundlegende Überlegungen zur Praxisgründung thematisiert.

1.1 Der Weg zur Approbation: Ein Marathon mit vielen Hürden

Bevor der Traum von der eigenen psychotherapeutischen Praxis Realität wird, gilt es, zahlreiche Hürden zu überwinden. Die Ausbildung zur Psychotherapeut*in ist ein intensiver und vielschichtiger Prozess. Das Psychotherapeutengesetz (PsychThG) regelt bundeseinheitlich die Voraussetzungen zur Ausbildung und Approbation. Vor der Reform im Jahr 2020 absolvieren angehende Psychotherapeut*innen zunächst ein Studium der Psychologie (für Psychologische Psychotherapeut*innen oder Kinder- und Jugendlichenpsychotherapeut*innen) oder der Pädagogik bzw. Sozialpädagogik (nur für Kinder- und Jugendlichenpsychotherapeut*innen), bevor sie eine postgraduale Ausbildung beginnen. Diese dauert in der Regel drei bis fünf Jahre und umfasst theoretische Seminare, praktische

L. Seifert, *Eigene Praxis, eigene Wege - Herausforderungen und Chancen der Praxisgründung für (junge) PsychotherapeutInnen*, Psychotherapie: Therapiegestaltung & Praxismanagement,
https://doi.org/10.1007/978-3-662-72888-8_1

Tab. 1.1 Vergleich: Ausbildung vor und nach der Reform 2020

Aspekt	Altes Modell (vor 2020)	Reformiertes Modell (ab 2020)
Zugangs- Voraussetzung	Studium der Psychologie/ Pädagogik	Studium der Psychotherapie (B.Sc./M.Sc.)
Approbation	Nach postgradualer Ausbildung	Direkt nach dem Masterabschluss
Dauer	3–5 Jahre nach dem Studium	Regulär 5 Jahre inkl. Studium
Kosten	Hohes Eigenfinanzierungsrisiko	Reduzierte Belastung durch Förderung/ Bezahlung in Weiterbildung
Berufliche Tätigkeit nach Approbation	Eigenständige Tätigkeit mit Fachkunde	Weiterbildung zur Fachkunde (ca. 5 Jahre, berufsbegleitend), danach Eintrag ins Arztregister und Praxisgründung möglich

Quelle: Eigene Darstellung nach Angaben des Bundesministeriums für Gesundheit (2019).

Tätigkeiten in Kliniken und Ambulanzen, sowie Supervision und Lehrtherapie. Die finanzielle Belastung in dieser Ausbildungsform ist erheblich. Viele Ausbildungsteilnehmer*innen müssen Lehrtherapie, Supervision, Seminare und meist schlecht bezahlte Praktika selbst finanzieren. Diese strukturelle und wirtschaftliche Belastung zählt zu den größten Kritikpunkten an der alten Regelung. Mit der Reform 2020 wird der Weg zur Approbation neu strukturiert. Seither erfolgt die Ausbildung über ein direktes Studium der Psychotherapie mit Bachelor- und Masterabschluss. Die Approbation wird nach dem Master erteilt. Anschließend absolvieren die Absolvent*innen eine vergütete Weiterbildung zur Fachkundigkeit in einem Richtlinienverfahren. Diese Umstellung soll die Ausbildung transparenter, planbarer und wirtschaftlich tragbarer machen (Bundesministerium für Gesundheit, 2019). Tab. 1.1 zeigt die zentralen Unterschiede zwischen der alten postgradualen Ausbildung und dem reformierten Ausbildungsweg ab 2020.

Nach der neuen Reform der Psychotherapieausbildung erfolgt die Niederlassung nicht mehr direkt im Anschluss an die Approbation, sondern nach einer mehrjährigen berufsbegleitenden Weiterbildung. In dieser Phase erwerben angehende Psychotherapeut*innen die sogenannte Fachkunde in einem anerkannten Richtlinienverfahren – ein entscheidender Schritt auf dem Weg zur Kassenzulassung.

Die Weiterbildung kann in einem der folgenden anerkannten psychotherapeutischen Verfahren absolviert werden. In Deutschland gibt es bisher vier wissenschaftlich anerkannte psychotherapeutische Verfahren, die von den gesetzlichen Krankenkassen übernommen werden.

Verfahren sind Bestandteil der Richtlinien-Psychotherapie gemäß § 5 der Psychotherapie- Richtlinie

Verhaltenstherapie (VT): Die Verhaltenstherapie ist ein zielgerichtetes, gegenwartsorientiertes Verfahren. Sie geht davon aus, dass psychische Erkrankungen durch erlernte und aufrechterhaltene Verhaltensmuster entstehen, die im Alltag problematisch sind. Die Therapie fokussiert sich auf konkrete Schwierigkeiten im Hier und Jetzt und unterstützt Patient*innen aktiv dabei, neue Verhaltensweisen und Denkstile zu entwickeln. Typisch für dieses Verfahren sind strukturierte Sitzungen, Hausaufgaben und verhaltensexperimentelle Methoden. Der aktive Einbezug der Patient*innen sowie ein transparenter Therapieprozess sind zentrale Merkmale.

> „Sie [die VT] ist ziel- und lösungsorientiert und zielt auf die Veränderung ungünstiger Denk- und Verhaltensmuster. Es geht um konkrete Probleme im Hier und Jetzt und darum, neue Handlungsmöglichkeiten zu entwickeln" (KBV, 2020, S. 5).

Tiefenpsychologisch fundierte Psychotherapie (TP): Die tiefenpsychologisch fundierte Psychotherapie basiert auf den Annahmen der Psychoanalyse, ist jedoch fokussierter und symptomnäher. Sie geht davon aus, dass unbewusste Konflikte und vergangene Beziehungserfahrungen einen Einfluss auf das aktuelle Erleben und Verhalten haben. In der Therapie werden diese inneren Konflikte sichtbar gemacht und bearbeitet. Ziel ist es, emotionale Einsichten zu gewinnen und Verhaltensmuster zu verändern. Die therapeutische Beziehung dient als zentrales Arbeitsmittel zur Reflexion und Entwicklung neuer Beziehungserfahrungen.

> „Sie [die TP] geht davon aus, dass seelische Erkrankungen mit unbewussten Konflikten zusammenhängen, die sich in aktuellen Beziehungsmustern und Symptomen zeigen. Sie ist stärker fokussiert als die klassische Analyse" (KBV, 2020, S. 5).

Analytische Psychotherapie (AP): Die analytische Psychotherapie ist ein langfristig angelegtes Verfahren und baut auf der klassischen Psychoanalyse auf. In mehrmals wöchentlich stattfindenden Sitzungen werden unbewusste Konflikte, frühe Kindheitserfahrungen und deren Einfluss auf das heutige Leben analysiert. Wesentliche Elemente sind freie Assoziation, Traumdeutung und die Bearbeitung von Übertragung und Gegenübertragung in der therapeutischen Beziehung. Ziel ist eine tiefgreifende Veränderung der Persönlichkeit durch Einsicht in unbewusste Prozesse.

> „Die analytische Psychotherapie ist ein tiefgreifendes, langfristiges Verfahren. Im Zentrum stehen die Deutung unbewusster Prozesse, biografische Erfahrungen und die therapeutische Beziehung“ (KBV, 2020, S. 5).

Systemische Therapie (ST): Die Systemische Therapie wurde 2020 als psychotherapeutisches Richtlinienverfahren für Erwachsene anerkannt. Sie versteht psychische Symptome als Ausdruck gestörter Kommunikations- und Beziehungsmuster im sozialen Umfeld, statt sich nur auf das Individuum zu konzentrieren, bezieht sie Familie, Partnerschaft oder andere relevante Systeme mit ein. Die Therapie arbeitet ressourcenorientiert, aktiviert vorhandene Stärken und sucht gemeinsam mit den Patient*innen nach neuen Lösungswegen.

> „Im Mittelpunkt steht nicht nur der einzelne Mensch, sondern sein gesamtes soziales Umfeld. Symptome werden als Ausdruck gestörter Beziehungsmuster oder Kommunikationsprozesse verstanden. […] Die systemische Therapie arbeitet ressourcenorientiert, sucht nach Lösungen und nutzt die Stärken des Einzelnen wie auch des gesamten Systems“ (KBV, 2020, S. 5).

Um die Unterschiede und Gemeinsamkeiten zwischen den psychotherapeutischen Richtlinienverfahren deutlich zu machen, bietet Tab. 1.2 eine strukturierte Übersicht über ihre Grundannahmen, typischen Methoden und Zielsetzungen.

Zusätzlich spezialisieren sich angehende Psychotherapeut*innen im Rahmen der Weiterbildung auf eine Zielgruppe: entweder auf Erwachsene (Psychologische Psychotherapie, PP) oder auf Kinder- und Jugendliche (Kinder- und Jugendlichenpsychotherapie, KJP) (Bundesministerium für Gesundheit, 2019). So ergibt sich z. B. die Fachkunde in Verhaltenstherapie mit dem Schwerpunkt KJP oder TP für Erwachsene.

Tab. 1.2 Überblick über psychotherapeutische Richtlinienverfahren

Verfahren	Grundannahme	Fokus	Typische Methoden	Ziel
Verhaltens-therapie (VT)	Psychische Probleme entstehen durch erlernte und aufrechterhaltene Verhaltensmuster.	Konkrete Schwierigkeiten im Hier und Jetzt.	Strukturierte Sitzungen, Hausaufgaben, Verhaltensexperimente.	Entwicklung neuer Denk-und Verhaltensweisen.
Tiefenpsychologisch fundierte Psychotherapie (TP)	Unbewusste Konflikte und Beziehungserfahrungen prägen das Erleben.	Innere Konflikte und deren Einfluss auf aktuelle Beziehungen.	Konfliktbearbeitung, Reflexion der therapeutischen Beziehung.	Emotionale Einsicht, Veränderung von Verhaltensmustern.
Analytische Psychotherapie (AP)	Unbewusste Prozesse und Kindheitserfahrungen beeinflussen das heutige Leben.	Frühe Erfahrungen, unbewusste Konflikte.	Freie Assoziation, Traumdeutung, Übertragung/Gegenübertragung.	Tiefgreifende Persönlichkeitsveränderung durch Einsicht.
Systemische Therapie (ST)	Symptome entstehen aus gestörten Kommunikations- und Beziehungs-mustern.	Das soziale Umfeld (Familie, Partnerschaft, Systeme).	Ressourcenaktivierung, lösungsorientierte Gespräche, Arbeit mit Systemen.	Neue Lösungswege, Stärkung vorhandener Ressourcen.

Quelle: Eigene Darstellung in Anlehnung an KBV, 2020

1.2 Die Herausforderung Kassensitz

Ein Kassensitz ist essenziell, um psychotherapeutische Leistungen über die gesetzlichen Krankenkassen abrechnen zu können. Er ist der Schlüssel zur Teilnahme an der medizinischen Versorgung, doch der Zugang ist streng reguliert und mit erheblichen bürokratischen und finanziellen Hürden verbunden. Die Kassenärztlichen Vereinigungen (KV) verwalten die Kassensitze und legen fest, wer in welchem Umfang zur Versorgung zugelassen wird. Insbesondere in städtischen Ballungsräumen, die oft als „gesättigt" gelten, sind freie Kassensitze extrem rar. Das führt dazu, dass in Städten mit hoher Therapeutendichte Preise von bis 150.000 € für eine halbe Zulassung verlangt werden (Tagesschau, 2024).

1.2.1 Zulassungsprozess bei der Kassenärztlichen Vereinigung (KV)

Wer psychotherapeutisch mit Kassenzulassung arbeiten möchte, muss bestimmte Voraussetzungen erfüllen. Die Kassenärztlichen Vereinigungen der Bundesländer sind für diesen Zulassungsprozess zuständig. Sie organisieren und prüfen, wer zur vertragspsychotherapeutischen Versorgung zugelassen wird – also wer mit den gesetzlichen Krankenkassen abrechnen darf. Die wichtigsten Voraussetzungen sind:

- Eintrag im Arztregister
- Nachweis einer Fachkunde in einem der anerkannten psychotherapeutischen Verfahren (z. B. Verhaltenstherapie)
- Approbation als Psychotherapeut*in
- Nachweis über geeignete Praxisräume

Diese Regeln basieren auf dem Bundesmantelvertrag-Ärzte (§ 95 SGB V), der deutschlandweit einheitlich vorgibt, wer an der medizinischen Versorgung teilnehmen darf. Die Entscheidung über die Zulassung trifft ein sogenannter Zulassungsausschuss der zustÄndigen KV. In diesem Ausschuss sitzen Vertreter*innen der KV und der gesetzlichen Krankenkassen. Sie prüfen den Antrag sowohl formal (z. B. ob alle Unterlagen vollstÄndig sind), fachlich (z. B. ob die Qualifikationen stimmen) als auch versorgungsbezogen (z. B. ob in der Region ein Bedarf besteht). Die Bewerbung um eine Zulassung erfolgt schriftlich. Viele KassenÄrztlichen Vereinigungen haben dafür feste Fristen – meist einmal pro Quartal. Es ist daher wichtig, diese Termine frühzeitig zu kennen und den Antrag vollständig und rechtzeitig einzureichen. Die Bearbeitung kann mehrere Wochen dauern. Das sollte man unbedingt einplanen – insbesondere wenn man z. B. eine Praxis übernehmen oder zu einem bestimmten Datum eröffnen möchte. Soll eine bereits bestehende Zulassung also ein Kassensitz – übernommen werden, geschieht dies im Rahmen eines

Nachbesetzungsverfahrens gemäß § 103 SGB V. Dieses Verfahren sieht vor, dass die KV die frei werdende Zulassung öffentlich ausschreibt. Interessierte Bewerber*innen müssen sich daraufhin offiziell bewerben. Die Entscheidung trifft ebenfalls der Zulassungsausschuss. Berücksichtigt werden neben der fachlichen Eignung auch Aspekte wie die regionale Versorgungslage, berufliche Erfahrung oder besondere soziale Kriterien. Es handelt sich dabei um ein konkurrierendes Auswahlverfahren, bei dem es keine Garantie auf Zuschlag gibt – auch nicht bei privater Einigung mit der oder dem bisherigen Sitzinhaber*in. Zudem ist zu beachten, dass die Zulassung mit Gebühren verbunden ist, welche je nach KV etwas unterschiedlich sind. Darüber hinaus fallen bereits vor der eigentlichen Tätigkeit hÄufig weitere Ausgaben an, etwa für notwendige Gutachten, Praxisumbauten, Versicherungsnachweise oder technische Anschlüsse. Diese Kosten sollten bereits in der Finanzplanung der Gründung berücksichtigt werden.

▶ **Tipp** Interessierte sollten sich frühzeitig mit der jeweiligen Landes- KV in Verbindung setzen oder fachjuristische Beratung einholen. Eine gute Übersicht bieten die jeweiligen KV-Webseiten sowie Informationsbroschüren der Psychotherapeutenkammern.

1.2.2 Vollzulassung, Teilzulassung, Sonderbedarf und Jobsharing – was bedeuten Sie?

Die Kassenärztliche Vereinigung (KV) unterscheidet bei der Zulassung von Psychotherapeut*innen zwischen Vollzulassung, Teilzulassung und Sonderbedarfszulassung. Zusätzlich besteht die Möglichkeit des Jobsharings. Diese verschiedenen Formen sind im Bundesmantelvertrag – Ärzte (§ 95 SGB V) geregelt und bestimmen maßgeblich, in welchem Umfang Psychotherapeut*innen im vertragspsychotherapeutischen System tätig werden können.

Eine **Vollzulassung** eröffnet den weitreichendsten Handlungsspielraum. Sie berechtigt dazu, eine psychotherapeutische Praxis in vollem Umfang zu betreiben. Damit verbunden ist ein Versorgungsauftrag von mindestens 25 Wochenstunden, der je nach Bedarf auf bis zu 60 Wochenstunden erweitert werden kann. Diese Form ist insbesondere für diejenigen geeignet, die ihre Praxis hauptberuflich führen und eine volle Auslastung anstreben.

Die **Teilzulassung** stellt eine flexiblere Variante dar. Sie reduziert den Versorgungsauftrag auf 50 % des regulären Umfangs. Das bedeutet konkret: eine Mindeststundenzahl von etwa 12,5 Wochenstunden, die bis auf ungefähr 30 Wochenstunden ausgeweitet werden kann (Kassenärztliche Vereinigung Bayerns, n. d.). Teilzulassungen bieten sich besonders für Psychotherapeut*innen an, die Familie, Forschung oder andere Tätigkeiten mit ihrer Praxis verbinden möchten.

Die **Sonderbedarfszulassung** eröffnet Psychotherapeut*innen eine außergewöhnliche Möglichkeit: Sie erlaubt den Zugang zur vertragspsychotherapeutischen Versorgung selbst in Regionen, die offiziell als „überversorgt" gelten. Damit schafft sie eine wertvolle Perspektive – insbesondere für Therapeut*innen, die sich in begehrten Ballungsräumen oder ihrer Wunschregion niederlassen möchten, wo reguläre Kassensitze kaum verfügbar sind. Ein solcher Sonderbedarf kann auf zwei Wegen begründet werden: Zum einen durch einen *lokalen Versorgungsbedarf*, wenn bestimmte Bevölkerungsgruppen – etwa Kinder und Jugendliche, Menschen mit Migrationshintergrund oder Bewohner*innen strukturell benachteiligter Stadtteile – deutlich unterversorgt sind.

Zum anderen durch einen *qualifikationsbezogenen Versorgungsbedarf*, etwa wenn spezifische Therapieformen wie systemische Therapie, Kinder- und Jugendlichenpsychotherapeut*innen in der Region fehlen. So attraktiv diese Möglichkeit auch erscheint, sie bringt auch klare Einschränkungen mit sich. Eine Sonderbedarfszulassung ist an den genehmigten Bedarf gebunden – sie kann nicht ohne Weiteres weitergegeben werden, vorher erfolgt eine Prüfung ob der Sonderbedarf noch besteht. Auch eine spätere Umwandlung, etwa von Kinder- und Jugendlichenpsychotherapie (KJP) in Psychologische Psychotherapie (PP), ist in der Regel ausgeschlossen. Darüber hinaus ist der Antragsprozess aufwendig und anspruchsvoll: Er erfordert neben einer fundierten Bedarfsanalyse auch zahlreiche Nachweise, eine überzeugende Begründung und oft auch professionelle juristische Begleitung. Der damit verbundene Zeit- und Kostenaufwand sollte nicht unterschätzt werden. (Piltz, 2018)

Inhalte und Anforderungen eines Sonderbedarfsantrags (nach DGVT-BV, 2019)

- **Bedarfsbegründung:** Eine zentrale Voraussetzung für den Sonderbedarfsantrag ist eine nachvollziehbare Darstellung der aktuellen psychotherapeutischen Versorgungslage im jeweiligen Planungsbereich. Dabei müssen vorhandene Versorgungslücken oder besondere Bedarfe – etwa für bestimmte Zielgruppen oder Störungsbilder – mit Daten (z. B. aus den Bedarfsplanungsunterlagen der KV oder dem Versorgungsatlas) belegt und beschrieben werden.
- **Berufliche Qualifikation und Spezialisierung:** Die Antragstellenden müssen nachweisen, dass sie fachlich in besonderer Weise geeignet sind, den identifizierten Bedarf zu decken. Dazu zählen z. B. anerkannte Zusatzqualifikationen, therapeutische Spezialisierungen (z. B. Traumatherapie, interkulturelle Kompetenz, Arbeit mit Menschen mit Behinderung) oder mehrjährige relevante Berufserfahrung.

- **Konzept zur Sicherstellung der Versorgung:** Ein tragfähiges Versorgungskonzept ist erforderlich. Es sollte schlüssig darlegen, wie durch die geplante Praxis eine kontinuierliche und qualitativ hochwertige psychotherapeutische Versorgung sichergestellt werden kann. Dabei geht es auch um organisatorische Aspekte (z. B. Praxisstruktur, Barrierefreiheit, Erreichbarkeit, Sprechzeiten).
- **Konkreter Bezug zum Sonderbedarfstatbestand:** Es ist darzulegen, weshalb die vorhandenen psychotherapeutischen Praxen im Planungsbereich den spezifischen Bedarf nicht decken können und wie die geplante Praxis dies ändern würde. Der Bezug zum Sonderbedarf muss sachlich begründet, differenziert und belegt sein.

Trotz aller Hürden kann die Sonderbedarfszulassung ein entscheidender Türöffner sein – gerade für Psychotherapeut*innen mit klarer fachlicher Ausrichtung, regionaler Verwurzelung und der Bereitschaft, sich durch ein komplexes Verfahren zu arbeiten. In vielen Fällen eröffnet sie den Weg zur eigenen Praxis dort, wo er über einen regulären Kassensitz versperrt bleibt.

Eine weitere Alternative, um in überversorgten oder gesperrten Planungsbereichen vertragspsychotherapeutisch tätig zu werden, ist das sogenannte **Jobsharing-Modell.** Ein gesperrter Planungsbereich liegt dann vor, wenn die Zahl der zugelassenen Psychotherapeut*innen in einem bestimmten Gebiet bereits über dem von der KassenÄrztlichen Vereinigung ermittelten Bedarf liegt. In solchen Fällen werden keine neuen Kassenzulassungen vergeben; eine Niederlassung ist nur über die Übernahme eines bestehenden Sitzes oder über Sonderregelungen wie eben das Jobsharing möglich. Dabei arbeitet eine bereits zugelassene Praxisinhaber*in mit einem/einer weiteren Psychotherapeut*in zusammen, entweder im Rahmen einer Berufsausübungsgemeinschaft oder über eine Anstellung, wobei die Gesamtversorgungsleistung der Praxis begrenzt bleibt (KBV, 2025). Im Kern bedeutet Jobsharing, dass zwei Psychotherapeut*innen gemeinsam denselben Arztsitz nutzen und sich die Behandlungskapazitäten teilen. Die zweite Person erhält in diesem Fall keine eigenständige, vollwertige Zulassung, sondern eine auf die Jobsharing-Konstellation beschränkte Beteiligung. Dieses Modell erlaubt es, die Versorgungskapazität der Praxis zu stabilisieren oder moderat zu erweitern, ohne die regionale Versorgungsstruktur wesentlich zu verändern. Jobsharing kann in zwei Formen erfolgen (KBV, 2025). Die erste Möglichkeit ist das Jobsharing im Rahmen einer **Berufsausübungsgemeinschaft (BAG).** Hier schließen sich zwei Psychotherapeut*innen derselben Fachrichtung zusammen und arbeiten rechtlich gleichberechtigt unter gemeinsamer Praxisführung. Die Person, die neu in die Praxis einsteigt, erhält eine auf die Zusammenarbeit begrenzte Zulassung, die nach zehn Jahren gemeinsamer Tätigkeit in eine reguläre, unbeschränkte Zulassung umgewandelt werden kann. Wichtig ist, dass die gemeinsame Leistungsmenge der beiden Partner*innen nicht wesentlich über dem bisherigen Umfang der Einzelpraxis liegt. Die KBV erlaubt in der Regel eine Erhöhung des Leistungsvolumens um maximal drei Prozent. Alternativ kann Jobsharing auch in Form einer **Anstellung** erfolgen. In diesem Fall bleibt die volle Zulassung bei der ursprünglichen Praxisinhaber*in, während der/die hinzukommende Kolleg*in als angestellte*r Psychotherapeut*in unter deren Verantwortung tätig wird. Auch dieses Modell unterliegt einer Leistungsbegrenzung, wird aber insbesondere dann genutzt, wenn keine langfristige Zusammenarbeit oder Zulassungsübernahme geplant ist. Die angestellte Person arbeitet hierbei unter dem Praxisnamen der Inhaber*in und ist nicht mit eigener Zulassung bei der Kasseärztlichen Vereinigung geführt (KBV, 2025). Beide Varianten setzen eine Genehmigung durch den zuständigen Zulassungsausschuss der Kassenärztlichen Vereinigung voraus. Das Jobsharing ist nur in Planungsbereichen zulässig, in denen die Neuvergabe von Arztsitzen durch eine Sperre eingeschränkt ist (§ 101 Abs. 1 Nr. 5 SGB V). Für Berufseinsteiger*innen oder Psychotherapeut*innen, die sich schrittweise in die vertragspsychotherapeutische Versorgung einarbeiten möchten, bietet das Jobsharing eine attraktive Möglichkeit. Auch für Psychotherapeut*innen in familienbedingter Teilzeit, bei Praxiserweiterungen oder zur Vorbereitung einer Nachfolgeregelung kann dieses Modell eine sinnvolle Option darstellen. Die vertraglichen und organisatorischen Rahmenbedingungen müssen dabei klar geregelt werden -idealerweise mit juristischer oder berufsrechtlicher Beratung (KBV, 2025).

Tab. 1.3 verdeutlicht, dass sich die einzelnen Zulassungsformen in ihrem Stundenumfang, dem Zulassungsverfahren und den rechtlichen Rahmenbedingungenerheblich unterscheiden. Während die Vollzulassung den größten Handlungsspielraum bietet und eine vollständige Praxistätigkeit ermöglicht, erlaubt die Teilzulassung eine flexible Reduzierung des Versorgungsauftrags. Die Sonderbedarfszulassung stellt eine Ausnahmegenehmigung dar, die in überversorgten Regionen spezifische Versorgungslücken schließen soll, ist jedoch mit hohem Nachweis- und Begründungsaufwand verbunden. Das Jobsharing wiederum eröffnet insbesondere in gesperrten Planungsbereichen eine realistische Möglichkeit, vertragspsychotherapeutisch tätig zu werden, wenngleich unter klaren Leistungsbegrenzungen. Damit wird deutlich, dass jede Zulassungsform unterschiedliche Chancen und Herausforderungen mit sich bringt und die Wahl stets von den individuellen Lebensumständen, den beruflichen Zielen und der regionalen Versorgungssituation abhängt.

▶ **Wichtig** Ohne Kassensitz ist keine Abrechnung mit der GKV möglich.

Tab. 1.3 Zulassungsformen in der vertragspsychotherapeutischen Versorgung

Zulassungsform	Stunden-umfang (Minimum–Maximum)	Beantragung bei	Besonderheiten	Voraussetzungen/Aufwand
Vollzulassung	25–ca. 60 Std./Woche	Zulassungs-ausschuss der KV	Eigenständige Praxisführung mit voller Kapazität.	Approbation, Fachkunde-nachweis, Arztregistereintrag. Verfügbar v. a. durch Ausschreibung oder Praxisübernahme.
Teilzulassung	12,5–ca. 30 Std./Woche	Zulassungs-ausschuss der KV	Reduzierter Versorgungsauftrag (50 %).	Wie bei Vollzulassung, meist durch Teilung eines Sitzes. Kapazitäts-erweiterung bis max. 75 % möglich.
Sonder-bedarfs-zulassung	In der Regel bis 25 Std./Woche (auch Teilung möglich)	Zulassungs-ausschuss der KV	Erlaubt Zulassung auch in gesperrten/überversorgten Regionen. Gebunden an definierten Bedarf.	Erfordert Bedarfsanalyse, Nachweis besonderer Qualifikationen oder Zielgruppenbedarf, überzeugende Begründung. Sehr hoher Zeit und Kostenaufwand.
Jobsharing (BAG oder Anstellung)	Abhängig von vereinbarter Teilung; Gesamtleistung der Praxis darf kaum steigen (max. +3 %)	Zulassungsausschuss der KV	Zwei Psychotherapeut*innen teilen sich einen Kassensitz. In BAG: Möglichkeit, nach 10 Jahren in reguläre Zulassung umzuwandeln. In Anstellung: Tätigkeit ohne eigene Zulassung.	Genehmigung durch KV. Vertragliche und organisatorische Regelungen nötig, rechtliche Beratung empfohlen.

Quelle: Eigene Darstellung in Anlehnung an KBV (2025), KBV(o. D.), Piltz (2018)

1.3 Die Wahl der Rechtsform: Einzelpraxis oder Gemeinschaftsmodell?

Ein weiterer formaler Schritt betrifft die Wahl der Rechtsform für die eigene Praxis. Die Entscheidung wirkt sich auf Haftung, steuerliche Behandlung, Organisation und potenzielle Kooperationen aus. Die gängigsten Modelle sind die Einzelpraxis, die Berufsausübungsgemeinschaft (BAG) und die Praxisgemeinschaft. Jede Form hat spezifische Vor - und Nachteile, die individuell abgewogen werden sollten. Tab. 1.4 bietet einen Vergleich der gängigen Rechtsformen psychotherapeutischer Praxen:

Wie aus Tab. 1.4 ersichtlich wird, bietet die Einzelpraxis insbesondere ein hohes Maß an Unabhängigkeit, geht jedoch mit alleiniger finanzieller Verantwortung einher. Praxisgemeinschaften ermöglichen dagegen Kostenteilung und fachlichen Austausch, erfordern jedoch klare Absprachen und vertragliche Regelungen. Deutlich kooperativer ist die Berufsausübungsgemeinschaft, die gemeinsame Patientenbehandlung und geteilte Verantwortung einschließt, wodurch allerdings auch die individuelle Entscheidungsfreiheit eingeschränkt wird. Das MVZ stellt schließlich die komplexeste Organisationsform dar: Es ermöglicht interdisziplinäre Zusammenarbeit und ein erweitertes Versorgungsangebot, verlangt aber zugleich eine aufwendige Organisation und reduziert die Autonomie der einzelnen Psychotherapeut*innen.

▶ **Tipp** Bei der Entscheidung für eine dieser Praxisformen sollten Aspekte wie die gewünschte Unabhängigkeit, finanzielle Verantwortung, organisatorischer Aufwand und persönliche Präferenzen berücksichtigt werden. Es ist empfehlenswert, sich umfassend zu informieren und gegebenenfalls rechtlichen Rat einzuholen, um die optimale Wahl für die eigene berufliche Situation zu treffen.

Tab. 1.4 Praxisformen und ihre Merkmale

Praxis -form	Beschreibung	Vorteile	Nachteile
Einzel -praxis	Die häufigste Praxisform, bei der/die Psychotherapeut*in eigenständig arbeitet	• Hohe Unabhängigkeit und Entscheidungsfreiheit • Direkte Abrechnung der Einnahmen und Ausgaben • Flexibilität in der Gestaltung der Arbeitszeiten und des Praxisablaufs	• Alleinige finanzielle Verantwortung • Kein unmittelbarer fachlicher Austausch mit Kolleg*innen • Höherer organisatorischer Aufwand

Tab. 1.4 (Fortsetzung)

Praxis -form	Beschreibung	Vorteile	Nachteile
Praxis-gemeinschaft	Mehrere Psychotherapeut*innen teilen sich Räumlichkeiten und Infrastruktur, führen jedoch jeweils eigenständig ihre eigene Praxis mit getrennten Patientenstämmen und Abrechnungen.	• Kosteneinsparung durch geteilte Ressourcen • Möglichkeit zum fachlichen Austausch • Beibehaltung der eigenen Unabhängigkeit in der Patientenbehandlung	• Notwendigkeit klarer vertraglicher Regelungen zur Nutzung der gemeinsamen Ressourcen • Potenzial für Konflikte bei unterschiedlicher Nutzung der Infrastruktur • Getrennte Abrechnung erfordert genaue Absprachen
Berufs-ausübungs-gemeinschaft (BAG)	Auch bekannt als Gemeinschaftspraxis; Psychotherapeut*innen arbeiten gemeinsam unter einer gemeinsamen Abrechnung und teilen sich sowohl die Patientenbehandlung als auch die Verantwortung.	• Gemeinsame Nutzung von Ressourcen und Patientenstamm • Möglichkeit zur Spezialisierung und Arbeitsteilung • Gemeinsame finanzielle Verantwortung kann Risiken mindern	• Erfordert ausführliche vertragliche Regelungen • Weniger individuelle Entscheidungsfreiheit • Gemeinsame Haftung für Fehler der Partner*innen
Medizinisches Versorgungs-zentrum (MVZ)	Einrichtung, in der mehrere Ärzt*innen und Psychotherapeut*innen verschiedener Fachrichtungen unter einem Dach zusammenarbeiten; die Zulassung wird direkt der Gesellschaft erteilt, nicht den einzelnen Psychotherapeut*innen.	• Interdisziplinäre Zusammenarbeit • Breiteres Behandlungsangebot für Patient*innen • Gemeinsame Nutzung von Ressourcen	• Komplexe Organisationsstruktur • Weniger individuelle Autonomie • Höherer Verwaltungsaufwand

Quelle: Eigene Darstellung in Anlehnung an KV Hamburg (n. d.), LPK Rheinland – Pfalz (2018)

1.4 Alternativen zum Kassensitz: Flexibilität und Vielfalt in der psychotherapeutischen Tätigkeit

Der Weg zum Kassensitz ist oft mit Herausforderungen verbunden – von hohen Kosten über bürokratische Hürden bis hin zu langen Wartezeiten in stark überversorgten Regionen. Doch es gibt zahlreiche Alternativen zur vertragspsychotherapeutischen Tätigkeit, die unterschiedlichen Vorteile bieten – je nach individueller Lebenslage, beruflichem Ziel und persönlicher Vorliebe.

1.4.1 Privatpraxis: Flexibilität mit Herausforderungen

Die Privatpraxis stellt eine häufig gewählte Alternative zur Kassenzulassung dar. Hier behandeln Psychotherapeut*innen ausschließlich privatversicherte Patient*innen sowie Selbstzahler*innen. Ein entscheidender Vorteil dieses Modells liegt in der hohen Flexibilität: Es gibt keine feste Sitzvergabe, keine Bewerbung bei einer Kasse und keine regionale Bindung an ein Versorgungsgebiet. Dadurch eröffnen sich größere Spielräume in der Wahl des Praxisstandorts, der Gestaltung von Arbeitszeiten sowie der Honorargestaltung. Insbesondere für Psychotherapeut*innen, die sich mehr Autonomie wünschen oder bewusst auf die komplexen Regularien der kassenärztlichen Versorgung verzichten möchten, kann dieses Modell sehr attraktiv sein. Auch der bürokratische Aufwand ist deutlich geringer: Die Abrechnung erfolgt direkt mit den Patient*innen oder über privatärztliche Abrechnungsstellen, was den administrativen Alltag erheblich vereinfacht. Die Honorare orientieren sich dabei an der Gebührenordnung für Psychotherapeuten (GOP), können jedoch in einem gewissen Rahmen angepasst werden (§ 5 GOÄ). Zu starke Abweichungen vom empfohlenen Satz können jedoch dazu führen, dass private Krankenversicherungen die Erstattung verweigern – ein Aspekt, der bei der Honorargestaltung bedacht werden sollte. Gleichzeitig bringt die Privatpraxis auch einige Herausforderungen mit sich. Der Zugang bleibt für viele gesetzlich Versicherte eingeschränkt, da diese die Kosten in der Regel selbst tragen müssten. In einkommensschwächeren Regionen oder ländlichen Gebieten kann das die Nachfrage deutlich einschränken. Die Inanspruchnahme von psychotherapeutischen Leistungen wird in der Privatpraxis stark vom sozioökonomischen Umfeld abhängen. Hinzu kommt, dass das Einkommen – im Gegensatz zur Kassenzulassung mit planbaren Grundauslastungen – vollständig von der tatsächlichen Patient*innenzahl abhängt. Diese Einkommensunsicherheit muss bei der Entscheidung für eine Privatpraxis berücksichtigt werden. Zudem können auch privatversicherte Patient*innen eine Praxis mit Kassenzulassung in Anspruch nehmen, was zusätzlichen Wettbewerbsdruck erzeugt.

Dennoch: Für Psychotherapeut*innen mit unternehmerischem Denken, einem klaren Standortkonzept und einer definierten Zielgruppe kann die Privatpraxis eine selbstbestimmte und erfüllende Form der Berufsausübung darstellen – vorausgesetzt, die Rahmenbedingungen stimmen.

1.4.2 Anstellung in Praxis, MVZ oder Klinik – Sicherer Einstieg mit Struktur

Für viele Psychotherapeut*innen – insbesondere Berufseinsteiger*innen, Eltern oder Personen mit dem Wunsch nach Planbarkeit – bietet eine Anstellung in einer Praxis, einem

Medizinischen Versorgungszentrum (MVZ) oder einer Klinik eine attraktive Alternative zur Selbstständigkeit. In solchen Strukturen lässt sich der Beruf mit hoher finanzieller und organisatorischer Sicherheit ausüben. Ein zentraler Vorteil ist das regelmäßige Gehalt, das finanzielle Stabilität bietet und mit einer vollständigen sozialen Absicherung einhergeht. Auch der administrative Aufwand ist deutlich geringer: Abrechnung, Terminvergabe, Dokumentation, IT und weitere organisatorische Aufgaben übernimmt in der Regel die Einrichtung. Besonders wertvoll ist zudem die Einbindung in ein Team. Der kollegiale Austausch, regelmäßige Supervisionen und Intervisionen fördern nicht nur die fachliche Weiterentwicklung, sondern tragen auch zu einem unterstützenden Arbeitsklima bei. Für viele Psychotherapeut*innen bedeutet eine Anstellung deshalb einen verlässlichen und risikoarmen Berufseinstieg – insbesondere dann, wenn unternehmerische Aufgaben und wirtschaftliche Verantwortung (noch) nicht im Vordergrund stehen sollen. Allerdings ist eine Anstellung nicht für jede*n die ideale Option. Die individuelle Gestaltungsfreiheit ist eingeschränkt – sowohl in Bezug auf die Auswahl von Therapieverfahren und Zielgruppen als auch bei der Arbeitszeitgestaltung. Die Fallsteuerung erfolgt häufig nach institutionellen Vorgaben, was zu weniger Flexibilität im therapeutischen Alltag führen kann. Auch die Verdienstmöglichkeiten bleiben im Vergleich zur Selbstständigkeit häufig begrenzt, besonders bei Teilzeitbeschäftigungen. Darüber hinaus prägen die internen Strukturen, das Leitungskonzept und die gelebte Organisationskultur maßgeblich den Arbeitsalltag und können die persönliche und fachliche Entfaltung sowohl unterstützen als auch einschränken. Trotz dieser Grenzen bietet die Anstellung für viele Psychotherapeut*innen einen wertvollen und stabilen Rahmen – besonders in frühen Berufsphasen oder in Lebensphasen, in denen Sicherheit und Entlastung Priorität haben.

1.4.3 Praxisgemeinschaft – Teilen, kooperieren, selbstständig bleiben

Die Praxisgemeinschaft bietet Psychotherapeut*innen die Möglichkeit, sich gemeinsam zu organisieren, ohne ihre wirtschaftliche Eigenständigkeit aufzugeben. Mehrere Therapeuten*innen teilen sich dabei Infrastruktur wie Praxisräume, Ausstattung oder gegebenenfalls auch Personal, während jede*r eigenverantwortlich arbeitet. Abrechnung und Kassenzulassung erfolgen individuell – ein gemeinsamer Kassensitz ist nicht automatisch gegeben, sondern jede*r benötigt in der Regel eine eigene Zulassung. Der große Vorteil dieser Kooperationsform liegt in der effizienten Nutzung gemeinsamer Ressourcen. Durch das Teilen von Räumen, Geräten und organisatorischer Unterstützung lassen sich Kosten reduzieren, Synergien schaffen und der Alltag oft deutlich entlasten. Gleichzeitig profitieren Psychotherapeut*innen vom kollegialen Miteinander: Fachliche Rückmeldungen, interner Austausch oder spontane Supervisionen entstehen häufig ganz natürlich im Alltag. Gerade für Kolleg*innen, die größeren Räumlichkeiten benötigen oder in zentraler Lage arbeiten möchten, ohne allein die volle Verantwortung zu tragen, kann eine Praxisgemeinschaft eine flexible und attraktive Lösung darstellen. Dennoch bringt das gemeinsame Arbeiten unter einem Dach auch Herausforderungen mit sich. Konflikte können zum Beispiel bei der Raumplanung, der gemeinsamen Nutzung von Ressourcen oder bei organisatorischen Entscheidungen entstehen. Zudem kann die individuelle Freiheit in der Gestaltung des eigenen Arbeitsumfelds eingeschränkt sein. Auch rechtlich und finanziell ist eine klare Regelung nötig – etwa bei gemeinsamer Investition in Ausstattung oder bei Mietverträgen, die alle betreffen. Diese erfordern Vertrauen, transparente Kommunikation und klare Absprachen.

1.5 Beispiel: Mein Weg zum eigenen Kassensitz – ein Schritt ins Ungewisse

Viele unterschätzen, was man auf dem Weg zur Psychotherapeut*in aufgeben muss. Neben der intensiven Arbeit in Praktika und Lehrtherapien gab es vor allem finanzielle Hürden, die den Weg beschwerten. Die hohen Ausbildungskosten, insbesondere für die Lehrtherapien, zwangen viele von uns, Kredite aufzunehmen oder in Nebenjobs zu arbeiten. Während meine Freunde bereits Karriere machten und finanziell auf eigenen Beinen standen, steckte ich immer noch mitten in der Ausbildung. Doch es war nicht nur der finanzielle Druck. Auch sozial bedeutete die Ausbildung große Opfer. Wochenlang bestand mein Alltag fast ausschließlich aus Arbeiten, Lernen und eigener Analyse. Freundschaften litten, die Zeit für Familie und Hobbys schwand. Immer wieder fragte ich mich, ob sich dieser Weg lohnen würde – ob ich je die Stabilität erreichen würde, die ich mir von einer eigenen Praxis erhoffte. Gleichzeitig lernte ich in dieser Zeit Geduld: mit mir selbst, mit anderen und mit dem gesamten Prozess. Trotzdem führten die hohen Belastungen oft zu Selbstzweifeln und Erschöpfung.

Und doch hielt ich durch – getragen von der Vision, eines Tages eine eigene Praxis zu führen. Der entscheidende Wendepunkt kam unerwartet: über eine spontane Anfrage auf einer Online – Plattform. Ohne große Erwartungen hatte ich dort hinterlegt, dass ich im Raum Ostwestfalen – Lippe (OWL) auf der Suche nach einem Kassensitz sei. Eines Tages erhielt ich tatsächlich eine E - Mail mit dem Betreff „Hälftiger Versorgungsauftrag“. Damals wusste ich kaum, was das bedeutete. Doch schnell wurde klar: Eine Kollegin wollte ihren Kassensitz abgeben. Die Aussicht, so kurz nach der Approbation eine eigene Zulassung übernehmen zu können, war gleichermaßen aufregend wie beängstigend. Plötzlich tauchten Fragen auf, die ich mir bis dahin kaum gestellt hatte: Wie sollte ich den Sitz finanzieren? Würde ich bereit sein, in eine ländliche Region zu ziehen? Reicht ein halber Sitz zum Leben? Kann ich das – selbstständig eine Praxis führen und Verantwortung übernehmen? Zunächst erschien mir der halbe Sitz als sanfter Einstieg. Doch die abgebende Kollegin entschied sich, den Sitz nur vollständig zu verkaufen. Damit stand ich vor einer noch größeren Entscheidung: Wagte ich es, direkt mit einem vollen Sitz zu starten? Trotz vieler Zweifel spürte ich, dass sich eine solche Gelegenheit nicht so schnell wieder bieten würde – und entschloss mich, den Schritt zu wagen. Die Monate bis zur endgültigen Zulassung waren geprägt von Unsicherheit und Bürokratie. Besonders die Sommerpause der Kassenärztlichen Vereinigung zog den Prozess in die Länge. Parallel dazu musste ich bereits Praxisräume anmieten, da die Kollegin zügig aus ihrem Vertrag wollte. So zahlte ich mehrere Monate Miete, ohne zu wissen, ob ich den Sitz wirklich bekommen würde – ein emotionales und finanzielles Wagnis, aber auch ein Ausdruck meines Vertrauens in diesen Weg.

Rückblickend war diese Phase eine der intensivsten meines Lebens. Ich habe gelernt, Unsicherheit auszuhalten, Verantwortung zu übernehmen und an meine Vision zu glauben. Der Weg in die Selbstständigkeit beginnt selten mit völliger Klarheit. Oft sind es kleine, unerwartete Impulse, die alles ins Rollen bringen und am Ende den entscheidenden Unterschied machen.

▶ **Tipp** Frühzeitig planen, Geduld haben und mit Unsicherheiten rechnen. Die Selbstständigkeit beginnt nicht erst mit dem ersten Tag in der Praxis, sondern mit einer Reihe mutiger Entscheidungen da.

1.6 Fazit zu Kap. 1

Der Weg in die psychotherapeutische Selbstständigkeit ist ebenso vielfältig wie anspruchsvoll. Das erste Kapitel zeigt eindrücklich, dass die berufliche Unabhängigkeit als Psychotherapeut*in nicht nur fundiertes fachliches Wissen und eine intensive Ausbildung erfordert, sondern auch ein hohes Maß an organisatorischer, rechtlicher und finanzieller Vorbereitung. Die Reform der Ausbildung im Jahr 2020 markiert einen wichtigen Schritt hin zu mehr Transparenz und Planbarkeit – ersetzt jedoch nicht die notwendige Weiterqualifikation und den langen Weg bis zur eigenständigen Tätigkeit mit Kassenzulassung. Der Zugang zur vertragspsychotherapeutischen Versorgung bleibt stark reglementiert und von vielen Faktoren abhängig. Ob Kassensitz, Sonderbedarf oder Jobsharing: Jede Option bringt eigene Chancen, aber auch Hürden mit sich. Umso wichtiger ist es, die unterschiedlichen Praxis- und Beschäftigungsmodelle sorgfältig zu prüfen – sei es die klassische Einzelpraxis, eine kooperative Form wie die BAG oder eine flexible Lösung wie die Privatpraxis oder Anstellung. Die Entscheidung für den passenden beruflichen Weg hängt dabei nicht nur von äußeren Rahmenbedingungen, sondern auch von persönlichen Zielen, Werten und Lebenssituationen ab. Wer sich frühzeitig informiert, gezielt plant und die richtigen Unterstützungsangebote nutzt, kann den komplexen Weg in die Selbstständigkeit erfolgreich und selbstbestimmt gestalten. Letztlich erfordert dieser Weg – wie die therapeutische Arbeit selbst – vor allem eines: Geduld, Klarheit und den Mut, Verantwortung zu übernehmen.

Checkliste zu Kap. 1

Kategorie	Maßnahmen/Empfehlungen
Berufliche Voraussetzungen	• Passendes Studium abgeschlossen • Approbation erhalten • Weiterbildung zur Fachkunde begonnen/ abgeschlossen
Richtlinienverfahren & Zielgruppe	• Verfahren gewählt (VT, TP, AP, ST) • Spezialisierung auf PP oder KJP
Zulassung bei der KV	• Arztregister-Eintrag beantragt • Fachkundenachweis liegt vor • Praxisräume gesichert • Fristen der KV beachtet • Gebühren eingeplant
Kassenzulassungsart	• Entscheidung: Voll-, Teilzulassung oder Sonderbedarf • Nachbesetzungsverfahren bei Übernahme • Alternativ: Jobsharing geprüft
Rechtsform & Praxismodell	• Wahl: Einzelpraxis, Praxisgemeinschaft, BAG, MVZ • Verträge & Verantwortungen geregelt • Steuer- & Haftungsfragen geklärt
Alternativen zur Kassenzulassung	• Privatpraxis: Standort, Zielgruppe, GOP geprüft • Anstellung: Vor – /Nachteile abgewogen • Praxisgemeinschaft: rechtliche Rahmenbedingungen geregelt
Finanzielle & organisatorische Vorbereitung	• Finanzierungsplan erstellt • Förderungen/Kredite recherchiert • Zeitpuffer für Bürokratie eingeplant • Juristische Beratung eingeholt
Persönliche Reflexion & Motivation	• Belastbarkeit eingeschätzt • Unterstützungssystem aktiviert • Langfristige Ziele definiert • Entscheidung bewusst getroffen

Reflexionsfragen – Kap. 1: Der Weg in die Selbstständigkeit

1. Berufliche Ausrichtung und Haltung
   - Welches Therapieverfahren passt zu meiner Haltung? Bin ich bereit, mich langfristig auf ein Richtlinienverfahren festzulegen?
   - Mit welcher Zielgruppe möchte ich arbeiten?
   - Wo sehe ich mich in 5–10 Jahren beruflich? Möchte ich später z. B. lehren, supervidieren oder weiterbilden?
2. Motivation und Werte
   - Warum möchte ich selbstständig als Psychotherapeut*in arbeiten? Welche persönlichen Werte und Bedürfnisse verbinde ich damit?
   - Was bedeutet berufliche Erfüllung für mich – und wie kann eine eigene Praxis dazu beitragen?
   - Was wäre für mich ein Zeichen für eine erfolgreiche Selbstständigkeit?

3. Umgang mit Unsicherheit und Verantwortung
   – Wie gehe ich mit Unsicherheit und Verantwortung um?
   – Habe ich einen Plan B, falls sich die Zulassung oder Niederlassung verzögern?
   – Was hat mir in früheren Belastungen geholfen – und was davon kann ich nutzen?
4. Ressourcen und Finanzen
   – Welche Ressourcen (Zeit, Emotionen, Geld) kann ich realistisch einbringen?
   – Welche Investitionen kann und will ich tätigen? Wo sind meine finanziellen Grenzen – wie kann ich Risiken abfedern?
5. Standort und Arbeitsmodelle
   – Passt der Standort zu meinen privaten Zielen? Bin ich offen für Umzüge oder Kompromisse?
   – Arbeite ich lieber allein oder im Team? Welche Chancen und Herausforderungen sehe ich in Gemeinschaftsmodellen?

Literatur

Bundesministerium der Justiz. (1988). *Sozialgesetzbuch Fünftes Buch -Gesetzliche Krankenversicherung (SGB V) § 95 Zulassung.* https://www.gesetze-im-internet.de/sgb_5/. Zugegriffen: 6. Juli 2025.

Bundesministerium für Gesundheit. (17.10.2019). *Referentenentwurf: Verordnung zur Approbationsordnung für Psychotherapeutinnen und Psychotherapeuten (PsychT -hApprO).* https://www.bundesgesundheitsministerium.de/fileadmin/Dateien/3_Downloads/Gesetze_und_Verordnungen/GuV/P/PsychThApprO_RefE.pdf. Zugegriffen: 6. Juli 2025.

Deutsche Gesellschaft für Verhaltenstherapie -Bundesverband. (2019). *Fahrplan Sonderbedarf: Hinweise für die Antragstellung auf Sonderbedarfszulassung in der psychotherapeutischen Versorgung.* https://www.dgvt.de/fileadmin/user_upload/Bilder/Publikationen/News/Sonderbedarf_Fahrplan_DG-BV_2021.pdf. Zugegriffen: 6. Juli 2025.

KassenÄrztliche Bundesvereinigung. (2020). *PTV 10 -Allgemeine Patienteninformation zur Psychotherapie.* https://www.kbv.de/media/PTV10_web.pdf. Zugegriffen: 6. Juli 2025.

KassenÄrztliche Vereinigung Bayerns. (n. d.). *FAQ Mindestsprechstundenzeiten.* https://www.kvb.de/fileadmin/kvb/Mitglieder/Praxisfuehrung/eTerminservice/KVB-FAQ-Mindestsprechstundenzeiten.pdf. Zugegriffen: 6. Juli 2025.

KassenÄrztliche Vereinigung Hamburg. (n. d.). *Praxisformen und Kooperationsmodelle.* https://www.kvhh.net/de/praxis/beratung/praxisformen-und-kooperationsmodelle.html. Zugegriffen: 15. Mai 2025.

KassenÄrztliche Bundesvereinigung (KBV). (Stand 2025). *Jobsharing -Einstieg in die vertrags-Ärztliche Versorgung bei gesperrter Zulassung.* www.kbv.de/html/14352.php. Zugegriffen: 5. Juni 2025.

Landespsychotherapeutenkammer Rheinland-Pfalz. (2018). *A-Z zur Praxisgründung.* https://www.lpk-rlp.de/fileadmin/user_upload/LPK_Broschuere_zur_Praxisgruendung_FINALE_DOWNLOAD-DATEI.pdf. Zugegriffen: 6. Juli 2025.

Piltz, D. (2018). *Partielle Entsperrung/transfer von Sonderbedarfssitzen. Regelungen in den Richtlinien rechtsmÄßig?.* https://arge-medizinrecht.de/wp-content/uploads/2022/03/055-Dr-Piltz.pdf. Zugegriffen: 6. Juli 2025.

Tagesschau. (13.12.2024). *Kasse mit Kassensitzen?.* https://www.tagesschau.de/wirtschaft/arbeitsmarkt/kassensitze-psychotherapie-praxen-100.html. Zugegriffen: 6. Juli 2025.

2 Bürokratische Hürden und Formalitäten

▶ Das zweite Kapitel widmet sich den zahlreichen administrativen, rechtlichen und organisatorischen Herausforderungen, die mit der Gründung einer psychotherapeutischen Praxis einhergehen. Von der Anmeldung bei der Psychotherapeutenkammer über die Anbindung an die Telematikinfrastruktur bis hin zu Fragen der Versicherung, Buchführung und Steuerpflicht beleuchtet das Kapitel alle zentralen Aspekte der bürokratischen Praxisführung. Zusätzlich werden rechtliche Grundlagen, technische Anforderungen und Entscheidungsgrundlagen zur Altersvorsorge und zur Wahl der Rechtsform praxisnah aufbereitet.

2.1 Formale Schritte in die Selbstständigkeit

Die **Anmeldung bei der zuständigen Landespsychotherapeutenkammer** ist für alle approbierten Psychotherapeut*innen gesetzlich verpflichtend. Sie sollte spätestens einen Monat nach Erhalt der Approbation oder mit Beginn der psychotherapeutischen Tätigkeit erfolgen. Die Kammermitgliedschaft bildet die Grundlage für die berufsrechtliche Anerkennung und ist Voraussetzung für den Nachweis der Berufshaftpflichtversicherung sowie für die Teilnahme an Fortbildungen und Qualitätssicherungsmaßnahmen.

L. Seifert, *Eigene Praxis, eigene Wege - Herausforderungen und Chancen der Praxisgründung für (junge) PsychotherapeutInnen*, Psychotherapie: Therapiegestaltung & Praxismanagement,
https://doi.org/10.1007/978-3-662-72888-8_2

Ablauf der Anmeldung bei der zuständigen Landespsychotherapeutenkammer

1. Meldeformular ausfüllen: Auf der Website der jeweiligen Landespsychotherapeutenkammer (z. B. PTK NRW, PTK Bayern, LPK BW) abrufbar.
2. Folgende Unterlagen einreichen:
   - Kopie der Approbationsurkunde (meist beglaubigt)
   - Nachweis über eine Berufshaftpflichtversicherung
   - Gültiger Personalausweis oder Reisepass
   - (Optional) Fachkundenachweis oder Nachweis über Berufstätigkeit
   - ggf. Nachweis über den Beginn der Tätigkeit (z. B. Anstellungs- oder Praxisübernahmevertrag)
3. Beitragszahlung: Jährlicher Mitgliedsbeitrag, abhängig von Bundesland und beruflichem Status.
4. Fortbildungspflicht beachten: Innerhalb von fünf Jahren müssen in der Regel 250 Fortbildungspunkte nachgewiesen werden.

Hinweis:

- Die Kammerzugehörigkeit ist Voraussetzung für die Eintragung ins Arztregister.
- Auch Teilzeitbeschäftigte, Angestellte oder in Weiterbildung befindliche Psychotherapeut*innen unterliegen der Kammerpflicht.
- Bei einem Wechsel des Bundeslandes muss ein Kammerwechsel erfolgen.

Die **Eintragung ins Arztregister** ist ebenfalls ein verpflichtender Schritt für alle Psychotherapeut*innen. Sie erfolgt bei der zuständigen Kassenärztlichen Vereinigung (KV) des Bundeslandes, in dem die Berufsausübung geplant ist. Erst nach erfolgreicher Eintragung kann ein Antrag auf Zulassung zu einem Kassensitz gestellt werden. Für die Eintragung müssen folgende Unterlagen bei der KV eingereicht werden (variieren leicht je nach Bundesland):

- Formloser Antrag oder spezielles Antragsformular der jeweiligen KV
- Kopie der Approbationsurkunde
- Fachkundenachweis (z. B. VT, TP, AP oder ST – je nach Verfahren)
- Urkunde über die Eintragung in das Arztregister anderer KVen (falls bereits vorhanden)
- Tabellarischer Lebenslauf
- Nachweis über die Eintragung bei der Psychotherapeutenkammer
- Ggf. Nachweis über abgeschlossene Weiterbildung oder Zusatzqualifikationen

Einige KVen verlangen darüber hinaus:

- Führungszeugnis (Belegart O)
- Auszug aus dem Arztregister, falls zuvor bei anderer KV registriert
- Zahlungsnachweis für die Registrierungsgebühr (meist 100–150 €)

> **Tipp** Die Eintragung ins Arztregister ist nicht gleichzusetzen mit der Kassenzulassung, sondern Voraussetzung dafür. Ohne diese Eintragung kann kein Antrag auf einen Vertragspsychotherapeutensitz gestellt werden.

- Fristen einhalten: Eine verspätete Anmeldung kann berufsrechtliche Konsequenzen haben.
- Daten aktuell halten: Änderungen wie Umzug oder Praxiswechsel müssen der Kammer unverzüglich gemeldet werden.

Pflichtmitgliedschaft: Die Mitgliedschaft gilt unabhängig vom Umfang der Tätigkeit (auch bei Teilzeit oder Honorarbasis).

2.2 Die nächste Hürde: Die Telematikinfrastruktur (TI)

Definition Telematikinfrastruktur (TI): Das digitale Netzwerk für den sicheren Austausch im Gesundheitswesen.

Die nächste wichtige Etappe auf dem Weg in die eigene Praxis ist die technische Anbindung an die Telematikinfrastruktur (TI). Auch wenn man inmitten der vielen organisatorischen To-dos gerne erstmal durchatmen möchte, empfiehlt es sich frühzeitig mit dem Thema auseinanderzusetzen. Denn für alle Vertragspsychotherapeut*innen ist die Anbindung an die TI gesetzlich vorgeschrieben (SGB V). Sie bildet die digitale Schnittstelle zur Kommunikation mit Krankenkassen, Ärzt*innen und anderen Akteur*innen im Gesundheitswesen – sicher, standardisiert und verschlüsselt (KBV, n.d.-a). Die TI ist damit kein optionales Technik-Gadget, sondern ein zentraler Bestandteil der modernen Praxisführung und sie sollte rechtzeitig geplant und umgesetzt werden, um pünktlich zum Praxisstart voll funktionsfähig zu sein. Um die Praxis an die TI anzubinden, braucht es nicht nur technische Ausstattung, sondern auch bestimmte digitale Ausweise, die bei unterschiedlichen Stellen beantragt werden müssen. Die TI ermöglicht den sicheren Zugriff auf zentrale Anwendungen wie die elektronische Patientenakte (ePA), das eRezept oder die elektronische Arbeitsunfähigkeitsbescheinigung (eAU) und ist für alle Vertragspsychotherapeut*innen verpflichtend (KBV, n.d.-a). Eine Praxissoftware unterstützt bei der strukturierten Organisation der Praxis und vereinfacht viele wiederkehrende Abläufe. Zu den wichtigsten Funktionen gehört zunächst die Patientenverwaltung, die eine systematische Erfassung und Pflege von Kontaktdaten, Diagnosen, Therapieverläufen und Verlaufsdokumentationen ermöglicht. Ebenso essenziell ist die Abrechnungsfunktion: Sie erlaubt die automatisierte Abrechnung mit den gesetzlichen Krankenkassen über die Kassenärztliche Vereinigung und die Erstellung von Rechnungen für Privatpatient*innen – inklusive Gebührenordnung, Zahlungsstatus und Exportmöglichkeiten. Darüber hinaus bietet die Software in der Regel ein integriertes Terminmanagement, mit dem sich Termine effizient planen, Wartezeiten steuern und ggf. auch Online-Buchungen verwalten lassen.

Zur Grundausstattung gehört zunächst ein sogenannter **Konnektor,** also das Gerät, das die Praxis sicher mit dem TI-Netzwerk verbindet. Hinzu kommt ein **Kartenlesegerät,** über das die elektronische Gesundheitskarte (eGK) der Patient*innen eingelesen wird. Beide Komponenten werden in der Regel über spezialisierte Dienstleister oder Anbieter für Praxissoftware bezogen, die auch die technische Einrichtung übernehmen. Die Kassenärztlichen Vereinigungen stellen häufig Listen mit zertifizierten Anbietern zur Verfügung – eine frühzeitige Kontaktaufnahme ist sinnvoll, da die Einrichtung der TI mehrere Wochen dauern kann. Darüber hinaus werden zwei elektronische Ausweise benötigt: Der **Praxisausweis (SMC-B)** identifiziert die Praxis gegenüber der TI und ist zwingend erforderlich, um überhaupt Zugang zum Netzwerk zu erhalten. Beantragt wird dieser Ausweis online bei einem der von der Gematik zugelassenen Anbieter – etwa medisign, D-Trust oder T-Systems. Voraussetzung für die Beantragung ist die Eintragung ins Arztregister und die Meldung bei der zuständigen Kassenärztlichen Vereinigung. Zusätzlich benötigen Psychotherapeut*innen einen **Heilberufsausweis (HBA)**. Dieser dient der persönlichen Authentifizierung und ermöglicht unter anderem das qualifizierte elektronische Signieren von Dokumenten – beispielsweise bei der Ausstellung elektronischer Arbeitsunfähigkeitsbescheinigungen. Der HBA wird über die jeweilige Landespsychotherapeutenkammer beantragt, meist in Zusammenarbeit mit einem Kartenanbieter wie medisign oder der Bundesdruckerei. Auch hier erfolgt der Antrag online, häufig mit Identitätsnachweis per Post-ident oder Video-Ident-Verfahren (Bundesamt für Sicherheit in der Informationstechnik, n.d.). Die Kosten für Erstausstattung, Betrieb und Wartung werden über die Kassenärztlichen Vereinigungen refinanziert. Seit Juli 2023 erfolgt die Vergütung über eine monatliche TI-Pauschale, deren Höhe sich nach Praxisgröße und Datum der Erstausstattung richtet (KBV, n.d.-b).

▶ **Wichtig** Die Beantragung und Einrichtung der TI kann mehrere Wochen in Anspruch nehmen – insbesondere, wenn es zu Lieferengpässen oder Rückfragen bei der Zertifizierung kommt. Es empfiehlt sich daher, die TI- Anbindung frühzeitig bei der zuständigen KV zu beantragen, sobald der Kassensitz sicher ist. So lassen sich Verzögerungen beim Praxisstart vermeiden. Anbieterverzeichnisse finden sich auf den Webseiten von KVen oder Berufsverbänden. Vergleichsportale und Foren wie „Psychotherapeutenjournal" oder Fachgruppen in sozialen Netzwerken bieten zusätzliche Orientierung.

2.3 Datenschutz: Ein sensibles Thema

Der Schutz sensibler Patientendaten zählt in psychotherapeutischen Praxen zu den zentralen berufsethischen und rechtlichen Verpflichtungen. Gerade in einem Setting, in dem hochprivate Inhalte thematisiert werden, hat Datenschutz höchste Priorität. Die Einhaltung der Datenschutz- Grundverordnung (DSGVO) ist nicht optional, sondern gesetzlich vorgeschrieben – sie umfasst sowohl technische und organisatorische als auch dokumentarische Anforderungen. Zentrale Maßnahmen für einen wirksamen Datenschutz in der Praxis (Psychotherapeutenkammer Berlin, 2018):

- **Datenverschlüsselung:** Alle digitale Patient*innendaten sollten ausschließlich auf verschlüsselten Datenträgern gespeichert werden. Beim Einsatz von Cloud-Diensten ist besondere Vorsicht geboten – hier ist die Beratung durch Datenschutzexpert*innen dringend zu empfehlen.
- **Regelmäßige Schulungen:** Sowohl Praxisinhaber*innen als auch Mitarbeitende müssen regelmäßig im Umgang mit sensiblen Daten geschult werden. Empfohlen werden Fortbildungen durch zertifizierte Anbieter z. B. über die DPtV, Landespsychotherapeutenkammern oder Datenschutzschulungen von TÜV-Akademien.
- **Datenschutzkonzept:** Jede Praxis sollte über ein schriftlich dokumentiertes Datenschutzkonzept verfügen. Dieses sollte u. a. ein Verzeichnis der Verarbeitungstätigkeiten, klare Zuständigkeiten, technische Sicherheitsmaßnahmen und einen Ablaufplan im Falle einer Datenschutzpanne enthalten.

▶ **Tipp: Hilfreiche Ressourcen und Ansprechpartner**

- Die Datenschutzleitlinien der KBV bieten einen guten Überblick über branchenspezifische Anforderungen.
- Die Landesdatenschutzbeauftragten stellen Informationen und Orientierungshilfen bereit, meist mit Fokus auf Arzt- und Psychotherapiepraxen.
- Auch zertifizierte Fachberater*innen für Datenschutz im Gesundheitswesen können bei der Umsetzung unterstützen.
- Die Stiftung Datenschutz oder Berufsverbände wie die DPtV bieten Listen seriöser Anbieter und Orientierungshilfen bei der Auswahl.

▶ **Wichtig** Fehlende Datenschutzmaßnahmen können zu hohen Bußgeldern führen.

2.4 Versicherungen: Absicherung für Psychotherapeut*innen und Praxisbetrieb

Versicherungen sind ebenfalls ein zentraler Bestandteil der Praxisplanung, der häufig unterschätzt wird. Eine umfassende Absicherung ist jedoch essenziell – sowohl für die therapeutisch tätige Person als auch für den wirtschaftlichen Betrieb der Praxis. Dabei gibt es verschiedene Versicherungstypen mit unterschiedlichen Schutzzwecken und Kostenrahmen:

Berufshaftpflichtversicherung Die Berufshaftpflichtversicherung zählt zu den wichtigsten und gesetzlich vorgeschriebenen Versicherungen für Psychotherapeut*innen. Sie schützt bei Schadensersatzansprüchen, die durch berufliche Fehler, Versäumnisse oder unvorhersehbare Zwischenfälle entstehen können – etwa durch fehlerhafte Dokumentation oder Aufklärung. Typische Deckungssummen liegen bei 3 bis 5 Mio. € pauschal für Personen-, Sach- und Vermögensschäden.

Praxisausfallversicherung Diese freiwillige Zusatzversicherung deckt laufende Praxiskosten wie Miete und Strom ab, wenn die Praxis aufgrund von Krankheit oder Unfall vorübergehend geschlossen werden muss. Empfohlen wird sie von Berufsverbänden, Versicherungskammern sowie durch die Bundespsychotherapeutenkammer bei Praxisgründungen.

Inhaltsversicherung Die Inhaltsversicherung schützt das Inventar der Praxis (Möbel, Technik, medizinische Geräte) gegen Schäden durch Feuer, Leitungswasser, Einbruchdiebstahl und Vandalismus. Sie wird u. a. von Versicherungsanbietern wie der Deutschen Ärzteversicherung empfohlen und ist oft abhängig vom Standort und Versicherungswert.

Rechtsschutzversicherung Ein beruflicher Rechtsschutz bietet Hilfe bei der aktiven Durchsetzung eigener Ansprüche, z. B. bei Streitigkeiten mit Patient*innen, Finanzbehörden oder Vermieter*innen. Während viele Berufshaftpflichtversicherungen einen passiven Rechtsschutz beinhalten (Abwehr unberechtigter Ansprüche), decken sie keine aktiven Klagen ab. Ein separater Rechtsschutz kann hier sinnvoll sein, insbesondere mit Bausteinen für Steuer- und Sozialrecht sowie erweiterten Strafrechtsschutz.

Rentenversicherung Die Wahl der Altersvorsorge ist eine zentrale Entscheidung im Rahmen der Selbstständigkeit. Zur Auswahl stehen meist die gesetzliche Rentenversicherung (GRV) und das Psychotherapeutenversorgungswerk (PVW). Beide Systeme bieten Vor- und Nachteile, die sich je nach Lebensphase und Einkommen unterschiedlich auswirken können. In einigen Bundesländern, wie z. B. in Nordrhein-Westfalen, ist die Mitgliedschaft im PVW für Kammerangehörige verpflichtend. Die Entscheidung sollte individuell und nach eingehender Beratung mit Steuer- oder Finanzexpert*innen getroffen werden. Tab. 2.1 gibt einen Überblick über die wichtigsten Unterschiede zwischen der gesetzlichen Rentenversicherung (GRV) und dem Psychotherapeutenversorgungswerk (PVW), gegliedert nach Vorteilen und Nachteilen.

Krankenversicherung Mit dem Schritt in die Selbstständigkeit steht auch eine der zentralsten Entscheidungen an: Die Wahl der Krankenversicherung. Während Angestellte in der Regel automatisch gesetzlich versichert sind, haben Selbstständige, wie viele Psychotherapeut*innen mit eigener Praxis, die Wahl zwischen der gesetzlichen Krankenversicherung (GKV) und der privaten Krankenversicherung (PKV). Beide Systeme unterscheiden sich grundlegend in ihrer Struktur, ihren Leistungen und in den langfristigen finanziellen Auswirkungen. In der GKV richtet sich der Beitrag in der Regel nach dem Einkommen. Es gilt ein einheitlicher Beitragssatz (plus Zusatzbeitrag je nach Krankenkasse), der anteilig auf das Einkommen bis zur Beitragsbemessungsgrenze berechnet wird. Für Selbst-

Tab. 2.1 Vor- und Nachteile der gesetzlichen Rentenversicherung (GRV) und des Psychotherapeutenversorgungswerk (PVW)

Merkmal	Gesetzliche Rentenversicherung (GRV)	Psychotherapeutenversorgungswerk (PVW)
Vorteile	• Umfassende Absicherung: Alters-, Erwerbsminderungs- und Hinterbliebenenrente • Stabilität durch Umlageverfahren • Fortführung bestehender Ansprüche möglich • Für Freiberufler*innen freiwillig	• Spezialisierte Vorsorge für Psychotherapeut*innen • Kapitaldeckungsverfahren mit möglicher Verzinsung • Flexible Beitragsgestaltung • Unabhängig von politischen Rentenreformen
Nachteile	• Einkommensabhängige Beiträge • Geringere Flexibilität bei der Beitragsgestaltung • Reformabhängigkeit und politische Steuerung	• Beitragshöhe kann gerade zu Beginn belastend sein • Geringere Zusatzleistungen im Vergleich zur GRV (z. B. Erwerbsminderung) • Keine Übertragbarkeit in andere Systeme

Quelle: Eigene Darstellung. Bitte beachten Sie, dass Leistungen, Beitragshöhe und Zugangsvoraussetzungen je nach Versicherungsträger und Bundesland variieren können. Eine individuelle Beratung durch eine*n unabhängige*n Versicherungsberater*in wird empfohlen.

ständige gibt es dabei Mindestbemessungsgrenzen, sodass auch bei niedrigem Einkommen ein Mindestbeitrag zu entrichten ist. In der PKV richtet sich der Beitrag nicht nach dem Einkommen, sondern nach Eintrittsalter, Gesundheitszustand und dem gewählten Leistungspaket. Junge, gesunde Selbstständige zahlen oft zunächst deutlich weniger als in der GKV – mit dem Risiko späterer Beitragserhöhungen. Tab. 2.2 gibt eine Übersicht über die wesentlichen Unterschiede der gesetzlichen und privaten Krankenversicherung.

▶ Die Wahl der Krankenversicherung ist nicht nur eine bürokratische Pflicht, sondern eine strategische Entscheidung mit langfristigen Auswirkungen – finanziell und gesundheitlich. Leistungen, Beitragshöhen und Zugangsbedingungen können je nach Versicherungsträger und Bundesland deutlich variieren. Deshalb ist eine individuelle Beratung durch unabhängige Versicherungsberater*innen oder Honorarberater*innen dringend zu empfehlen – insbesondere, bevor Verträge unterschrieben werden. Wichtige Überlegungen vor der Entscheidung:

- *Wie hoch ist mein (voraussichtliches) Einkommen in den kommenden Jahren?*
- *Möchte ich die Familie mitversichern – und wenn ja, wie viele Personen?*
- *Lege ich Wert auf besonders umfangreiche Leistungen oder ist mir Planungssicherheit wichtiger?*
- *Habe ich relevante Vorerkrankungen, die die Beitragsberechnung beeinflussen könnten?*
- *Welche Risiken trage ich selbst, welche möchte ich absichern?*

Tab. 2.2 Vergleich: Gesetzliche vs. Private Krankenversicherung

Kriterium	Gesetzliche Krankenversicherung (GKV)	Private Krankenversicherung (PKV)
Beitrags-berechnung	Einkommensabhängig (bis Beitragsbemessungsgrenze)	Abhängig von Alter, Gesundheitszustand und gewähltem Leistungsumfang
Beitragshöhe	Fester Satz (ca. 14,6% + Zusatzbeitrag), Mindestbeitrag bei Selbstständigen	Anfangs oft günstiger, aber Beitrag steigt im Alter und bei Risiko
Familien-versicherung	Angehörige ohne Einkommen sind beitragsfrei mitversichert	Jedes Familienmitglied benötigt eigenen Vertrag (kostet extra)
Leistungsumfang	Standardisierte Leistungen, solide Grundversorgung	Erweiterte Leistungen, z. B. Chefarztbehandlung, Einzelzimmer
Zugang zu Therapien & Ärzten	Budgetierung möglich, längere Wartezeiten	Freie Arztwahl, meist bevorzugte Terminvergabe
Beitrags-entwicklung	Stabil, da einkommensbasiert und staatlich reguliert	Kann im Alter stark steigen – Altersrückstellungen notwendig
Rückkehr zur GKV	Jederzeit möglich (bei Erfüllung der Voraussetzungen)	Nur unter engen Bedingungen (z. B. Angestelltenstatus, unter 55 Jahre)
Vertragsbindung	Flexible Kassenwahl, meist jährliche Kündigungsfrist	Längere Laufzeiten, ggf. Tarifwechsel möglich, aber komplex
Verwaltungs-aufwand	Gering, einfache Struktur	Höher – z. B. Vorleistung und Rückerstattung bei Rechnungen

Quelle: Eigene Darstellung in Anlehnung an Handelsblatt (2024)

2.5 Beispiel: Mein Weg durch den Bürokratie- Dschungel

Nachdem die KV-Zulassung endlich durch war, begann der nächste wichtige Schritt: die Auseinandersetzung mit den Krankenkassen. Was zunächst nach einer rein formalen Aufgabe klang, entpuppte sich schnell als eines der komplexesten Themen in der Anfangsphase meiner Praxis. Die Geduld, die ich in dieser Phase lernen musste, war ein Vorgeschmack auf die Geduld, die ich später auch in meiner Arbeit als Therapeutin benötigen würde. Die Einführung der Telematikinfrastruktur, die Auswahl der Praxissoftware sowie die Einhaltung des Datenschutzes waren keine Aufgaben, auf die ich in meiner Ausbildung vorbereitet wurde. Es war ein mühsamer Prozess, der mich oft an meine Grenzen brachte.

Doch rückblickend habe ich auch viel gelernt: Über die Bedeutung von Organisation, die Notwendigkeit technischer Lösungen und die hohe Verantwortung, die mit dem Schutz der Daten meiner Patient*innen einhergeht. Dieser Abschnitt der Praxisgründung hat mir gezeigt, dass die therapeutische Arbeit nur die eine Seite der Medaille ist – die Andere ist das präzise Management, das den Praxisbetrieb erst möglich macht, die Herausforderung der Abrechnung mit den Krankenkassen. Es gibt Tage, an denen ich mich fragte, warum ich diesen Weg gewählt habe. Zwischen Formularen, Gesprächen mit der KV und der Suche nach der richtigen Software fühlte ich mich oft mehr wie eine Bürofachkraft als eine Therapeutin. Doch diese Schritte sind unerlässlich, um eine stabile Grundlage für die Praxis zu schaffen. Ich erinnere mich an einen Tag, an dem ich stundenlang mit der KV telefonierte, nur um richtige Ansprechpartner*innen für eine Zulassungsfrage zu finden. Mein Schreibtisch war überflutet mit Papieren, und der Gedanke, dass ich bald wieder in einer Sitzung mit einem Patienten sitzen würde, schien unendlich weit entfernt. Doch diese Hürden gehören dazu. Letztendlich war es eine der wertvollsten Lektionen: Geduld und Ausdauer sind nicht nur in der Therapie, sondern auch bei der Praxisgründung essenziell.

2.6 Fazit zu Kap. 2

Der Schritt in die Selbstständigkeit als Psychotherapeut*in ist weit mehr als die Entscheidung für eine neue berufliche Freiheit – er ist auch ein intensiver Verwaltungsakt. Wer eine eigene Praxis gründen möchte, muss sich auf eine Vielzahl formaler, technischer und rechtlicher Anforderungen einstellen: Von der Pflichtmitgliedschaft in der Psychotherapeutenkammer und der Eintragung ins Arztregister über die komplexe Anbindung an die Telematikinfrastruktur bis hin zur Auswahl geeigneter Versicherungen und der Einhaltung von Datenschutzvorgaben. Diese administrativen Grundlagen sind kein Nebenschauplatz, sondern Voraussetzung für eine rechtskonforme, sichere und funktionsfähige Praxisführung. Gleichzeitig legen sie die Basis für finanzielle Absicherung, Qualitätsstandards und das Vertrauen von Patient*innen. Wer gut informiert ist, strukturiert vorgeht und sich frühzeitig kompetente Unterstützung holt – etwa durch Steuer- oder Versicherungsberatung, technische Dienstleister oder erfahrene Kolleg*innen, kann viele Stolpersteine vermeiden und mit einem stabilen Fundament in die selbstständige Arbeit starten.

Checkliste zu Kap. 2

Kategorie	Maßnahmen/Empfehlungen
Psychotherapeutenkammer	• Anmeldeformular ausfüllen • Approbationsurkunde (beglaubigt), Personalausweis, Versicherungsnachweis einreichen • Mitgliedsbeitrag zahlen • Fortbildungspflicht (250 Punkte in 5 Jahren) beachten
Arztregister (KV)	• Antrag mit Approbationsurkunde, Fachkundenachweis, Lebenslauf etc. einreichen • ggf. Führungszeugnis, Zahlungsnachweis beilegen • Registrierungskosten einkalkulieren (100–150 €)
Kassenzulassung	• Nur nach Arztregister -Eintragung möglich • Antragsfristen und Nachbesetzungsverfahren prüfen

(Fortsetzung)

Kategorie	Maßnahmen/Empfehlungen
Telematik-infrastruktur (TI)	• Anbieter für Konnektor, Kartenlesegerät und Software wählen • SMC – B (Praxisausweis) und HBA (Heilberufsausweis) beantragen • TI frühzeitig planen, da Einrichtung Wochen dauern kann • Refinanzierung durch KV prüfen
Datenschutz	• Datenschutzkonzept erstellen • Datenverschlüsselung sicherstellen • Mitarbeitende schulen • Verzeichnis der Verarbeitungstätigkeiten führen
Versicherungen	• Berufshaftpflicht abschließen (Pflicht) • Optional: Praxisausfall-, Inhalts- und Rechtsschutzversicherung prüfen • Rentenversicherung: GRV oder PVW abwägen • Krankenversicherung: GKV oder PKV bewusst wählen

Reflexionsfragen – Kap. 2: Praxisgründung & Absicherung

1. Digitale Praxisführung und Organisation
   - Wie gut fühle ich mich auf die digitale Praxisführung vorbereitet?
   - Welche Unterstützung brauche ich, um TI und Praxissoftware effektiv zu nutzen?
   - Habe ich ausreichend Zeit und Ressourcen für die bürokratische Vorbereitung eingeplant?
   - Welche administrativen Aufgaben empfinde ich als besonders herausfordernd?
   - Wie gehe ich mit bürokratischem Stress um? Welche Routinen und Hilfsmittel könnten mir helfen, den Überblick zu behalten?
2. Datenschutz und Verantwortung
   - Wie gehe ich mit der Verantwortung für sensible Daten um?
   - Was kann ich tun, um den Datenschutz in meiner Praxis zuverlässig zu gewährleisten?
3. Absicherung und Vorsorge
   - Welche Risiken möchte ich absichern – und in welchem Umfang?
   - Welche Altersvorsorge passt zu meiner Lebenssituation und meinen beruflichen Plänen?
   - Welches Modell (GKV oder PKV) passt langfristig zu meiner Lebensplanung?
   - Welche Leistungen sind mir besonders wichtig – und wie flexibel möchte ich bleiben?

Literatur

Bundesamt für Sicherheit in der Informationstechnik. (n.d.). *Telematikinfrastruktur sichere Vernetzung medizinischer Versorgung*. https://www.bsi.bund.de/DE/Themen/Unternehmen-und-Organisationen/Standards-und-Zertifizierung/E-Health/Telematikinfrastruktur/telematikinfrastruktur.html. Zugegriffen: 06. Juli 2025.

Deutsche Psychotherapeutenvereinigung. (2023). *Informationsblätter zur Praxisführung*. https://www.dptv.de. Zugegriffen: 25. Mai 2025.

Handelsblatt. (09.10.2024). *PKV oder GKV: Was ist 2025 besser?*. https://www.handelsblatt.com/vergleich/pkv-oder-gkv/. Zugegriffen: 06. Juli 2025.

Kassenärztliche Bundesvereinigung. (n.d.-a-a). *Telematikinfrastruktur (TI)*. https://www.kbv.de/html/telematikinfrastruktur.php. Zugegriffen: 05. Juli 2025.

Kassenärztliche Bundesvereinigung. (n.d.-b-b). *Technische Ausstattung*. https://www.kbv.de/html/30722.php. Zugegriffen: 05. Juli 2025.

Landespsychotherapeutenkammer Rheinland-Pfalz. (2018). *A-Z zur Praxisgründung*. https://www.lpk-rlp.de/fileadmin/user_upload/LPK_Broschuere_zur_Praxisgruendung_FINALE_DOWNLOAD-DATEI.pdf. Zugegriffen: 25.05.2025.

Psychotherapeutenkammer Berlin. (05.09.2018). *Datenschutz in der Psychotherapeutischen Praxis*. https://www.psychotherapeutenkammer-berlin.de/system/files/document/pp_v17_1.pdf. Zugegriffen: 25. Mai 2025.

3 Finanzierung und Steuerrecht – Grundlage für eine tragfähige Praxisgründung

▶ Der Weg in die eigene psychotherapeutische Praxis ist nicht nur eine fachliche, sondern auch eine unternehmerische Entscheidung und mit erheblichen finanziellen und rechtlichen Herausforderungen verbunden. Ob in der Großstadt oder auf dem Land: Die Investition in einen Kassensitz oder eine Privatpraxis erfordert sorgfältige Planung, fundierte Kenntnisse der Finanzierungswege und ein solides Verständnis steuerlicher Pflichten. Das dritte Kapitel beleuchtet die zentralen Aspekte rund um Finanzierung, Businessplanung und Steuerrecht.

3.1 Finanzierung: Möglichkeiten und Voraussetzungen

Die Übernahme eines Kassensitzes oder die Gründung einer psychotherapeutischen Praxis ist mit beträchtlichen finanziellen Aufwendungen verbunden – häufig im sechsstelligen Bereich. Dazu zählen nicht nur die Ablösesumme für den Kassensitz, sondern auch Investitionen in Praxisräume, Ausstattung, Technik sowie Anlaufkosten in den ersten Monaten der Selbstständigkeit, in denen noch keine vollen Einnahmen zu erwarten sind. Vor diesem Hintergrund stellt sich bereits früh in der Planungsphase die zentrale Frage: „*Wie lässt sich diese Investition sinnvoll und tragfähig finanzieren?*“. Zur Auswahl stehen unterschiedliche Finanzierungsmodelle, die je nach individueller Ausgangslage kombiniert werden können:

- **Bankkredite:** Viele Existenzgründer*innen entscheiden sich für ein Darlehen bei spezialisierten Banken wie der Deutschen Apotheker- und Ärztebank (apoBank) oder bei

L. Seifert, *Eigene Praxis, eigene Wege - Herausforderungen und Chancen der Praxisgründung für (junge) PsychotherapeutInnen*, Psychotherapie: Therapiegestaltung & Praxismanagement,
https://doi.org/10.1007/978-3-662-72888-8_3

Sparkassen, die einen Schwerpunkt auf die Finanzierung von Heilberufen legen. Diese Institute bieten nicht nur maßgeschneiderte Konditionen, sondern verstehen auch die branchenspezifischen Anforderungen von Psychotherapeut*innen.
- **Private Darlehen:** Auch ein Kredit aus dem familiären oder privaten Umfeld kann eine Möglichkeit sein. Hier ist jedoch wichtig, dass das Darlehen verbindlich und rechtlich klar geregelt wird, um spätere Konflikte oder steuerliche Unsicherheiten zu vermeiden.
- **Öffentliche Förderprogramme:** Eine attraktive Ergänzung können staatlich unterstützte Finanzierungshilfen sein – insbesondere die Programme der Kreditanstalt für Wiederaufbau (KfW). Diese bieten zinsgünstige Gründerkredite, oft mit tilgungsfreier Anfangsphase, was gerade in den ersten Monaten der Selbstständigkeit finanzielle Entlastung bringt.

Unabhängig von der gewählten Finanzierungsform ist eines unerlässlich: Ein fundierter und überzeugender Businessplan. Ein **Businessplan** ist weit mehr als eine formale Anforderung zur Beantragung von Finanzierungsmitteln – er ist das strategische Herzstück jeder Praxisgründung. Er dient nicht nur dazu, Banken oder Förderinstitutionen von der wirtschaftlichen Tragfähigkeit des Vorhabens zu überzeugen, sondern hilft auch der Gründer*in selbst dabei, die eigene Idee zu strukturieren, realistisch zu durchdenken und mögliche Herausforderungen frühzeitig zu erkennen. Ein gut ausgearbeiteter Businessplan schafft Klarheit über die Vision und das Selbstverständnis der Praxis, über Zielgruppen, Therapieverfahren und Standortfaktoren. Er zwingt zur Auseinandersetzung mit Zahlen, aber auch mit persönlichen Zielen: *„Was will ich fachlich erreichen? Wie will ich arbeiten? Welche Werte vertrete ich und worin unterscheidet sich meine Praxis von anderen?"*.

Wesentliche Bestandteile eines fundierten Businessplans (Verband Freier Psychotherapeuten, 2010)

- **Praxisprofil und Zielsetzung:** Hier wird das Konzept der Praxis erläutert. Welche Therapieformen werden angeboten (z. B. VT, TP, AP, Systemisch)? Wer ist die Zielgruppe – Erwachsene, Kinder und Jugendliche? Spezielle Störungsbilder? Welche Werte und welches therapeutische Selbstverständnis prägen das Vorgehen? Auch persönliche Motivation und fachliche Qualifikationen gehören in diesen Abschnitt.
- **Chancen- und Risiken**: Welche Chancen gibt es für die Entwicklung der Selbstständigkeit? Welche Risiken könnten auftreten? Wie könnte damit umgegangen werden?
- **Marktanalyse:** Eine realistische Einschätzung der Versorgungssituation am geplanten Standort. Wie sieht der Planungsbereich bereits aus? Wie groß ist der Bedarf? Gibt es Versorgungslücken, lange Wartezeiten oder bereits eine hohe Dichte an Mitbewerber*innen? Auch regionale Besonderheiten, demografische Entwicklungen oder gesundheitspolitische Rahmenbedingungen fließen hier ein.

- **Standortwahl und Praxisstruktur:** Begründung für den gewählten Standort (z. B. persönliche Bindung, gute Erreichbarkeit, hoher Bedarf). Zusätzlich Angaben zu Praxisgröße, Ausstattung, Raumaufteilung, technischer Infrastruktur, Personalplanung oder Kooperationen mit anderen Praxen.
- **Finanzplanung:** Umfasst eine realistische Aufstellung von Investitionskosten (z. B. Umbauten, Einrichtung, IT), laufenden Ausgaben (Miete, Versicherungen, Software, Fortbildungen) sowie erwarteten Einnahmen (durch gesetzlich Versicherte, Privatleistungen oder Nebenangebote wie Supervision). Ein Liquiditätsplan zeigt, ob die laufenden Kosten gedeckt werden können – insbesondere in der Anfangsphase. Optional ist eine **Break-Even-Analyse** (der Zeitpunkt, an dem Ausgaben und Einnahmen sich ausgleichen) sinnvoll, um den Zeitpunkt der Wirtschaftlichkeit zu bestimmen.
- **Rechtliche und organisatorische Rahmenbedingungen:** Welche Genehmigungen sind erforderlich (z. B. Zulassung bei der Kassenärztlichen Vereinigung)? Welche Versicherungen müssen abgeschlossen werden (Berufshaftpflicht, Betriebsunterbrechung)? Welche Rechtsform ist gewählt – Einzelpraxis, Gemeinschaftspraxis, GmbH? Zudem sollten Datenschutz, Dokumentationspflichten und Abrechnungsfragen berücksichtigt werden.

Wie viel Geld man tatsächlich benötigt, hängt nicht nur von der Ausstattung oder Lage ab – sondern vor allem davon, **welche Praxisform** man wählt. Der Unterschied zwischen Kassensitz und Privatpraxis zeigt sich besonders deutlich, wenn es um Finanzierung und Liquidität geht.

Die finanziellen Rahmenbedingungen unterscheiden sich je nach Praxisform erheblich und sollten bereits in der Planungsphase realistisch eingeschätzt werden. Während der Erwerb eines Kassensitzes meist mit hohen Anfangsinvestitionen verbunden ist, profitiert diese Praxisform langfristig von planbaren und stabilen Einnahmen. Der Kaufpreis für einen vollen Kassensitz kann – je nach Region und Nachfrage – zwischen rund 80.000 € und über 200.000 € liegen. Hinzu kommen Umbaukosten, technische Anforderungen (z. B. Telematikinfrastruktur) sowie Pflichtversicherungen. Diese Investition wird jedoch durch eine relativ verlässliche Grundauslastung kompensiert: Da gesetzlich Versicherte einen Großteil der Patient*innen ausmachen, entsteht in der Regel ein konstanter Patientenzufluss und damit ein kalkulierbares Einkommen. Anders stellt sich die Situation in der Privatpraxis dar. Hier entfallen zwar die hohen Einstiegskosten für den Kassensitz und viele bürokratische Vorgaben, dafür ist das wirtschaftliche Risiko höher. Einnahmen hängen stark von Standort, Zielgruppe und Bekanntheitsgrad ab – die Liquidität kann insbesondere in der Anfangsphase stark schwanken. Auch die Patient*innenfluktuation ist in Privatpraxen höher, da die Behandlungskosten von den Patient*innen selbst oder über private Krankenversicherungen getragen werden müssen. Eine vorausschauende Liquiditätsplanung mit ausreichender Rücklage ist daher unerlässlich, um umsatzschwächere Phasen abzufedern.

Insgesamt lässt sich sagen:

- Der Kassensitz bedeutet hohe Startkosten, dafür langfristige Stabilität und Sicherheit.
- Die Privatpraxis bietet finanzielle und organisatorische Flexibilität, erfordert aber ein höheres Maß an unternehmerischem Denken und Marketingkompetenz, um eine stabile Einkommensbasis aufzubauen.

Tipp Wer sich zwischen beiden Modellen nicht festlegen möchte, kann zunächst in einer Anstellung oder über ein Jobsharing-Modell Erfahrungen sammeln, um die wirtschaftlichen Dynamiken besser einschätzen zu können.

3.2 Steuerrechtliche Grundlagen: Was Selbstständige wissen müssen

Mit der Gründung einer psychotherapeutischen Praxis werden Psychotherapeut*innen unternehmerisch tätig und damit auch steuerpflichtig. Das deutsche Steuerrecht stellt hohe Anforderungen an Selbstständige, insbesondere zu Beginn der beruflichen Tätigkeit. Um Fehler zu vermeiden und steuerliche Gestaltungsspielräume optimal zu nutzen, ist eine frühzeitige fachliche Beratung – idealerweise durch eine*n Steuerberater*in mit Erfahrung im Heilberufebereich – dringend zu empfehlen (LPK RLP, 2018, S. 4).

Ein zentrales Thema ist die Frage, ob die eigene Tätigkeit der **Umsatzsteuer** unterliegt. Grundsätzlich gilt: Heilkundliche psychotherapeutische Leistungen, die der Diagnose, Heilung oder Linderung psychischer Erkrankungen dienen, sind gemäß § 4 Nr. 14 UStG von der Umsatzsteuer befreit. Diese Befreiung gilt nur dann, wenn die Leistungen im Rahmen der Ausübung der Heilkunde erfolgen und durch entsprechend qualifizierter Personen (z. B. approbierte Psychotherapeut*innen) erbracht werden. Demgegenüber können nicht- heilkundliche Tätigkeiten, wie z. B. Coaching, Supervision, Trainings, Workshops oder Gutachtenerstellung, umsatzsteuerpflichtig sein. Diese Leistungen gelten steuerrechtlich als unternehmerische Tätigkeiten außerhalb der Heilbehandlung. Es ist daher wichtig, eine klare Trennung zwischen heilkundlichen und nicht – heilkundlichen Leistungen vorzunehmen – etwa durch getrennte Rechnungsstellung, Buchführung und ggf. auch Bankkonten (LPK RLP, 2018, S. 10–12). Psychotherapeut*innen gehören in der Regel zu den Freiberufler*innen im Sinne des Einkommensteuergesetzes. Die steuerliche Gewinnermittlung erfolgt typischerweise über die sogenannte Einnahmen-Überschuss-Rechnung (EÜR) nach § 4 Abs. 3 EStG. Dabei werden die Betriebseinnahmen eines Jahres den tatsächlich gezahlten Betriebsausgaben gegenübergestellt. Diese Methode ist vergleichsweise einfach und ersetzt eine doppelte Buchführung. Zu den abzugsfähigen Aufwendungen zählen unter anderem:

- Praxiskosten (Miete, Ausstattung, Materialien)
- Krankenkasse

- Mitarbeiterkosten,
- Versicherungen
- Fortbildungen
- Fahrtkosten
- Berufsverbandsbeiträge
- Beiträge zum berufsständischen Versorgungswerk.

Letztere können gemäß § 10 EStG als **Sonderausgaben** steuerlich geltend gemacht werden, was sich steuermindernd auswirkt. Ein strukturierter und revisionssicherer Umgang mit allen Unterlagen ist nicht nur gesetzlich verpflichtend, sondern erleichtert auch die Zusammenarbeit mit dem Finanzamt und dem *der Steuerberater**in erheblich. Alle Belege sollten sorgfältig gesammelt, geordnet archiviert und mindestens **zehn Jahre** lang aufbewahrt werden (LPK RLP, 2018, S. 14–17). Man sollte in jedem Fall auch hier mit Expert*innen sprechen.

Betriebsausgaben in psychotherapeutischen Praxen – mit Hinweisen zur steuerlichen Absetzbarkeit

Miete und Nebenkosten der Praxis
- Miete für Praxisräume ist in voller Höhe absetzbar.
- Nebenkosten wie Strom, Heizung, Reinigung, Müllentsorgung ebenfalls.
- Bei Nutzung eines Teils der eigenen Wohnung (z. B. häusliches Arbeitszimmer) kann anteilig abgesetzt werden – nur, wenn dieser Raum ausschließlich beruflich genutzt und räumlich klar abgetrennt ist.

Einrichtung, Ausstattung und Technik
- Absetzbare Investitionen umfassen z. B.:
  - Möbel (Sessel, Tische, Regale, Wartezimmereinrichtung)
  - Technische Geräte (Laptop, Drucker, Kamera, Headset)
  - Funktionale Ausstattung (z. B. Teppiche, Lampen – keine rein dekorative Nutzung)
- Bei Anschaffungskosten bis 800 € netto: sofortige Absetzung als geringwertige Wirtschaftsgüter (GWG)
- Höherwertige Investitionen: Abschreibung über Nutzungsdauer (Absetzung für Abnutzung, AfA)

Versicherungen
- Berufshaftpflichtversicherung: gesetzlich vorgeschrieben und voll abzugsfähig.
- Weitere abzugsfähige Versicherungen:
  - Praxisinhaltsversicherung
  - Betriebsunterbrechungsversicherung
  - Beruflicher Rechtsschutz

Fortbildungen, Supervision, Fachliteratur

- Voll absetzbar sind:
  - Kosten für zertifizierte Fortbildungen, Seminare, Kongresse
  - Supervision, Intervision (bei fachlichem Bezug und Dokumentation)
  - Fachbücher, Fachzeitschriften, Online-Abos
- Zusätzlich:
  - Fahrtkosten (z. B. Kilometergeld), Übernachtungen
  - Verpflegungspauschalen nach den geltenden Sätzen

Praxissoftware und Telematikinfrastruktur (TI)

- Betriebsausgaben:
  - Lizenz- und Wartungskosten für Praxissoftware
  - Kosten für Schulungen und technische Unterstützung
  - Nicht erstattete Eigenanteile an der TI-Anbindung (z. B. Konnektor, Kartenterminal)
- Hinweis: Erstattungen der Kassenärztlichen Vereinigung sind von den Betriebsausgaben abzuziehen.

Marketing, Kommunikation und Büromaterial

- Absetzbare Posten:
  - Website – Erstellung, Hosting, Therapeutenverzeichnisse
  - Druckkosten (Flyer, Visitenkarten, Türschilder)
  - Telefon, Internet, Mobilfunk (ggf. anteilige Absetzung bei gemischter Nutzung)
  - Verbrauchsmaterial: Papier, Tinte, Ordner, Kalender, Schreibwaren

Mitarbeiterkosten

- Absetzbar sind u. a.:
  - Bruttogehälter und Löhne von Angestellten (inkl. psychologische Fachangestellte, Sekretariatskräfte, Reinigungspersonal etc.)
  - Arbeitgeberanteile zu Sozialversicherungsbeiträgen (Kranken-, Renten-, Arbeitslosen-, Pflegeversicherung)
  - Beiträge zur Berufsgenossenschaft
  - Betriebliche Altersvorsorge (Arbeitgeberanteil)
  - Fort– und Weiterbildungen von Mitarbeitenden
- Auch Minijob – Lösungen sind voll absetzbar.

Nicht absetzbar sind:

- Private Ausgaben (z. B. Haushaltsgeräte, private Möbel)
- Geschenke über 35 € netto pro Person und Jahr
- Bargeldzahlungen ohne Beleg
- Nicht eindeutig beruflich zuordenbare Kosten

Die steuerlichen Anforderungen an selbstständige Psychotherapeut*innen sind vielfältig, komplex und oft nur schwer vollständig zu überblicken. Die Unterscheidung zwischen umsatzsteuerfreien und umsatzsteuerpflichtigen Leistungen, die korrekte Erstellung der Einnahmen – Überschuss – Rechnung, die Berücksichtigung von Sonderausgaben wie Altersvorsorge oder Versicherungen sowie die ordnungsgemäße Dokumentation und Archivierung aller relevanten Unterlagen: All diese Aufgaben erfordern nicht nur Sorgfalt, sondern auch fundiertes Fachwissen. Daher ist es dringend zu empfehlen, bereits vor der Gründung der eigenen Praxis eine spezialisierte Steuerberatung einzubinden. Idealerweise sollte der erste Kontakt schon in der Konzeptions – oder Finanzierungsphase erfolgen – etwa beim Verfassen des Businessplans oder vor dem Einreichen von Kreditanträgen. Eine erfahrene Steuerberaterin oder ein auf Heilberufe spezialisierter Steuerberater kann:

- die geplanten Leistungen steuerlich korrekt einordnen (z. B. heilkundliche vs. Nicht-heilkundliche Angebote),
- bei der Entscheidung für die passende Rechtsform der Praxis unterstützen (Einzelpraxis, Gemeinschaft, Praxis-GbR oder GmbH),
- bei der Auswahl einer geeigneten Buchhaltungssoftware und der Einrichtung effizienter Prozesse helfen,
- auf steuerliche Fallstricke hinweisen (z. B. Umsatzsteuerpflicht bei Nebentätigkeiten oder gemischt genutzten Ausgaben),
- und die Erstellung der jährlichen Steuererklärungen sowie ggf. der Umsatzsteuervoranmeldungen übernehmen.

Vor allem für Gründer*innen bedeutet die Zusammenarbeit mit einer Steuerberatung nicht nur rechtliche Sicherheit, sondern auch eine deutliche Entlastung im Alltag – Zeit, die stattdessen in die inhaltliche Arbeit mit den Patient*innen investiert werden kann. Langfristig trägt eine verlässliche steuerliche Begleitung wesentlich zur wirtschaftlichen Stabilität und nachhaltigen Entwicklung der Praxis bei.

Tipp Ein guter Steuerberater zahlt sich langfristig aus.

3.3 Beispiel: Mein persönlicher Weg durch Zahlen, Pläne und Unsicherheiten

Wenn ich an meine ersten Schritte in Richtung Selbstständigkeit zurückdenke, erinnere ich mich vor allem an ein Gefühl: Verunsicherung. Alles, was mit Finanzierung, Steuerrecht oder Buchhaltung zu tun hatte, löste bei mir sofort Stress aus. Schon während des Studiums hatte ich versucht, diesen Themen auszuweichen – Steuererklärungen überließ ich meinen Eltern, und Zahlen waren für mich eher ein abstraktes Hindernis als ein Werkzeug. Umso größer war die Hürde, als ich erkannte: Wer eine eigene Praxis gründen möchte, muss sich zwangsläufig mit genau diesen Themen auseinandersetzen. Am Anfang wusste ich nicht einmal, wie viel Geld ich tatsächlich benötigen würde, um eine Praxis aufzubauen. Die Fixkosten waren für mich ein unüberschaubares Feld: Miete, Ausstattung, Versicherungen, Beiträge zur Kassenärztlichen Vereinigung, Fortbildungen – die Liste schien endlos. Hinzu kam die Unsicherheit: *„Wie viele Patient*innen würde ich in den ersten Monaten überhaupt haben? Würden meine Einnahmen reichen, um nicht sofort in finanzielle Schwierigkeiten zu geraten?“*. Allein der Gedanke an Verhandlungen mit einer Bank bereitete mir Unbehagen. An diesem Punkt traf ich eine Entscheidung, die im Nachhinein entscheidend war: Ich suchte mir früh Unterstützung. Zuerst meldete ich mich bei einer Gründerberatung, die auf Heilberufe spezialisiert war. Dort lernte ich, was ein Businessplan überhaupt ist, wofür er benötigt wird und wie man die verschiedenen Posten realistisch einschätzt. Später stieß ich auf einen Steuerberater, der seit Jahren mit psychotherapeutischen Praxen arbeitet. Gemeinsam gingen wir Schritt für Schritt meine Vorstellungen durch: Wie hoch die Miete realistischerweise sein darf, welche laufenden Kosten fest einzuplanen sind und wie viele Sitzungen ich pro Woche durchführen müsste, um wirtschaftlich über die Runden zu kommen. Zum ersten Mal hatte ich schwarz auf weiß vor mir, welche Einnahmen ich erwarten konnte und welche Ausgaben regelmäßig anfallen würden. Dieses Papier – mein Businessplan – war nicht nur ein Dokument für die Bank, sondern auch eine Art Sicherheitsnetz für mich selbst. Ich konnte endlich sehen, dass meine Ängste nicht aus dem Nichts kamen, sondern dass es ganz konkrete Zahlen gab, die mir Orientierung gaben. Trotzdem blieb die Unsicherheit. Vor allem die Vorstellung, meine gesamte Buchhaltung selbst erledigen zu müssen, war für mich lähmend. Belege sortieren, Fristen einhalten, Umsatzsteuer – Voranmeldungen abgeben – all das erschien mir wie eine endlose Bürokratie, die mir den Kopf für das Wesentliche, die Therapiearbeit, blockieren würde. Ich spürte schnell, dass ich dafür keine Energie hatte. Also traf ich die Entscheidung, meine komplette Buchhaltung auszulagern. Meine Steuerberaterin übernahm alles – von der Belegsortierung bis zur Kommunikation mit dem Finanzamt. Mein Part beschränkte sich darauf, die Unterlagen fristgerecht einzureichen. Schon nach wenigen Wochen merkte ich, wie sehr mich diese Entlastung beruhigte. Natürlich war es auch eine Investition: Steuerberatung kostet Geld, und in den ersten Monaten hatte ich Zweifel, ob ich mir das wirklich leisten konnte. Doch heute weiß ich: Es war die beste Entscheidung. Statt mich in Formularen und Tabellen zu verlieren, konnte ich meine

Energie in die Gestaltung der Praxis, die Arbeit mit Patient*innen und meine persönliche Weiterentwicklung investieren.

Aus heutiger Sicht würde ich sagen, dass es genau dieser Schritt war – die bewusste Auseinandersetzung mit meinen Unsicherheiten und die Entscheidung, mir Unterstützung zu holen –der den Grundstein für meine berufliche Stabilität gelegt hat. Hätte ich versucht, alles allein zu stemmen, wäre ich vermutlich schnell überfordert gewesen. So aber konnte ich mich Schritt für Schritt einarbeiten, meine Ängste abbauen und mir ein System schaffen, das mich langfristig trägt. Auch heute, einige Jahre später, habe ich immer noch Respekt vor Zahlen und Finanzen, aber keine Angst mehr. Ich habe gelernt, dass es kein Zeichen von Schwäche ist, sich Hilfe zu holen, sondern ein Ausdruck von Professionalität. Das Thema Finanzierung und Steuerrecht ist kein Schreckgespenst mehr, sondern ein Teil meiner Praxisführung, den ich zwar auslagere, aber bewusst im Blick behalte. Und auch wenn der Weg dorthin nicht leicht war, bin ich froh, dass ich ihn früh gegangen bin. Es war ein großer Schritt – aber einer, der sich mehr als gelohnt hat.

3.4 Fazit zu Kap. 3

Der Schritt in die psychotherapeutische Selbstständigkeit ist nicht nur ein fachlicher, sondern in hohem Maße auch ein finanzieller und steuerrechtlicher Kraftakt. Die Investitionen – etwa für Kassensitz, Ausstattung oder Anlaufkosten – verlangen eine kluge, gut vorbereitete Finanzierung. Ob über Bankdarlehen, Förderprogramme oder private Mittel: Entscheidend ist ein tragfähiger Businessplan, der nicht nur Zahlen, sondern auch Vision und Praxisprofil überzeugend darstellt. Zugleich ist ein solides steuerliches Fundament unerlässlich. Viele Aspekte von der Umsatzsteuerbefreiung heilkundlicher Leistungen über die Abgrenzung unternehmerischer Tätigkeiten bis hin zur Absetzbarkeit von Betriebsausgaben, sind komplex und fehleranfällig. Ohne kompetente steuerliche Begleitung drohen finanzielle Risiken, bürokratischer Mehraufwand und Unsicherheiten in der Praxisführung. Wer die unternehmerische Seite frühzeitig ernst nimmt, transparent plant und sich fachkundig beraten lässt, schafft die Grundlage für eine wirtschaftlich tragfähige und rechtssichere Selbstständigkeit. Denn nur wenn das Fundament stimmt, kann sich die therapeutische Arbeit langfristig entfalten – frei, wirksam und stabil.

Checkliste zu Kap. 3

Kategorie	Maßnahmen/Empfehlungen
Finanzierung	• Gesamtkosten kalkulieren (Kassensitz, Praxis, Technik, Anlaufphase) • Bankkredite prüfen (z. B. apoBank, Sparkasse) • KfW-Förderprogramme prüfen • Private Darlehen rechtlich und steuerlich absichern
Businessplan	• Praxisprofil, Zielgruppe und Therapieverfahren definieren • Marktanalyse und Standortwahl begründen • Finanzplanung mit Einnahmen, Ausgaben und Liquiditätsplan erstellen • Rechtliche und organisatorische Rahmenbedingungen darstellen

(Fortsetzung)

Kategorie	Maßnahmen/Empfehlungen
Steuerliche Grundlagen	• Umsatzsteuerpflicht prüfen (heilkundlich vs. nicht-heilkundlich) • Einnahmen-Überschuss-Rechnung (EÜR) einrichten • Betriebsausgaben kategorisieren und dokumentieren
Betriebsausgaben	• Absetzen von Miete, Einrichtung, Technik, Versicherungen, Fortbildungen, Gehälter • TI-Kosten und Marketingaufwendungen berücksichtigen • Ordnungsgemäße Archivierung aller Belege (10 Jahre)
Steuerberatung	• Frühzeitig spezialisierte Steuerberatung suchen • Unterstützung bei Rechtsformwahl, Buchführung und Steuererklärungen sichern • Gemeinsame Entwicklung effizienter Prozesse

Reflexionsfragen – Kap. 3: Die finanzielle und steuerliche Vorbereitung

1. Investitionen, Finanzierung und Konzept
   - Welche Investitionen sind für meine Praxisgründung notwendig?
   - Welche Finanzierungsmöglichkeiten kommen für mich infrage?
   - Wie klar ist mir mein Praxiskonzept und meine Zielgruppe?
   - Welche Risiken sehe ich – und wie kann ich ihnen begegnen?
2. Steuerliche Grundlagen und Pflichten
   - Was weiß ich bereits über meine steuerlichen Pflichten als Selbstständige*r?
   - Welche Kosten kann ich steuerlich geltend machen?
3. Organisation und Unterstützung
   - Habe ich ein gutes System zur Belegsammlung und – organisation?
   - Welche Aufgaben möchte ich selbst übernehmen – wo brauche ich Unterstützung?
   - Habe ich bereits einen *geeigneten* Steuerberater*in gefunden?
   - Wie kann ich die Zusammenarbeit effizient und entlastend gestalten?
4. Wirtschaftliche Sicherheit und Vorsorge
   - Was bedeutet wirtschaftliche Sicherheit für mich?
   - Wie plane ich Rücklagen für schwierige Phasen oder zukünftige Investitionen?

Literatur

LandesPsychotherapeutenKammer Rheinland-Pfalz. (2018). *Steuertipps für Psychotherapeutinnen und Psychotherapeuten.* https://www.lpk-rlp.de/fileadmin/user_upload/RZ_LPK_Steuerbroschuere_neues_CD.pdf

Verband Freier Psychotherapeuten, Heilpraktiker für Psychotherapie und Psychologischer Berater e. V. (2010). Existenzgründung mit Plan – der Businessplan. *Freie Psychotherapie,* (3), 1–3. https://www.vfp.de/magazine/freie-psychotherapie/alle-ausgaben/heft-03-2010/existenzgruendung-mit-plan-der-businessplan. Zugegriffen: 08. Juli 2025.

Mehr als nur vier Wände: Gestaltung, Atmosphäre und Funktion des therapeutischen Raumes

4

▶ Das vierte Kapitel widmet sich der räumlichen Gestaltung und Ausstattung psychotherapeutischer Praxen – einem Aspekt, der oft unterschätzt wird, aber zentral für die therapeutische Wirksamkeit und das eigene Wohlbefinden ist. Neben ästhetischen, funktionalen und psychologischen Überlegungen wird besondersaufdieAnforderungeninderKinder-undJugendlichenpsychotherapie (KJP) eingegangen. Anhand von Beispielen, einer Ausstattungstabelle und Erfahrungsberichten wird aufgezeigt, wie der therapeutische Raum zu einem sicheren und unterstützenden Rahmen werden kann. Zudem wird eine realistische Einschätzung der finanziellen Anforderungen bei der Praxisübernahme und- einrichtung gegeben.

4.1 Der Raum als Mitwirkender: Bedeutung und Gestaltung des therapeutischen Settings

Der Raum, in dem psychotherapeutische Gespräche stattfinden, erfüllt weit mehr als eine bloß funktionale Rolle. Wie empirische Studien zeigen, wird das physische Setting von Patient*innen wie von Psychotherapeut*innen als bedeutsamer Wirkfaktor innerhalb des therapeutischen Prozesses wahrgenommen. Der Raum trägt dazu bei, eine Atmosphäre zu schaffen, in der Vertrauen, emotionale Öffnung und Sicherheit ermöglicht werden. Damit fungiert er nicht nur als symbolischer, sondern auch als praktischer Mitgestalter der Behandlung (Viergutz, 2022). Die Gestaltung psychotherapeutischer Räume stellt eine doppelte Herausforderung dar: Sie muss sowohl dem Bedürfnis der Patient*innen nach Geborgenheit, Klarheit und emotionaler Wärme gerecht werden als auch den arbeits-

L. Seifert, *Eigene Praxis, eigene Wege - Herausforderungen und Chancen der Praxisgründung für (junge) PsychotherapeutInnen*, Psychotherapie: Therapiegestaltung & Praxismanagement,
https://doi.org/10.1007/978-3-662-72888-8_4

bezogenen Anforderungen des therapeutischen Alltags entsprechen (Viergutz, 2022). Eine bloße Ansammlung schöner Möbel oder Farben genügt dabei nicht. Vielmehr geht es um eine sorgfältige, durchdachte räumliche Komposition – von der Möblierung, über Licht und Farbe, bis hin zu funktionalen und technischen Aspekten, die das Arbeitssetting sinnvoll unterstützen. Bereits Chaikin, Derlega und Miller (1976) belegten, dass eine weiche und angenehm gestaltete Umgebung das Maß an Selbstöffnung in therapeutischen Gesprächen deutlich erhöht. Dies unterstreicht die Bedeutung eines stimmigen Gesamtambientes. Nicht einzelne Dekorelemente, sondern das Zusammenspiel von Einrichtung, Licht, Geräuschpegel und Raumanordnung ist entscheidend für das subjektive Wohlbefinden im Therapieraum. Zur empfohlenen Grundausstattung zählen komfortable, stabile Therapiestühle, funktionale Aufbewahrungslösungen und ein ergonomisch platzierter Schreibtisch (Viergutz, 2022). Im technischen Bereich sind ein Computer mit Praxissoftware, ein sicherer Internetanschluss sowie eine datenschutzkonforme Datensicherung unabdingbar (Devlin & Arneill, 2003). Ein weiterer zentraler Aspekt ist die sensorische Gestaltung. Lichtverhältnisse und Farbgebung beeinflussen nachweislich das emotionale Empfinden der Anwesenden. Tageslicht, warmtönige künstliche Beleuchtung und dezente, naturnahe Farben wie Sand, Ocker oder Pastelltöne fördern eine entspannte Grundstimmung. Schallschluckende Materialien wie Teppiche oder Vorhänge tragen sowohl zur akustischen Qualität als auch zur wohnlichen Atmosphäre bei (Viergutz, 2022).

▶ **Wichtig** Der Raum ist Teil des therapeutischen Prozesses.

In der **Kinder- und Jugendlichenpsychotherapie** gelten besondere Anforderungen. Anders als bei der Arbeit mit Erwachsenen, die primär auf Gespräch und Reflexion basiert, benötigen Kinder kreative, spielerische und sinnlich erfahrbare Zugänge, um sich auszudrücken (Viergutz, 2022). Der Raum wird hier zum therapeutischen Werkzeug, das Halt, Struktur und zugleich Freiheit für symbolisches Spiel bietet. Wichtig sind Materialien wie Mal- und Bastelutensilien, Symbolspielzeug (z. B. Tiere, Figuren), Musikinstrumente, Verkleidungen sowie Sandspielkästen. Diese unterstützen nonverbale Ausdrucksformen und bieten vielfältige Beobachtungs- und Interventionsmöglichkeiten. Ein kindgerecht gestalteter Raum sollte strukturierte Bereiche umfassen – z. B. eine Gesprächsecke, einen Spielbereich mit Bodenfreiheit und einen Rückzugsort. Eine klare Raumstruktur gibt Orientierung und Sicherheit, besonders für Kinder mit unsicherer Bindung oder traumatischen Erfahrungen. Auch ritualisierte Abläufe – etwa gemeinsames Aufräumen – fördern Bindung und therapeutische Stabilität. Altersdifferenzierte Gestaltung ist essenziell: Was für ein Vorschulkind passend ist, wirkt auf Jugendliche möglicherweise distanzierend oder unangemessen. Daher sind flexible Raumelemente wie mobile Möbel, klappbare Spielmaterialien oder multifunktionale Bereiche besonders sinnvoll (Viergutz, 2022).

Hygiene- und Sicherheitsaspekte spielen insbesondere seit der COVID-19-Pandemie eine zentrale Rolle. Waschbecken, Desinfektionsmittelspender, regelmäßige Reinigung und getrennte Sanitäreinrichtungen gehören zum Standard. Sicherheitstechnische Vorkehrungen wie Rauchmelder, geprüfte Elektrogeräte und eine funktionierende Notbeleuchtung sind ebenfalls erforderlich. Die Barrierefreiheit – etwa durch breite Türen, schwellenfreie Zugänge oder ein rollstuhlgerechtes WC – stellt nicht nur eine gesetzliche Verpflichtung dar, sondern signalisiert auch Inklusion und Achtsamkeit gegenüber den Bedürfnissen aller Patient*innen (Viergutz, 2022).

Nicht zuletzt ist der **Datenschutz** ein zentrales Element der Praxisausstattung. Passwörter, abschließbare Schränke und eine regelmäßige Schulung des Personals im Umgang mit sensiblen Informationen gehören heute zum Standard – nicht nur aus juristischen, sondern auch aus ethischen Gründen (Viergutz, 2022).

Zusammenfassend lässt sich sagen, ein professionell gestalteter psychotherapeutischer Raum vermittelt Schutz, Struktur und Wertschätzung. Er bietet einen stabilen Rahmen, in dem sich therapeutische Prozesse entfalten können. Die aktuellen Forschungsergebnisse unterstreichen, dass der Raum nicht als dekorative Nebensächlichkeit, sondern als elementarer Bestandteil der therapeutischen Wirksamkeit zu verstehen ist (Devlin & Arneill, 2003; Viergutz, 2022). Die Ausstattung eines therapeutischen Raums ist damit kein bloßes „Nice-to-have", sondern bildet die Grundlage für eine gelingende therapeutische Beziehung und eine professionelle, sichere Versorgung. Die Investitionen, die hier nötig sind – sowohl finanziell als auch konzeptionell – zahlen sich langfristig aus: in Form von Vertrauen, Wirksamkeit und einem guten Gefühl auf beiden Seiten des Therapieraums. Tab. 4.1 gibt einen strukturierten Überblick über zentrale Ausstattungsmerkmale, die für eine psychotherapeutische Praxis empfohlen werden. Unterteilt in verschiedene Kategorien wie Möblierung, Technik, Sicherheit oder Datenschutz, zeigt sie beispielhaft auf, worauf bei der Einrichtung zu achten ist.

Tab. 4.1 Wichtige Ausstattungs- und Sicherheitsmerkmale einer psychotherapeutischen Praxis

Kategorie	Beispielhafte Ausstattung/Anforderungen
Möblierung	Therapiestühle, Wartezimmermöbel, Schreibtisch, Aufbewahrungsschränke, kinderspezifische Sitzmöbel
Technik	Computer mit Praxissoftware, Drucker, Internetzugang, datenschutzkonforme Datensicherung
Raumgestaltung	Gedämpfte Farben, schallschluckende Materialien, gute Belichtung, kindgerechte Spiel-/Therapiematerialien
Sicherheit	Fluchtwege, Feuerlöscher, Notbeleuchtung, elektrische Sicherheit (geprüfte Geräte), ggf. Alarmanlage
Barrierefreiheit	Zugänglichkeit für Menschen mit Mobilitätseinschränkungen, z. B. breite Türen, keine Stufen, behindertengerechtes WC
Hygiene	Waschbecken, Desinfektionsmittelspender, regelmäßige Reinigung, getrennte WC- Anlagen
Datenschutz	Abschließbare Schränke, passwortgeschützte Systeme, Schulung des Personals zur Schweigepflicht und DSGVO

Quelle: Eigene Darstellung

Tipp Achten Sie bei der Raumgestaltung bewusst auf kleine, oft unterschätzte Elemente: Eine weiche Decke auf dem Sessel, ein beruhigendes Bild an der Wand oder das leise Ticken einer analogen Uhr können unbewusst große Wirkung entfalten. Solche Details vermitteln Verlässlichkeit, Wärme und Zugewandtheit - gerade für Patient*innen mit Ängsten oder Traumafolgestörungen sind sie oft entscheidend. Auch Gerüche (z. B. frische Luft statt Raumduft) und Geräusche (Schallschutz!) beeinflussen das Erleben stark. Beziehen Sie Ihre eigene Wahrnehmung mit ein: *Wo fühlen Sie sich ruhig, konzentriert und präsent?*

4.2 Barrierefreiheit als Qualitätsmerkmal in der psychotherapeutischen Praxis

Barrierefreiheit ist in einer modernen psychotherapeutischen Praxis kein Zusatz, sondern ein zentrales Qualitätsmerkmal – sowohl aus rechtlicher als auch aus ethischer Sicht. Sie stellt sicher, dass Menschen mit körperlichen, kognitiven oder sensorischen Einschränkungen gleichberechtigt am therapeutischen Angebot teilhaben können. Nach den Vorgaben der Kassenärztlichen Bundesvereinigung (KBV, n. d.) ist Barrierefreiheit verpflichtend für alle neu zugelassenen Praxen im Bereich der gesetzlichen Krankenversicherung (§ 75 SGB V). Dazu gehören insbesondere:

- **Stufenloser Zugang zur Praxis:** Der Haupteingang sollte ebenerdig, mit Rampe oder Aufzug erreichbar sein. Treppen stellen für viele Patient*innen eine unüberwindbare Hürde dar.
- **Barrierefreie Sanitärräume:** Ein rollstuhlgerechtes WC, Haltegriffe und genügend Bewegungsfläche gehören zur empfohlenen Ausstattung.
- **Bewegungsflächen in Warte- und Behandlungsräumen:** Türen, Flure und Therapieräume müssen ausreichend breit sein (mind. 90 cm Türbreite), damit auch Rollstühle oder Kinderwagen problemlos passieren können.
- **Visuelle und akustische Orientierung:** Eine gute Beschilderung, kontrastreiche Farbgestaltung und eine reduzierte Geräuschkulisse unterstützen Menschen mit Seh- oder Hörbeeinträchtigungen.
- **Kindgerechte Gestaltung:** In der KJP sind zusätzlich niedrige Waschbecken, leicht erreichbare Materialien, sichere Spielbereiche und eine warme, einladende Atmosphäre entscheidend. Barrierefreiheit bedeutet hier auch emotionale Zugänglichkeit – ein *„Zuhause auf Zeit"*, in dem sich Kinder sicher und verstanden fühlen.

Tipp Die Planung barrierefreier Praxen sollte möglichst frühzeitig erfolgen, um bauliche und organisatorische Aspekte sinnvoll integrieren zu können. Fördermöglichkeiten, z. B. über KfW-Programme oder regionale Inklusionsinitiativen können dabei unterstützen.

Doch nicht jede Praxis muss gleich aussehen. Wie stark die räumlichen Vorgaben greifen, hängt auch davon ab, ob es sich um eine Kassenzulassung oder eine reine Privatpraxis handelt – zwei Welten, die sich in Aufwand, Kosten und Freiheit spürbar unterscheiden. Für Inhaber*innen eines Kassensitzes gelten zahlreiche gesetzliche und berufsrechtliche Vorgaben. Dazu zählen u. a. Barrierefreiheit, die Einhaltung von Datenschutz- und Brandschutzauflagen, eine TI-fähige IT-Infrastruktur sowie festgelegte Sprechstundenzeiten. Die Räume müssen zudem von der Kassenärztlichen Vereinigung als geeignet bestätigt werden, bevor die Zulassung erteilt wird. Diese Standards sichern zwar die Qualität der Versorgung, gehen jedoch mit höheren Investitionskosten und eingeschränkter Gestaltungsfreiheit einher.

In der Privatpraxis besteht deutlich mehr Flexibilität. Räumliche Gestaltung, Lage und Ausstattung können stärker an die eigene Zielgruppe angepasst werden – z. B. durch ein wohnliches, weniger klinisches Ambiente oder spezialisierte Räume für bestimmte Behandlungsformen. Auch kleinere oder ungewöhnliche Praxisorte (z. B. in Altbauten, Gemeinschaftsbüros oder Praxisgemeinschaften) sind hier möglich.

Dafür müssen Privatpraktiker*innen die Kosten vollständig selbst tragen und erhalten keine Refinanzierung über KV-Pauschalen oder Förderprogramme. Besonders in der Anfangsphase kann sich die Balance zwischen ästhetischem Anspruch und wirtschaftlicher Realität herausfordernd gestalten.

▶ **Wichtig** Der Kassensitz verpflichtet zur Einhaltung formaler Standards – die Privatpraxis erlaubt gestalterische Freiheit, verlangt dafür aber ein klar definiertes Konzept und eine gute Standortanalyse.

4.3 Realistische Kostenplanung: Investition mit Augenmaß

Die Einrichtung einer psychotherapeutischen Praxis ist mit nicht unerheblichen Kosten verbunden. Insgesamt zeigt sich: Wer eine funktionale und zugleich ansprechende Praxisumgebung schaffen möchte, sollte mindestens mit etwa 7000 bis 10.000 € rechnen – je nachdem, ob Renovierungsarbeiten nötig sind. Die größte Kostengruppe entfällt auf die technische Ausstattung und Möblierung der Behandlungs-, Warte-und Bürobereiche. Ein ergonomischer Arbeitsplatz, stabile Therapiemöbel sowie eine angenehme Lichtgestaltung sind hier nicht nur Komfortfragen, sondern auch Ausdruck von Professionalität und Arbeitsqualität.

Für den Bereich der Kinder- und Jugendlichenpsychotherapie fallen zusätzliche Kosten an, insbesondere für altersgerechtes Mobiliar sowie Spiel- und Therapiematerialien. Diese Investition lohnt sich, denn sie erleichtert die Beziehungsgestaltung und unterstützt nonverbale Ausdrucksformen – ein zentrales Element in der Arbeit mit Kindern. Nicht zu vernachlässigen sind Ausgaben für Sicherheits- und Hygienemaßnahmen, wie Feuerlöscher, Rauchmelder, ein Erste-Hilfe-Kasten oder ein feuerfester Aktenschrank. Auch wenn diese Posten auf den ersten Blick unscheinbar wirken, sind sie essenziell für den Schutz aller

Beteiligten und oft Voraussetzung für die Berufsausübung. Die renovierungskosten variieren besonders stark je nach Zustand der Immobilie. Frischer Anstrich, neuer Bodenbelag und Elektroinstallationen schlagen mit zusätzlichen rund 2800 € zu Buche – ein Betrag, der in die Gesamtkalkulation unbedingt einfließen sollte, insbesondere bei Praxisübernahmen oder Umzügen. Auch wenn die Kosten auf den ersten Blick hoch erscheinen mögen, handelt es sich um eine nachhaltige Investition in die therapeutische Wirksamkeit und in das eigene Wohlbefinden am Arbeitsplatz. Wer gezielt plant, Angebote vergleicht und Prioritäten setzt, kann ein stimmiges und professionelles Umfeld schaffen, ohne das Budget zu sprengen. Tab. 4.2 bietet eine grobe Orientierung zu typischen Kostenpositionen bei der Einrichtung einer psychotherapeutischen Praxis. Die Werte dienen lediglich als Beispiel und können je nach Lage, Anbieter und individueller Ausgestaltung stark variieren.

> **Tipp** Kosten sparen durch Second-Hand-Möbel und die Quittung nicht vergessen.

Tab. 4.2 Übersicht der geschätzten Kosten für die Einrichtung einer Psychotherapiepraxis

Bereich	Posten	Kosten (€)
Therapieraum	Sitzmöbel: 2 Sessel à 500 €	1000
	Kleiner Tisch	150
	Beleuchtung: 2 Lampen à 100 €	200
	Dekoration (Bilder, Pflanzen)	200
Wartebereich	Sitzmöglichkeiten: 4 Stühle à 100 €	400
	Beistelltisch	150
	Zeitschriften und Accessoires	50
	Trinkwasserspender (optional)	300
Bürobereich	Schreibtisch und Bürostuhl	700
	Computer und Drucker	1200
	Ablagesysteme	300
KJP	Spielzeug und Materialien	500
	Kindgerechtes Mobiliar (Tisch, Stühle)	300
	Dekoration	150
Sicherheitsausstattung	Feuerlöscher: 2 Stück à 80 €	160
	Feuermelder: 2 Stück à 50 €	100
	Erste – Hilfe – Kasten	50
	Flucht-und Rettungsplan	20
	Feuerfester Aktenschrank	500
Renovierungskosten	Frischer Anstrich	800
	Neuer Bodenbelag	1500
	Elektroinstallationen	500
	Gesamtkosten ohne Renovierung	7080
	Gesamtkosten mit Renovierung	9880

Quelle: Eigene Darstellung.

4.4 Fallbeispiel: Die Bedeutung des Raums in der Arbeit mit einem traumatisierten Kind

Eine meiner ersten Patientinnen war ein zwölfjähriges Mädchen, das infolge einer Gewalterfahrung an einer komplexen posttraumatischen Belastungsstörung (PTBS) litt. Sie kam zur Therapie mit ausgeprägten Symptomen: Albträume, Flashbacks, Hypervigilanz, sozialer Rückzug und eine auffallend defensive Körperhaltung. Bereits beim Erstkontakt war ihre tiefe Unsicherheit spürbar. Sie sprach kaum, mied konsequent Blickkontakt und saß mit steifem Körper in der äußersten Ecke des Raumes – so positioniert, dass sie stets die Tür im Blick behielt. Ihre Augen wirkten wachsam und gleichzeitig erschöpft. Der Raum war für sie kein sicherer Ort, sondern ein potenzielles Risiko. In der therapeutischen Arbeit mit Kindern, die traumatisiert sind, übernimmt der Raum selbst eine therapeutische Funktion. Es geht darum, eine Umgebung zu schaffen, die sowohl Schutz als auch Autonomie ermöglicht – in einem Maß, das an das individuelle Sicherheitsbedürfnis angepasst ist. Bei dieser Patientin achtete ich besonders auf die Feinabstimmung der Umgebung: warme Farben, sanfte Lichtquellen, keine störenden Geräusche, ausgewählte Naturbilder. Auch die Sitzordnung war kein Zufall – sie durfte frei wählen, wo sie Platz nehmen wollte. Ich passte meine Position in jeder Sitzung flexibel an und folgte damit ihrem Bedürfnis nach Abstand oder Nähe. Dieses scheinbar kleine Zugeständnis wurde für sie ein erster Schritt zur Wiedererlangung von Kontrolle – ein zentrales Thema im Umgang mit traumatischen Erfahrungen. Mit fortschreitender Zeit veränderte sich ihr Verhältnis zum Raum. Anfangs bewegte sie sich kaum vom Stuhl. Nach einigen Wochen begann sie, einzelne Gegenstände aus dem Spielregal zu erkunden. Besonders häufig griff sie zu einer kleinen Tierfigur, die sie als ihr *„Wächter-Tier"* bezeichnete. Diese Symbolisierung ließ erkennen, dass sie begonnen hatte, sich über das Spiel mit dem Raum auseinanderzusetzen. In einer Sitzung, etwa nach drei Monaten, setzte sie sich bewusst in die Mitte des Raumes, lächelte zaghaft und sagte: „Ich mag den Raum." Dieser Satz war für mich ein Wendepunkt: Der Raum war nicht länger nur ein Ort, an dem Therapie stattfand. Er war zu einem sicheren Dritten geworden – einem stillen, aber wirkungsvollen Co-Therapeuten, der ihr half, Vertrauen zu entwickeln.

4.5 Fazit zu Kap. 4

Der psychotherapeutische Raum ist weit mehr als ein funktionaler Ort – er ist ein zentraler Wirkfaktor im therapeutischen Prozess. Die räumliche Gestaltung beeinflusst nicht nur das subjektive Erleben von Patient*innen, sondern auch die therapeutische Beziehung und die Qualität der Behandlung. Atmosphäre, Struktur und Ausstattung wirken subtil, aber nachhaltig – sie können Vertrauen fördern, emotionale Sicherheit vermitteln und Ausdrucksprozesse unterstützen. Besonders in der Kinder- und Jugendlichenpsychotherapie kommt dem Raum eine aktiv gestaltende Rolle zu. Hier muss er flexibel, entwicklungsfördernd und schützend zugleich sein. Die richtige Balance aus Klarheit, Freiheit und

Rückzugsmöglichkeiten ist entscheidend für eine gelingende therapeutische Beziehung. Auch Aspekte wie Barrierefreiheit, Datenschutz, Hygiene und Sicherheit sind nicht als technische Randbedingungen zu verstehen, sondern als Ausdruck professioneller Haltung, ethischer Verantwortung und gelebter Inklusion. Wer Räume bewusst gestaltet – mit Blick auf sensorische Details, funktionale Anforderungen und individuelle Bedürfnisse – schafft nicht nur ein angenehmes Arbeitsumfeld, sondern leistet einen wesentlichen Beitrag zur therapeutischen Wirksamkeit. Trotz aller gestalterischen Ambitionen bleibt eines zentral: Der Raum muss dem Menschen dienen. Es geht nicht um Perfektion, sondern um Authentizität, Präsenz und das ehrliche Bemühen, einen Ort zu schaffen, an dem Heilung möglich ist. Die Investition in eine durchdachte Raumgestaltung ist daher keine Kür, sondern ein tragender Pfeiler professioneller Psychotherapie.

Checkliste zu Kap. 4

Kategorie	Maßnahmen/Empfehlungen
Therapieraum- gestaltung	• Raumwirkung bewusst gestalten (Farben, Licht, Materialien) • Möblierung: bequeme Stühle, Tisch, Stauraum • Atmosphäre schaffen: Bilder, Pflanzen, Teppich, Uhr
Technik & Funktion	• Praxissoftware, PC, Drucker installieren • Internetverbindung, Datensicherung einrichten • Datenschutzmaßnahmen: passwortgeschützte Systeme, abschließbare Schränke
Sicherheit & Hygiene	• Feuerlöscher, Rauchmelder, Erste – Hilfe – Kasten beschaffen • Hygienekonzept umsetzen (Desinfektion, Waschbecken, WC) • Elektrogeräte prüfen lassen
KJP-spezifische Ausstattung	• Kindgerechtes Mobiliar und Spielmaterialien anschaffen • Strukturierter Raumaufbau: Spiel-, Gesprächs- und Rückzugsbereich • Altersgerechte Gestaltung für Kinder und Jugendliche
Barrierefreiheit	• Stufenloser Zugang, breite Türen, Bewegungsflächen • Barrierefreies WC, kontrastreiche Orientierung • Fördermöglichkeiten prüfen (z. B. KfW)
Kostenplanung	• Budget für Einrichtung (7000–10.000 €) realistisch kalkulieren • Renovierungskosten einplanen (Anstrich, Boden, Elektro) • Angebote vergleichen, Prioritäten setzen

Quelle: Eigene Darstellung

Reflexionsfragen – Kap. 4: Der therapeutische Raum

1. Therapeutische Funktion und persönliche Präsenz
   – Wie kann der Raum therapeutisch unterstützen?
   – In welchen Räumen fühle ich mich selbst sicher, ruhig und präsent?
   – Was brauche ich, um mich in meiner Praxis langfristig wohlzufühlen?
2. Gestaltung und Ästhetik
   – Wie wichtig ist mir die ästhetische Gestaltung meines Arbeitsplatzes?
   – Welche Details (Licht, Farben, Materialien) haben besondere Wirkung?

3. Ausstattung, Qualität und Investitionen
   - Welche baulichen oder organisatorischen Anpassungen sind sinnvoll oder notwendig?
   - Welche Investitionen sind für mich unverzichtbar?
   - Wo kann ich sparen, ohne auf Qualität zu verzichten?
   - Wie kann ich diese Qualität in meiner Praxis umsetzen?
4. Zielgruppenorientierte Gestaltung
   - Welche Materialien und Gestaltungselemente brauche ich für die Arbeit mit Kindern?
   - Wie gestalte ich einen Raum, der verschiedenen Altersgruppen gerecht wird?

Literatur

Chaikin, A. L., Derlega, V. J., & Miller, S. (1976). Effects of room environment on self-disclosure in a counseling analogue. *Journal of Counseling Psychology, 23*(5), 479–481. https://doi.org/10.1037/0022-0167.23.5.479

Devlin, A. S., & Arneill, A. B. (2003). Health care environments and patient outcomes: A review of the literature. *Environment and Behavior, 35*(5), 665–694. https://doi.org/10.1177/0013916503255102

Devlin, A. S., & Nasar, J. L. (2012). Impressions of psychotherapists' offices: Do therapists and clients agree? *Professional Psychology: Research and Practice, 43*(2), 118–122. https://doi.org/10.1037/a0027292

Devlin, A. S., Nasar, J. L., & Cubukcu, E. (2013). Students' impressions of psychotherapists' offices. *Environment and Behavior, 46*(8), 946–971. https://doi.org/10.1177/0013916513498602

Kassenärztliche Bundesvereinigung. (n. d.). *Barrierefreiheit in der vertragsärztlichen Versorgung.* https://www.kbv.de/html/barrierefreiheit.php. Zugegriffen: 12. Juli 2025.

Viergutz, M. (2022). *Die Gestaltung psychotherapeutischer Praxisräume-Anforderungen von Patient:innen und Psychotherapeut:innen an ein supportives Raumdesign.* [Masterarbeit, Medical School Hamburg]. OPUS. https://opus.bsz-bw.de/msh/frontdoor/deliver/index/docId/96/file/MA_Malte_Viergutz_OA.pdf

Etablierung der Praxis – Akquise, Erreichbarkeit und Organisationsmanagement

5

> Das fünfte Kapitel widmet sich der Patientenakquise – einer zentralen Herausforderung zu Beginn der psychotherapeutischen Tätigkeit. Denn neben der fachlichen Kompetenz und der räumlichen Gestaltung der Praxis ist es entscheidend, auch organisatorisch und strategisch präsent zu sein. Das Kapitel zeigt, wie sich Sichtbarkeit im digitalen und analogen Raum herstellen lässt, welche Besonderheiten bestehen und welche konkreten Maßnahmen helfen, eine stabile und langfristige Auslastung zu erreichen.

5.1 Akquise in der Anfangsphase

Der Aufbau einer psychotherapeutischen Praxis erfordert – neben fachlicher Qualifikation – auch ein strategisches Vorgehen bei der Bekanntmachung des eigenen Angebots. Da Patient*innen in der Regel nicht über offene Werbeformen erreicht werden dürfen, ist die Akquise im psychotherapeutischen Kontext an besondere Rahmenbedingungen gebunden. Entscheidend ist daher eine sachliche, professionelle und vernetzte Außendarstellung. Bereits vor der offiziellen Praxiseröffnung empfiehlt es sich, aktiv in das regionale Gesundheits- und Hilfesystem einzutreten. Persönliche Anschreiben an Hausärzt*innen, Fachärzt*innen, Kliniken, Jugendämter, Schulen sowie benachbarte therapeutische Praxen sind bewährte Maßnahmen, um das eigene Angebot bekannt zu machen – stets in sachlicher Form und ohne anpreisende Elemente. Die Übergabe von Visitenkarten oder Informationsmaterialien in persönlichen Gesprächen kann dabei sinnvoll sein, sofern sie sich auf relevante berufliche Informationen beschränken und nicht als Werbung im engeren Sinne zu werten sind (PTK NRW, 2018). Erste Überweisungen erfolgen häufig über bestehende

L. Seifert, *Eigene Praxis, eigene Wege - Herausforderungen und Chancen der Praxisgründung für (junge) PsychotherapeutInnen*, Psychotherapie: Therapiegestaltung & Praxismanagement,
https://doi.org/10.1007/978-3-662-72888-8_5

ärztliche oder therapeutische Netzwerke. Die Kontaktpflege zu diesen Institutionen ist daher nicht nur empfehlenswert, sondern für viele Neugründungen sogar eine zentrale Voraussetzung für den schrittweisen Aufbau einer stabilen Auslastung. Die direkte Kontaktaufnahme zu sogenannten „Multiplikator*innen" – also z. B. Strafverteidiger* innen – ist nur dann zulässig, wenn diese auf Anfrage erfolgt oder im Rahmen eines bereits bestehenden fachlichen Austauschs steht. Das unaufgeforderte Versenden von Praxisinformationen, Broschüren oder Selbstdarstellungen gilt als unzulässige Werbemaßnahme, auch wenn sie sich nicht direkt an Patient*innen, sondern an Dritte richtet (PTK NRW, 2018, S. 11). Trotz der gebotenen Zurückhaltung sind zahlreiche Maßnahmen ausdrücklich erlaubt – solange sie sachlich und zweckgebunden bleiben. Dazu zählen laut PTK NRW:

- Informationen in Medien (z. B. sachlich formulierte Anzeigen)
- die Mitwirkung an fachlichen Publikationen oder Interviews
- Hinweise auf Zertifizierungen der Praxis
- die Nutzung eines Praxislogos
- kulturelle Veranstaltungen in den Praxisräumen (z. B. Kunstausstellungen)
- einen „Tag der offenen Tür"
- das Auslegen von Flyern oder Kugelschreibern in den eigenen Räumen

Auch Einträge in **Online-Verzeichnisse** sind zulässig, sofern sie allen Psychotherapeut*innen offenstehen, sich auf ankündigungsfähige Informationen beschränken und Qualifikationen transparent von Tätigkeitsschwerpunkten abgrenzen (ebd., S. 12).

Eine professionelle und vertrauenswürdige Praxiswebsite ist heute ein zentrales Element der Außendarstellung psychotherapeutischer Praxen. Sie dient nicht nur der reinen Information, sondern auch als erster Kontaktpunkt – und beeinflusst maßgeblich den ersten Eindruck potenzieller Patient*innen. Laut *Deutschem Ärzteblatt* (Meyer -Hentschel, n. d.) ist die Praxiswebsite damit ein essenzielles Marketinginstrument im Gesundheitswesen. Eine gelungene Website sollte folgende zentrale Funktionen erfüllen:

- **Klare Darstellung des Behandlungsangebots:** Welche Therapieformen werden angeboten? Wer ist die Zielgruppe (z. B. Erwachsene, Kinder, Paare)? Welche besonderen Schwerpunkte oder Qualifikationen bringt die Praxis mit? Eine transparente und verständliche Sprache ist dabei ebenso wichtig wie eine angemessene Tonalität.
- **Niedrigschwellige Kontaktmöglichkeiten:** Die Website sollte leicht auffindbare und barrierearme Wege zur Kontaktaufnahme bieten – z. B. über ein datenschutzkonformes Kontaktformular, eine verschlüsselte E-Mail-Adresse oder eine gut sichtbare Telefonnummer. Auch Hinweise zu Erreichbarkeit und Rückrufzeiten sind hilfreich.
- **Übersichtliche Praxis- und Standortinformationen:** Eine detaillierte Anfahrtsbeschreibung, Hinweise zur Barrierefreiheit sowie eine Integration von Karten- oder

Navigationsdiensten erleichtern die Orientierung. Informationen zu Parkplätzen oder zur Anbindung an den öffentlichen Nahverkehr steigern zusätzlich die Nutzerfreundlichkeit.
- **Transparenz und Vertrauensbildung:** Die Präsentation von Qualifikationen, Fortbildungen, Fachkundenachweisen sowie ggf. Mitgliedschaften in Berufsverbänden schafft Vertrauen und signalisiert Seriosität. Dabei sollte der Text sachlich bleiben und keine Heilversprechen enthalten – insbesondere im Hinblick auf die berufsrechtlichen Werberichtlinien.

Darüber hinaus empfiehlt es sich, auf **Responsive Design** (optimierte Darstellung auf Smartphones und Tablets), **Datenschutzkonformität** (z. B. SSL-Verschlüsselung, Cookie-Hinweise) sowie **barrierefreie Gestaltung** (z. B. kontrastreiche Darstellung, Textalternativen für Bilder) zu achten.

Auch klassische, analoge Kommunikationsmittel behalten ihren Stellenwert, besonders im Kontakt mit Netzwerkpartner*innen und Multiplikator*innen:

- Professionell gestaltete Visitenkarten, die sachlich über Qualifikation, Therapieverfahren und Erreichbarkeit informieren.
- Ein gut platziertes Praxisschild, das Patient*innen Orientierung bietet und die professionelle Außenwirkung der Praxis unterstreicht.

Ein Praxisschild ist nicht nur eine rechtliche Notwendigkeit (§ 23 Abs. 1 BO NRW), sondern prägt als erster äußerer Eindruck maßgeblich das Erscheinungsbild der Praxis. Es dient der sachlichen Information und der klaren Orientierung, sowohl für Patient*innen als auch für Angehörige anderer Berufsgruppen. Die Gestaltung sollte dem Anspruch nach Seriosität, Lesbarkeit und Zurückhaltung gerecht werden.

Pflichtangaben auf dem Praxisschild sind
- Vor- und Nachname inklusive akademischem Grad
- die korrekte Berufsbezeichnung (z. B. Psychologische Psychotherapeut*in)
- therapeutische Ausrichtung (z. B. Verhaltenstherapie, tiefenpsychologisch fundierte Psychotherapie, Kinder- und Jugendlichenpsychotherapie)
- vollständige Praxisanschrift sowie Kontaktdaten

Ergänzend sind folgende Angaben möglich – sofern sachlich formuliert:

- Sprechzeiten oder Hinweise zur telefonischen Erreichbarkeit
- Information zur Kassenzulassung (z. B. zugelassen für alle Kassen)
- Tätigkeitsschwerpunkte, korrekt ausgewiesen mit dem Zusatz „Tätigkeitsschwerpunkt" (z. B. Tätigkeitsschwerpunkt: Angststörungen)

Gestaltungsempfehlungen für das Praxisschild:

- Verwendung von wetterfestem, langlebigem Material (z. B. Acrylglas oder Aluminiumverbundplatten)
- empfohlene Mindestgröße: ca. 30 × 40 cm für gute Lesbarkeit
- neutrale, klare Schriftart ohne dekorative oder auffällige Gestaltungselemente
- sachliche, unaufdringliche Farbwahl; keine Eyecatcher oder Logos, die einen werbenden Charakter haben könnten
- gut sichtbare Platzierung im Außenbereich (z. B. an der Hauswand, am Eingang oder Zaun)

Rechtliche Rahmenbedingungen: Praxisschilder unterliegen sowohl dem Heilmittelwerbegesetz (HWG) als auch den Regelungen der Berufsordnung der Psychotherapeutenkammern. Unzulässig sind:

- Heilversprechen oder Garantien für Behandlungserfolge
- die Verwendung von Superlativen oder Eigenlob (z. B. „beste Therapie", „führend in der Region")
- werblich aufgeladene Begriffe oder Aufrufe zur Kontaktaufnahme

> **Wichtig** Eine konstante Auslastung entsteht selten sofort. Sie entwickelt sich durch wachsende Bekanntheit, wiederkehrende Empfehlungen und die Etablierung verlässlicher Kooperationsbeziehungen. Ein langfristiger, integrativer Ansatz zahlt sich dabei meist mehr aus als kurzfristige Maßnahmen.

Ob Patient*innen schnell den Weg in die Praxis finden, ist kein Zufall – sondern auch stark davon abhängig, ob man mit einem Kassensitz arbeitet oder als Privatpraxis startet. Inhaber*innen eines Kassensitzes profitieren in der Regel von einem kontinuierlichen Patientinnenzufluss. Da die psychotherapeutische Versorgung über die gesetzlichen Krankenkassen abgerechnet wird, erfolgt der Kontakt meist über Überweisungen, den Terminservice der Kassenärztlichen Vereinigung oder direkte Anfragen von gesetzlich Versicherten. Die Nachfrage ist vielerorts so hoch, dass Kassensitzpraxen kaum aktive Werbung benötigen – stattdessen liegt die Herausforderung häufig darin, Wartezeiten zu organisieren, Prioritäten zu setzen und klare Kommunikationsstrategien zu entwickeln. Öffentlichkeitsarbeit und Akquise spielen hier eine eher strukturierende als werbliche Rolle. Ganz anders gestaltet sich die Situation in der Privatpraxis. Hier hängt der Erfolg wesentlich von der eigenen Sichtbarkeit, Positionierung und Vernetzung ab. Da gesetzlich Versicherte die Leistungen meist selbst bezahlen müssten, ist eine klare Zielgruppenorientierung entscheidend – etwa durch Spezialisierungen, Coaching – Angebote oder einen besonderen therapeutischen Schwerpunkt. Eine ansprechende Website, lokale Präsenz, Kooperationen mit Ärzt*innen oder Kolleg*innen sowie Suchmaschinenoptimierung sind zentrale Elemente der Patient*innengewinnung. Der Aufbau einer stabilen Klient*innenbasis kann daher Zeit in Anspruch nehmen und erfordert unternehmerisches Denken sowie kommunikative Kompetenz. Während der Kassensitz strukturell Stabilität und Nachfrage sichert, bietet die Privatpraxis mehr Gestaltungsfreiheit – jedoch nur, wenn Marketing, Vernetzung und klare Profilbildung bewusst aufgebaut werden.

5.2 Psychotherapeutische Sprechzeiten

Mit zunehmender Etablierung einer psychotherapeutischen Praxis und wachsender Bekanntheit steigt in der Regel auch das Anfrageaufkommen. Daraus ergibt sich die Herausforderung, eine qualitativ hochwertige Versorgung trotz steigender Nachfrage sicherzustellen. Um die strukturelle Versorgung gesetzlich Krankenversicherter zu gewährleisten, sind Vertragspsychotherapeut*innen verpflichtet, bestimmte Mindestzeiten für Sprechstunden und Erreichbarkeit einzuhalten. Diese Regelungen sind im Wesentlichen durch den Gemeinsamen Bundesausschuss (G-BA) sowie die Kassenärztlichen Vereinigungen (KVen) festgelegt (G-BA, 2024).

Gesetzlich vorgeschriebene Mindestzeiten

- **Psychotherapeutische Sprechstunde:** Vertragspsychotherapeut*innen mit vollem Versorgungsauftrag sind verpflichtet, mindestens 100 min pro Woche für psychotherapeutische Sprechstunden anzubieten. Diese dienen vorrangig der Diagnostik, Indikationsstellung und Entscheidung über das weitere Vorgehen, z. B. ob eine Richtlinienpsychotherapie eingeleitet wird (G-BA, 2024).
- **Telefonische Erreichbarkeit:** Zur Sicherstellung der Kontaktaufnahme müssen bei vollem Versorgungsauftrag wöchentlich mindestens 200 min telefonische Erreichbarkeit gewährleistet werden. Diese sind in Einheiten von mindestens 25 min anzubieten (KVB, n. d.)
- **Reduzierter Versorgungsauftrag:** Bei einem halben Versorgungsauftrag halbieren sich die genannten Zeitvorgaben entsprechend. Die telefonische Erreichbarkeit beträgt dann mindestens 100 min pro Woche (KVB, n. d.).
- **Offene Sprechstunden:** Für offene Sprechstunden besteht aktuell keine gesetzliche Verpflichtung. Ob und in welchem Umfang diese angeboten werden, liegt im Ermessen der jeweiligen Praxis. Dennoch können sie als niedrigschwelliges Angebot zur frühzeitigen Versorgung und Abklärung sinnvoll sein.

Die Einhaltung der vorgeschriebenen Zeiten ist der jeweils zuständigen Kassenärztlichen **Vereinigung** formell zu melden. Darüber hinaus wird empfohlen, die entsprechenden Zeiten für Patient*innen transparent und gut sichtbar zu kommunizieren – beispielsweise durch einen Aushang im Wartezimmer oder auf der Website der Praxis.

▶ **Tipp** **Regionale Unterschiede beachten:** Neben den bundesweit einheitlichen Regelungen können die KVen regionale Ausgestaltungen vorsehen. Unterschiede ergeben sich etwa in der konkreten Umsetzung der Nachweispflicht, der Gestaltung der Sprechzeiten oder im Umgang mit Ausnahmeregelungen.

5.3 Kommunikation von Wartezeiten und Erwartungsmanagement

Mit wachsender Bekanntheit der Praxis und einer steigenden Anzahl von Anfragen entwickelten sich zunehmend Wartezeiten. Viele der Anfragenden befinden sich in akuten Belastungssituationen, wodurch Wartezeiten emotional besonders schwer zu akzeptieren sind. In solchen Fällen ist eine transparente, empathische und zugleich realistische Kommunikation von zentraler Bedeutung. Ein bewährter Ansatz ist der Einsatz eines standardisierten Antworttextes bei Absagen, der gleichzeitig das Angebot enthält, auf eine Warteliste aufgenommen zu werden. So erfahren Patient*innen, dass ihr Anliegen wahrgenommen wird – auch wenn kurzfristig kein Termin möglich ist. Gleichzeitig hilft eine solche Formulierung dabei, unrealistische Erwartungen zu vermeiden und dennoch eine Brücke für einen späteren Kontakt zu schaffen. Zur Bewältigung der Vielzahl an Anfragen hat sich eine strukturierte Führung der Warteliste als besonders hilfreich erwiesen. Diese ermöglicht es, dringliche Fälle frühzeitig zu erkennen und entsprechend zu priorisieren. Psychotherapeut*innen sind hierbei gefordert, Einschätzungen zu Risiken wie Suizidalität oder einer möglichen Kindeswohlgefährdung vorzunehmen und in solchen Fällen kurzfristig zu reagieren. Anliegen mit geringerer Dringlichkeit – wie beispielsweise schulbezogener Stress oder leichte Angstproblematiken – können bei stabiler Gesamtlage auf spätere Termine verwiesen werden. Rücksprachen mit Eltern, Erziehungsberechtigten oder überweisenden Stellen unterstützen die fortlaufende Einschätzung und ermöglichen eine dynamische, ressourcenschonende Verwaltung der Warteliste. Neben der organisatorischen Komponente ist im Praxisalltag auch der persönliche Selbstschutz von zentraler Bedeutung. Gerade in der Anfangszeit besteht die Gefahr, aus Idealismus oder Unsicherheit heraus zu viele Anfragen anzunehmen – mit der Folge von Überarbeitung und einem potenziellen Qualitätsverlust. Ein langfristig tragfähiger Praxisbetrieb setzt daher klare Grenzen voraus: feste Zeiten für Pausen, Dokumentation, Supervision sowie die bewusste Entscheidung, nicht jede Anfrage annehmen zu müssen. Die Fähigkeit, auch einmal Nein zu sagen, ist ein wesentlicher Bestandteil der beruflichen Selbstfürsorge. Als besonders entlastend hat sich zudem der kollegiale Austausch in Qualitätszirkeln erwiesen. In diesem Rahmen konnten belastbare Empfehlungsnetzwerke aufgebaut werden, an die Anfragen im Bedarfsfall weitergeleitet werden konnten. In Situationen akuten Unterstützungsbedarfs – etwa bei familiären Krisen oder psychischer Not – ist es wichtig, alternative Wege aufzuzeigen, wenn Sie selbst keine Kapazitäten haben. Dazu zählen unter anderem Hinweise auf Beratungsstellen, Gruppenangebote oder digitale Unterstützungsplattformen. Ziel sollte es sein, dass sich Ratsuchende auch dann nicht allein gelassen fühlen, wenn eine direkte Aufnahme in Ihre Praxis nicht möglich ist.

5.4 Beispiel: Lernprozess in der Praxisgründung

In den ersten Monaten nach der Praxiseröffnung nahm ich nahezu jede Anfrage an aus der Sorge heraus, potenzielle Patient*innen zu verlieren oder finanziell ins Straucheln zu geraten. Mein Ziel war es, möglichst schnell eine stabile Auslastung zu erreichen. Dabei vermied ich es, Wartezeiten offen zu kommunizieren. Die Konsequenz war ein überfüllter Terminkalender, kaum Raum für Pausen und zunehmende Erschöpfung. Administrative Aufgaben verlegte ich regelmäßig in die Abendstunden – ein Zustand, der sich auf Dauer nicht aufrechterhalten ließ. Es wurde mir schnell klar, dass diese Strategie weder meiner eigenen Gesundheit noch der Qualität meiner Arbeit dienlich war. Der Aufbau einer konstanten Patient*innenauslastung erwies sich als langwieriger Prozess, der vor allem Geduld, Ausdauer und ein strategisches Vorgehen erforderte. Die Entwicklung verlief nicht linear – doch mit wachsender Präsenz, positiven Rückmeldungen und zunehmender Vernetzung wuchs das Vertrauen in meine therapeutische Arbeit. Besonders hilfreich waren der kontinuierliche Ausbau professioneller Netzwerke, eine durchdachte Online -Präsenz sowie ein klar strukturiertes Zeitmanagement. Diese Faktoren trugen entscheidend dazu bei, die Praxis nachhaltig zu etablieren. Mit der gestiegenen Nachfrage entstand jedoch eine neue Herausforderung: der Umgang mit Wartelisten und der Gefahr der Überlastung. Eine offene, realistische Kommunikation gegenüber Patient*innen, eine strukturierte Priorisierung sowie die bewusste Pflege der eigenen Ressourcen wurden zu unverzichtbaren Grundlagen meines Arbeitsalltags. Auch wenn es nicht leichtfiel, Anfragen abzuweisen oder auf spätere Termine zu verweisen, wurde mir zunehmend bewusst, wie essenziell es ist, die eigenen Grenzen zu achten. Nur so konnte ich sowohl die Qualität meiner therapeutischen Arbeit als auch meine eigene Stabilität langfristig sichern – im Interesse meiner Patient*innen und meiner eigenen Gesundheit.

5.5 Fazit zu Kapitel

Die Etablierung einer psychotherapeutischen Praxis erfordert weit mehr als therapeutische Kompetenz. Eine stabile und langfristige Auslastung entsteht durch ein ausgewogenes Zusammenspiel aus strategischer Außendarstellung, professioneller Erreichbarkeit und gut organisiertem Praxismanagement. Der Weg dahin ist meist schrittweise, nicht selten herausfordernd – aber gestaltbar. Gerade in der Anfangsphase ist es entscheidend, sichtbar zu werden – mit einer sachlich gestalteten Website, klarer Kommunikation des Therapieangebots und der bewussten Einbindung in regionale Netzwerke. Die Akquise folgt dabei eigenen Regeln: Werbeverbote fordern Zurückhaltung, aber ermöglichen dennoch wirksame Wege der Kontaktaufnahme – sofern sie respektvoll, professionell und regelkonform erfolgen. Mit steigender Nachfrage rückt das Erwartungsmanagement in den Vordergrund. Der Umgang mit Wartelisten, die realistische Einschätzung von Dringlichkeit und die klare Kommunikation über Wartezeiten sind keine bloßen organisatorischen Aufgaben, sondern Ausdruck von Respekt und Wertschätzung gegenüber Hilfesuchenden. Dabei braucht es gleichermaßen Struktur wie Empathie und vor allem eins: die Bereitschaft, Grenzen zu setzen. Ein nachhaltiger Praxisbetrieb lebt von innerer Klarheit und äußerer Stabilität. Das bedeutet: feste Zeiten für Erreichbarkeit, Dokumentation und Selbstfürsorge – ebenso wie die Fähigkeit, auch einmal Nein zu sagen. Nur so lässt sich Qualität sichern, ohne sich selbst zu überfordern. Wer langfristig für andere da sein möchte, muss auch für sich selbst sorgen – durch gute Organisation, kollegiale Vernetzung und achtsames Selbstmanagement. Am Ende gilt: Praxisaufbau ist ein Prozess. Sichtbarkeit entsteht durch Präsenz, Vertrauen durch Verlässlichkeit und professionelle Wirksamkeit durch klare Strukturen, die Menschlichkeit und Grenzen gleichermaßen berücksichtigen.

Checkliste zu Kap. 5

Kategorie	Maßnahmen/Empfehlungen
Patientenakquise	• Persönliches Netzwerk aufbauen (Hausärzt*innen, Kliniken, Jugendämter) • Visitenkarten und Informationsbriefe an Kooperationspartner senden • Online – Verzeichnisse nutzen (Therapie.de, Jameda, Doctolib etc.)
Website & Außendarstellung	• Professionelle, sachliche Praxiswebsite gestalten • Therapieangebote, Zielgruppen und Kontaktwege klar darstellen • SSL-Verschlüsselung, Barrierefreiheit und DSGVO einhalten
Praxisschild & Werberichtlinien	• Schild mit Namen, Berufsbezeichnung, Verfahren, Kontaktdaten • Neutrale, sachliche Gestaltung ohne Superlative • Berücksichtigung der Kammer – und HWG – Richtlinien
Erreichbarkeit & Sprechzeiten	• Mindestzeiten laut G- BA einhalten (Sprechstunde, Telefonzeit) • Zeiten gut sichtbar kommunizieren (Website, Aushang) • Regionale KV- Vorgaben beachten
Wartezeiten & Patient*innen-kommunikation	• Transparente Information über Wartezeiten • Strukturierte Wartelistenführung mit Priorisierung • Standardantworten für Absagen und Rückmeldungen vorbereiten
Praxisorganisation & Selbstfürsorge	• Zeitblöcke für E- Mails, Telefon, Doku einplanen • Aufgaben delegieren, Software nutzen • Eigene Belastungsgrenzen wahren, Pausen & Supervision festlegen

Reflexionsfragen – Kap. 5: Etablierung der Praxis

1. Außendarstellung und Sichtbarkeit
   - Wie möchte ich mich fachlich und persönlich präsentieren?
   - Welche Kanäle möchte ich nutzen, um sichtbar zu werden?
   - Was ist mir wichtig bei der Gestaltung meiner Praxiswebsite?
   - Wie kann ich digitale Barrieren für Patient*innen abbauen?
2. Organisation und Patientenmanagement
   - Wie möchte ich mit Anfragen und Wartelisten umgehen?
   - Welche Formulierungen vermitteln Wertschätzung trotz Absage?
   - Welche festen Zeitfenster helfen mir, den Alltag gut zu organisieren?
   - Wo kann ich mir Unterstützung holen oder Aufgaben abgeben?
3. Selbstfürsorge und Belastungsmanagement
   - Welche Warnsignale nehme ich bei Überlastung wahr?
   - Wie sorge ich im Alltag bewusst für meine eigene Stabilität?

Literatur

Meyer-Hentschel, G. (n. d.). Die Praxiswebsite -ein wichtiges Marketinginstrument. *Deutsches Ärzteblatt.* https://www.aerzteblatt.de/archiv/die-praxiswebsite-ein-wichtiges-marketinginstrument-8758e549-7487-4bc7-afe4-4ebfda4c4436. Zugegriffen: 12. Juli 2025.

Gemeinsamer Bundesausschuss (G-BA) (2024). *Richtlinie über die Durchführung der Psychotherapie (Psychotherapie-Richtlinie).*

KassenÄrztliche Bundesvereinigung (KBV) (n. d.). *Psychotherapie- Das ambulante Versorgungsangebot.* https://www.kbv.de/html/26956.php. Zugegriffen: 12. Juli 2025.

Fortbildung, Supervision und kollegiale Reflexion

6

▶ Das sechste Kapitel widmet sich der gesetzlichen Verpflichtung sowie der praktischen Relevanz von Fortbildung und Supervision in der psychotherapeutischen Praxis. Neben den formalen Anforderungen im Rahmen der Fortbildungspflicht werden die verschiedenen Kategorien von Fortbildungspunkten erläutert und ihre Umsetzung im Praxisalltag anschaulich dargestellt. Das Kapitel macht deutlich, warum Fortbildung nicht lediglich als formale Auflage verstanden werden sollte, sondern vielmehr als zentrale Ressource für fachliche Weiterentwicklung, berufliche Identität und langfristige Wirksamkeit. Darüber hinaus wird die Rolle der Supervision und Intervision als Instrument professioneller Qualitätssicherung und emotionaler Entlastung beleuchtet – ein wichtiger Baustein für einen reflektierten, verantwortungsvollen und gesunden Umgang mit den Herausforderungen des therapeutischen Berufs.

6.1 Gesetzliche Verpflichtung zur Fortbildung

Psychotherapeut*innen, die der vertragsärztlichen Versorgung teilnehmen, sind gesetzlich verpflichtet, ihre fachliche Qualifikation regelmäßig zu aktualisieren. Grundlage hierfür ist § 95d SGB V, der vorschreibt, dass innerhalb eines Fünfjahreszeitraums der Erwerb von mindestens 250 Fortbildungspunkten nachzuweisen ist. Ziel dieser Regelung ist es, die Qualität der Patientenversorgung dauerhaft zu sichern (KBV, 2024). Für die organisatorische Umsetzung – einschließlich Kontrolle, Fristen und Sanktionen – sind die jeweils zuständigen Kassenärztlichen Vereinigungen verantwortlich. Da es regionale Unter-

L. Seifert, *Eigene Praxis, eigene Wege - Herausforderungen und Chancen der Praxisgründung für (junge) PsychotherapeutInnen*, Psychotherapie: Therapiegestaltung & Praxismanagement,
https://doi.org/10.1007/978-3-662-72888-8_6

schiede in der Anerkennung und Erfassung der Fortbildungspunkte gibt, ist eine frühzeitige Information bei der zuständigen KV sowie der Psychotherapeutenkammer ratsam. Die 250 Fortbildungspunkte können aus verschiedenen anerkannten Quellen stammen und verteilen sich typischerweise wie folgt (KBV, 2024):

- **Fachspezifische Fortbildung**: Mindestens 150 Punkte müssen in zertifizierten Veranstaltungen mit psychotherapeutischem Schwerpunkt erworben werden.
- **Allgemeine/Interdisziplinäre Fortbildung**: Bis zu 100 Punkte können durch praxisbezogene oder fachübergreifende Themen gesammelt werden.
- **Fachliteratur**: Das strukturierte Lesen qualifizierter Fachartikel kann mit bis zu 50 Punkten pauschal berücksichtigt werden.
- **Online- Fortbildungen (E-Learning, Webinare)**: Diese werden anerkannt, wenn sie von zertifizierten Anbietern stammen und den Anforderungen der Kammern bzw. KVen entsprechen.

Für den Punkteerwerb stehen verschiedene zertifizierte Formate zur Verfügung:

- **Präsenzveranstaltungen**: Seminare, Workshops oder zertifizierte Kurse (i. d. R. 1 Punkt pro 45 min)
- **Fachvorträge & Kongresse**: Teilnahme an wissenschaftlichen Veranstaltungen mit psychotherapeutischem Fokus
- **Digitale Formate**: Online-Kurse und Webinare (z. B. über DPtV, Landespsychotherapeutenkammern oder Ärztekammern)
- **Supervision & Intervision**: Reflexion beruflicher Praxis; kann je nach Nachweisführung voll oder anteilig angerechnet werden
- **Eigene wissenschaftliche Leistungen**: Veröffentlichung von Fachartikeln oder aktive Kongressbeteiligung (z. B. durch Vorträge)

Alle Fortbildungsmaßnahmen müssen dokumentiert und belegt werden, z. B. durch Teilnahmebescheinigungen oder digitale Nachweise. Viele Psychotherapeutenkammern stellen Online-Portale zur Verfügung, über die Fortbildungspunkte verwaltet und eingereicht werden können. Wird die Fortbildungspflicht innerhalb des vorgesehenen Zeitraums nicht erfüllt, drohen berufsrechtliche Konsequenzen. Diese können u. a. sein:

- Honorarkürzungen durch die KV
- Verpflichtende Nachschulungen
- Meldung an die zuständige Kammer im Rahmen der Berufspflichtenüberwachung

Es wird daher empfohlen, die Fortbildungsaktivitäten kontinuierlich zu planen und frühzeitig nachzuweisen, um Fristüberschreitungen und Sanktionen zu vermeiden.

▶ **Wichtig** Fortbildung ist nicht nur Pflicht, sondern auch Ressource.

6.2 Kollegialer Austausch: Ein Anker inmitten beruflicher Herausforderungen

Supervision gilt als unverzichtbarer Bestandteil professioneller psychotherapeutischer Praxis. Sie unterstützt nicht nur die fachliche Qualitätssicherung, sondern wirkt auch präventiv gegen Überlastung, emotionale Erschöpfung und Burnout. In einem geschützten Rahmen ermöglicht Supervision die kritische Reflexion des eigenen Handelns, die Auseinandersetzung mit komplexen Therapiesituationen sowie die Entwicklung einer stabilen beruflichen Identität (Rønnestad & Orlinsky, 2005; Sonnenmoser, 2007). Zentrale Ziele der Supervision sind:

- Fachliche Weiterentwicklung durch Austausch über diagnostische und therapeutische Vorgehensweisen,
- Selbstreflexion im Umgang mit persönlichen Reaktionen, Übertragungen und Gegenübertragungen,
- Krisenprävention durch das frühzeitige Wahrnehmen von Überforderung oder Rollenkonflikten.

Supervision trägt zur langfristigen beruflichen Entwicklung bei – das zeigt die internationale Langzeitstudie von Rønnestad & Orlinsky (2005), in der deutlich wird, dass kontinuierliche Reflexionspraxis ein zentraler Faktor für berufliche Reifung und therapeutische Wirksamkeit ist. Gerade in frühen Berufsjahren bildet Supervision laut den Autoren einen „Sicherheitsanker“, der hilft, Unsicherheiten zu bewältigen und die eigene therapeutische Rolle zu festigen (Rønnestad & Orlinsky, 2006). Wie auch das Deutsche Ärzteblatt betont, ist Supervision nicht nur ein methodischer Bestandteil der Ausbildung, sondern ein dauerhaft notwendiges Format, um Qualität und Selbstfürsorge im Berufsalltag sicherzustellen (Sonnenmoser, 2007).

Typische Reflexionsfragen in der Supervision

- Wo reagiere ich aus persönlichen Mustern heraus?
- Welche Gefühle löst die aktuelle therapeutische Beziehung bei mir aus?
- Welche inneren Haltungen und Bewertungen beeinflussen mein Vorgehen?

Supervisionsempfehlungen für die Praxis:

- **Verbindliche Terminstruktur:** Supervisionstermine sollten wie Patiententermine geplant und eingehalten werden.
- **Selbstverpflichtung:** Die eigene Stabilität wird als berufsethische Verantwortung verstanden.
- **Offene Haltung:** Supervision lebt vom ehrlichen Austausch – auch über Unsicherheiten und Grenzerfahrungen.

Ergänzend zur klassischen Supervision stellt die **Intervision** eine wichtige und niedrigschwellige Möglichkeit des kollegialen Austauschs dar. In Intervisionsgruppen treffen sich Psychotherapeut*innen in einem geschützten Rahmen, um gemeinsam Fälle zu reflektieren, sich über Herausforderungen im Praxisalltag auszutauschen und voneinander zu lernen. Anders als in der Supervision, die in der Regel von einer externen Fachperson geleitet wird, basiert die Intervision auf Gleichrangigkeit – sie lebt vom Prinzip der wechselseitigen Unterstützung und dem gemeinsamen Wissen der Beteiligten. Durch das Teilen ähnlicher Erfahrungen eröffnen sich neue Perspektiven auf therapeutische Prozesse, aber auch auf strukturelle oder emotionale Aspekte der eigenen Arbeit. Diese Form des Austauschs fördert nicht nur die fachliche Weiterentwicklung, sondern stärkt auch das Gefühl von Zugehörigkeit in einem oft als isolierend empfundenen Berufsumfeld. Gerade für niedergelassene Psychotherapeut*innen kann der regelmäßige Kontakt zu Kolleg*innen in einer Intervisionsgruppe eine wertvolle Entlastung darstellen. Darüber hinaus wirkt sich Intervision auch positiv auf die persönliche Motivation und Resilienz aus. Der offene Austausch über Herausforderungen, gelungene Interventionen und Unsicherheiten hilft, Selbstzweifel abzubauen und den eigenen professionellen Standpunkt zu festigen. Die Möglichkeit, sich gegenseitig zu unterstützen, schafft ein Gefühl von Solidarität und stärkt die emotionale Widerstandsfähigkeit im oft anspruchsvollen Berufsalltag. Nicht zuletzt bietet Intervision einen Raum für gemeinsame Reflexion auf Augenhöhe – frei von Hierarchien, aber getragen von fachlicher Verantwortung und gegenseitigem Respekt. In der Summe stellt sie somit eine wertvolle Ergänzung zur Supervision dar und kann wesentlich zur langfristigen Qualitätssicherung und beruflichen Zufriedenheit beitragen.

Ein strukturiertes, moderiertes Format des kollegialen Austauschs stellt der **Qualitätszirkel** dar. Der Qualitätszirkel leistet insbesondere in der vertragspsychotherapeutischen Versorgung einen wichtigen Beitrag zur kontinuierlichen Qualitätssicherung. Im Unterschied zur eher informell organisierten Intervision bieten Qualitätszirkel einen verbindlichen Rahmen, um praxisnahe Themen systematisch zu reflektieren und Verbesserungsprozesse zu initiieren (KBV, 2025). Ein typischer Qualitätszirkel umfasst mindestens fünf Teilnehmer*innen und wird durch eine geschulte Moderation begleitet. Die Treffen finden regelmäßig statt und widmen sich unterschiedlichen Aspekten der psychotherapeutischen Arbeit – von der Fallbesprechung über Dokumentationsfragen bis hin zu ethischen Dilemmata, rechtlichen Rahmenbedingungen oder Aspekten der Praxisorganisation. Diese Vielfalt erlaubt es, über Einzelfälle hinaus strukturelle Themen in den Blick zu nehmen (KBV, 2025). Ein besonderer Mehrwert von Qualitätszirkeln liegt in ihrer interdisziplinären Ausrichtung. Häufig nehmen neben Psychotherapeut*innen auch Fachärzt*innen oder Vertreter*innen anderer Gesundheitsberufe teil. Diese multiprofessionelle Zusammensetzung ermöglicht es, unterschiedliche Perspektiven in den fachlichen Diskurs einzubringen und voneinander zu lernen. Qualitätszirkel tragen nicht nur zur fachlichen Weiterentwicklung bei, sondern auch zur Stärkung des beruflichen Netzwerks – ein Gewinn insbesondere für Berufseinsteiger*innen oder in Umbruchphasen. Die strukturierte Moderation, festgelegte Themen und Protokollführung gewährleisten eine zielgerichtete und verbindliche Arbeitsweise, die über den offenen Charakter der Intervision hinausgeht. Darüber hinaus sind Qualitätszirkel auch formal anerkannt: Für die regelmäßige Teilnahme können Fortbildungspunkte erworben werden. Die KBV und die Kassenärztlichen Vereinigungen unterstützen diese Arbeit durch Qualifizierungen von Moderator*innen und stellen Informationsmaterialien sowie Ressourcen zur Verfügung (KBV, 2025).

6.3 Fallbeispiel: Fortbildung und Supervision – Eine Patientin mit komplexer Trauma- Historie

Anna, eine junge Frau mit Verdacht auf eine posttraumatische Belastungsstörung (PTBS), suchte meine Praxis wegen Flashbacks, Schlafstörungen und sozialer Ängste auf. Sie berichtete von emotionaler Vernachlässigung in der Kindheit und zeigte ein tiefes Misstrauen gegenüber ihrer Umwelt. In der therapeutischen Beziehung erlebte ich Anna als ambivalent: Einerseits suchte sie Nähe und Unterstützung, andererseits reagierte sie empfindlich auf scheinbar neutrale Bemerkungen – was den Beziehungsaufbau erschwerte. Nach einigen Sitzungen war klar: Mein bisheriges tiefenpsychologisches Repertoire reichte nicht aus, um Anna angemessen zu begleiten. Ich entschied mich für eine Fortbildung in stabilisierender Traumatherapie. Dort lernte ich, wie ich mit Ressourcenarbeit, Grounding- Techniken und Deeskalation in belastenden Situationen arbeiten konnte. Besonders hilfreich war die Einführung in die 5–4–3–2–1-Methode, eine Übung zur Verankerung im Hier und Jetzt bei akuter Dissoziation oder Angst. Parallel dazu besprach ich Annas Fall in einer Supervisionssitzung. Die Supervisorin half mir, Annas emotionale Reaktionen als Wiederholungen früherer Ohnmachtserfahrungen zu verstehen. Ich lernte, ihre Ausbrüche nicht persönlich zu nehmen und stattdessen die therapeutische Beziehung als Ort der 'nachgeholten Sicherheit' zu gestalten. Die Supervision entlastete mich emotional und half mir, fachlich sicherer zu agieren. Nach der Kombination aus Fortbildung und Supervision fühlte ich mich deutlich stabiler in der Arbeit mit Anna. Sie begann, Vertrauen aufzubauen, und setzte Techniken aus der Therapie zunehmend selbstständig ein. Im Verlauf der Behandlung nahm die Häufigkeit der Flashbacks ab, und sie konnte ihre Emotionen besser regulieren. Die Fortschritte waren ein eindrucksvoller Beleg dafür, wie wertvoll fachliche Weiterentwicklung und Reflexion sind. Anna hat mich gelehrt, dass Weiterentwicklung nicht nur verpflichtend, sondern auch erfüllend ist und dass man als Psychotherapeut*in nie auslernt.

6.4 Fazit zu Kap. 6

Fortbildung, Supervision und kollegialer Austausch sind weit mehr als gesetzliche Pflichten oder organisatorische Aufgaben. Sie bilden das Fundament für eine nachhaltige, wirksame und reflektierte psychotherapeutische Praxis. Die kontinuierliche fachliche Weiterentwicklung über Fortbildungspunkte sichert nicht nur die Qualität der Versorgung, sondern stärkt auch die therapeutische Kompetenz und das Selbstverständnis im Beruf.

Supervision und Intervision schaffen geschützte Räume zur Reflexion und emotionaler Entlastung – gerade in einem Beruf, der hohe psychische Anforderungen stellt. Sie fördern Selbsterkenntnis, Prävention von Überlastung und den konstruktiven Umgang mit schwierigen Therapiesituationen. Besonders in der frühen Berufsphase, aber auch langfristig, dienen sie der Professionalisierung und Resilienz. Qualitätszirkel ergänzen diesen Rahmen durch einen strukturierten, interdisziplinären Austausch mit Fokus auf systematische Verbesserungsprozesse und kollektives Lernen. In ihrer Gesamtheit zeigen diese Formate, dass Qualität in der Psychotherapie nicht nur durch Fachwissen entsteht – sondern auch durch Reflexion, Vernetzung und die Bereitschaft, sich stetig weiterzuentwickeln. Wer diese Ressourcen nutzt, investiert nicht nur in die eigene berufliche Zukunft, sondern auch in eine verantwortungsvolle und nachhaltige Patientenversorgung.

Checkliste zu Kap. 6

Kategorie	Maßnahmen/Empfehlungen
Fortbildungspflicht	• Mindestens 250 Punkte in 5 Jahren sammeln • Frühzeitige Planung und Dokumentation • Kombination aus Präsenz, Online, Literatur etc.
Supervision	• Regelmäßige Termine verbindlich einplanen • Selbstreflexion über therapeutisches Handeln • Prävention von Erschöpfung und Burnout
Intervision	• Kollegialer Austausch auf Augenhöhe • Strukturierte Fallreflexion und Selbstklärung • Aufbau eines unterstützenden Netzwerks
Qualitätszirkel	• Moderierte Gruppen mit festen Themen • Austausch über rechtliche, ethische, dokumentarische Fragen • Möglichkeit zur Punkteerlangung

Reflexionsfragen – Kap. 6: Therapeutische Reflexion

1. Emotionale Resonanz und persönliche Muster
   - Was berührt mich besonders – und warum?
   - Welche Gefühle löst der Fall in mir aus?
   - Wo reagiere ich aus persönlichen Mustern?
   - Gibt es Anzeichen von Übertragung oder Gegenübertragung?
   - Welche inneren Bilder, Erinnerungen oder spontanen Gedanken tauchen während oder nach der Sitzung auf?
2. Therapeutisches Vorgehen und Interventionen
   - War mein Vorgehen hilfreich oder hinderlich?
   - Was war meine Intention in der letzten Intervention?
   - Welche anderen Handlungsmöglichkeiten hätte ich in der Situation gehabt?
   - Habe ich die Intervention klar begründet – fachlich wie für mich selbst?

3. Beziehungsgestaltung und Haltung
   - Wie habe ich die therapeutische Beziehung in dieser Sitzung erlebt?
   - Habe ich ausreichend Raum für die Perspektive und das Tempo der Patient*in gelassen?
   - Wo war ich besonders präsent und wo vielleicht abgelenkt?
   - Welche Werte und Haltungen haben mein Handeln geleitet?
4. Lernen und Weiterentwicklung
   - Was nehme ich aus dieser Sitzung für meine weitere Arbeit mit?
   - Welche Kompetenzen konnte ich einsetzen – welche möchte ich noch weiterentwickeln?
   - Gibt es Themen, die ich in der nächsten Supervision oder Intervision einbringen sollte?
   - Wie kann ich meinen Reflexionsprozess dokumentieren und im Blick behalten (z. B. Journaling, Audio-Notizen, Fallberichte)?

Literatur

Kassenärztliche Bundesvereinigung (KBV) (2024). FAQ zur Fortbildungspflicht gemäß § 95d SGB V. https://www.kbv.de/media/sp/FAQ-Liste_Paragraph-95d_SGB-V_gesamt.pdf. Zugegriffen: 12. Juli 2025.

Kassenärztliche Bundesvereinigung (KBV) (2025). Qualitätszirkel. https://www.kbv.de/html/qualitaetszirkel.php. Zugegriffen: 12. Juli 2025.

Rønnestad, M. H., & Orlinsky, D. E. (2005). Therapeutic work and professional development: Main findings and practical implications of a long-term international study. *Psychotherapy Bulletin, 40*(2), 27–31.

Rønnestad, M. H., & Orlinsky, D. E. (2006). Therapeutische Arbeit und berufliche Entwicklung. Implikationen einer internationalen Langzeitstudie. *Psychotherapeut, 51*(4), 271–275.

Sonnenmoser, M. (2007). Lebenswelten von Psychotherapeuten: Supervision ist unerlässlich. *Deutsches ÄrzteblattPP, 6*, 227.

Professionelle Balance: Zwischen äußeren Anforderungen und innerer Haltung

7

▶ Das siebte Kapitel führt mitten in die alltäglichen Herausforderungen psychotherapeutischer Praxis: Patient*innen bringen Hoffnungen, Sorgen und Forderungen mit – ebenso wie Angehörige, Institutionen oder andere Systeme. Manche wollen zu viel, andere ziehen sich zurück. Für Psychotherapeut*innen bedeutet das: Haltung bewahren, klar kommunizieren und sich selbst nicht verlieren. Dieses Kapitel zeigt, wie professionelles Erwartungsmanagement gelingt, welche Gesprächsstrategien bei Einflussnahme und Rückzug hilfreich sind und warum Selbstfürsorge kein Zusatz, sondern Voraussetzung für gelingende therapeutische Arbeit ist. Es lädt ein zur Reflexion darüber, wie Nähe und Distanz in Balance gebracht, Grenzen gesetzt und Beziehungen dennoch offen gehalten werden können.

7.1 Zwischen therapeutischer Arbeit und äußeren Erwartungen

Die ersten Jahre in eigener psychotherapeutischer Praxis sind für viele Behandelnde eine Zeit intensiver Anpassung. Die Idealvorstellungen, mit denen Psychotherapeut*innen, Angehörige und institutionelle Kontexte bringen eigene Erwartungen, Emotionen und Handlungsmuster mit, die nicht nur den Therapieverlauf beeinflussen, sondern die therapeutische Beziehung auf vielfältige Weise mitprägen. Ein zentrales Thema dabei ist das Management von Erwartungen, sowohl aufseiten der Patient*innen als auch ihrer Bezugspersonen. Nicht selten wird bereits zu Beginn eine rasche Symptomlinderung oder ein sofort spürbarer *„Erfolg"* erwartet. Solche Vorstellungen stehen jedoch häufig im Widerspruch zu den tatsächlichen Rahmenbedingungen psychotherapeutischer Arbeit, insbe-

L. Seifert, *Eigene Praxis, eigene Wege - Herausforderungen und Chancen der Praxisgründung für (junge) PsychotherapeutInnen*, Psychotherapie: Therapiegestaltung & Praxismanagement,
https://doi.org/10.1007/978-3-662-72888-8_7

sondere in tiefenpsychologisch fundierten oder analytischen Verfahren, die auf längerfristige strukturelle Veränderung zielen (Minuchin, 1974). Empirische Studien zeigen, dass Erwartungen von Patient*innen ein bedeutender Wirkfaktor im Therapieprozess sind. So betonen Constantino et al. (2011), dass positive Erwartungshaltungen den Therapieverlauf begünstigen können, während überhöhte oder unrealistische Vorstellungen zu Frustration und Therapieabbruch führen können. Daraus ergibt sich für Psychotherapeut*innen die Aufgabe, von Beginn an eine transparente, wertschätzende und zugleich realistische Kommunikation zu etablieren. Es gilt, Hoffnung zuzulassen und Zuversicht zu vermitteln, ohne gleichzeitig falsche Versprechen zu nähren. Dabei ist die Balance zwischen empathischer Annahme und professioneller Klarheit entscheidend – eine kommunikative Kompetenz, die sich vielfach erst in der praktischen Erfahrung entfaltet. Neben den Erwartungen der Patient*innen selbst sind es zunehmend auch Angehörige, Institutionen oder kooperierende Systeme, die Einfluss auf den therapeutischen Prozess nehmen (Minuchin, 1974). Diese Einflussnahme kann sich in Forderungen nach Berichterstattung, konkreten Interventionen oder sogar in direkter Mitbestimmung bei Zielen und Vorgehensweise äußern. Besonders in multiprofessionellen Settings oder bei minderjährigen Patient*innen ist das Spannungsfeld zwischen Kooperation und Abgrenzung deutlich spürbar. Psychotherapeut*innen sind hier aufgefordert, den eigenen professionellen Handlungsspielraum zu wahren und durch klare Rollenklärung und eine strukturierte Kommunikation den Schutzraum der Therapie zu verteidigen. Die strukturelle Familientherapie, wie sie von Minuchin (1974) beschrieben wurde, betont in diesem Zusammenhang die Bedeutung von Grenzen, Rollen und Zuständigkeiten als Voraussetzung für einen funktionalen therapeutischen Prozess. Gleichzeitig stellen auch passive oder distanzierte Haltungen von Patient*innen und Bezugspersonen eine Herausforderung dar. So kann es vorkommen, dass Menschen zu Sitzungen nicht erscheinen, Informationen zurückhalten oder sich emotional aus dem Prozess zurückziehen. Eine vorschnelle Interpretation solcher Phänomene als Widerstand ist jedoch nicht zielführend. Vielmehr ist eine offene, neugierige Haltung erforderlich, die den dahinterliegenden Dynamiken Raum gibt – seien es Ängste, frühere Beziehungserfahrungen oder ein noch nicht entwickeltes Vertrauen in das therapeutische Setting. Die Forschung betont, dass gerade in solchen Situationen ein wiederholtes Anbieten von Gesprächsmöglichkeiten, die Betonung der Freiwilligkeit und das Ernstnehmen von Ambivalenzen förderlich sein können (Constantino et al., 2011).

Insgesamt zeigt sich, dass eine tragfähige therapeutische Beziehung nicht allein auf Technik oder Methode beruht, sondern auf einer Vielzahl sogenannter *„common factors"*, also allgemeiner Wirkfaktoren, wie Empathie, Zielkonsens und therapeutische Allianz (Lambert, 1992). Erwartungen sind dabei nicht nur kognitive Konstruktionen, sondern dynamische Beziehungsangebote, die aktiv gestaltet werden müssen. Wenn es gelingt, realistische Rahmenbedingungen, verständliche Zielsetzungen und eine Haltung der gegenseitigen Achtung zu etablieren, können selbst schwierige Phasen produktiv genutzt werden. Die therapeutische Beziehung wird so zu einem Ort der Aushandlung, der Sicherheit und der Entwicklung – innerhalb klar definierter Grenzen, aber mit offenem Blick für das, was Patient*innen und ihr Umfeld mitbringen.

7.2 Gesprächsstrategien im Umgang mit Einflussnahme und Rückzug

Wie gerade beschrieben werden Psychotherapeut*innen regelmäßig mit unterschiedlichen, teils widersprüchlichen Erwartungen konfrontiert. Diese reichen von stark ausgeprägtem Wunsch nach Kontrolle und Mitgestaltung des therapeutischen Prozesses bis hin zu passivem Rückzug oder geringer Mitwirkung. Beide Verhaltensweisen stellen kommunikative Herausforderungen dar, die eine sensible, klare und strukturierte Gesprächsführung erforderlich machen. Ziel ist es, einerseits den therapeutischen Rahmen zu schützen und andererseits eine tragfähige Beziehung aufrechtzuerhalten.

Wenn Patient*innen, Angehörige oder Institutionen versuchen, aktiv auf den therapeutischen Prozess Einfluss zu nehmen – etwa durch Forderungen nach Informationen über Sitzungsinhalte, Vorschläge zu therapeutischen Maßnahmen oder Kritik am methodischen Vorgehen, steht der Schutz der therapeutischen Autonomie im Vordergrund. Eine der wirksamsten Strategien in solchen Situationen ist die transparente Rahmung des Settings. Frühzeitige Aufklärung über den Ablauf der Therapie, über Ziele, Zuständigkeiten und Grenzen der Zusammenarbeit schafft Orientierung und schützt vor Missverständnissen (Paget et al., 2011; Brooks et al., 2021). Ein konkreter Bestandteil dieser Rahmung ist der Umgang mit Informationswünschen Dritter. Eine klare und gleichzeitig wertschätzende Kommunikation kann dabei helfen, Grenzen zu setzen, ohne die Beziehung zu belasten. So lässt sich etwa sagen: *„Ich verstehe Ihr Interesse am Fortschritt. Aus Respekt vor der therapeutischen Vertraulichkeit kann ich hierzu jedoch keine Einzelheiten weitergeben"*. Diese Art der Grenzsetzung wird in der Fachliteratur als notwendiger Bestandteil professioneller Rollenklarheit beschrieben (Minuchin, 1974; Christians, 2024). Darüber hinaus ist es hilfreich, die hinter der Einflussnahme stehenden Erwartungen zu spiegeln, um verdeckte Bedürfnisse oder Ängste zu identifizieren. Ein Satz wie: *„Es klingt, als wäre Ihnen sehr wichtig, dass die Therapie schnell Wirkung zeigt. Darf ich fragen, welche Erwartungen Sie an den Verlauf haben?"* kann den Weg für ein klärendes Gespräch öffnen und hilft, Erwartungshaltungen in einen gemeinsamen Dialog zu überführen. Ein weiterer Aspekt der Gesprächsstrategie ist die klare Verteilung von Verantwortung und Zuständigkeiten. Psychotherapeut*innen können ihre Entscheidungen nachvollziehbar erläutern und gleichzeitig betonen, dass Veränderungen nur durch die aktive Mitarbeit der Patient*innen möglich sind. Diese Haltung fördert die Eigenverantwortung, ohne sich dem Druck von außen zu beugen (Constantino et al., 2011). Auf der anderen Seite kann es auch zu Rückzug, Passivität oder geringer Mitwirkung seitens der Patient*innen kommen. Solche Reaktionen sollten nicht vorschnell als Widerstand interpretiert werden. Vielmehr lohnt es sich, diese Verhaltensweisen achtsam zu explorieren, um verborgene Ängste, Unsicherheiten oder negative Therapieerfahrungen aufzudecken. Eine offene, nicht wertende Haltung unterstützt dabei, Vertrauen aufzubauen und das Gespräch wieder zu öffnen. Besonders wirksam in solchen Situationen ist der Einsatz von motivierender Gesprächsführung (Motivational Interviewing). Hierbei werden Ressourcen und vergangene Erfolge hervorgehoben, kleine Fortschritte anerkannt und das Gefühl von Selbstwirksamkeit gestärkt. Eine mögliche Formulierung lautet: *„Was glauben Sie, hat Ihnen bisher geholfen, mit schwierigen Situationen umzugehen?"*. Durch diese Technik wird nicht nur das Vertrauen in die eigenen Fähigkeiten gestärkt, sondern auch die therapeutische Beziehung intensiviert (Miller & Rollnick, 2013). Darüber hinaus helfen verlässliche Strukturen wie regelmäßige Termine, klare Absprachen und transparente Prozesse, ein Gefühl von Sicherheit zu vermitteln. Gerade bei Patient*innen mit instabilen Bindungserfahrungen oder Ängsten vor Kontrollverlust können solche strukturellen Angebote stabilisierend wirken (Brooks et al., 2021). Ein zentrales Element ist auch die Betonung der Freiwilligkeit: Die therapeutische Arbeit wird als Angebot verstanden, nicht als Pflicht. Durch Äußerungen wie: *„Wir können gemeinsam überlegen, welche nächsten Schritte sich für Sie stimmig anfühlen"* wird die Autonomie der Patient*innen gestärkt, was wiederum Motivation und Engagement fördert (Swift et al., 2012). Nicht zuletzt ist Geduld ein zentraler Bestandteil therapeutischer Kommunikation im Umgang mit Rückzug. Veränderung ist ein Prozess, der Zeit braucht. Psychotherapeut*innen können durch wohlwollende Aufmerksamkeit und wiederholtes Einladen zur Zusammenarbeit kleine Schritte sichtbar machen und positiv verstärken. Diese Form des „therapeutischen Wartens" stellt eine bewusste Haltung dar, in der Beziehung über Tempo geht – ein Aspekt, der in vielen Therapieforschungen als wesentlicher Wirkfaktor beschrieben wird (Lambert, 1992). Im Umgang mit hohen oder schwierigen Erwartungen – sei es in Form aktiver Einflussnahme oder passiver Rückzugsbewegung – sind strukturierte, empathische und zugleich klare Gesprächsstrategien essenziell. Sie dienen nicht nur dem Schutz des therapeutischen Rahmens, sondern bilden das Fundament einer stabilen, tragfähigen Beziehung. Die Fähigkeit, Erwartungen transparent zu machen, realistisch zu moderieren und Verantwortung respektvoll zu teilen, ist nicht nur kommunikationstechnisch bedeutsam – sie ist Ausdruck einer professionellen, beziehungsorientierten therapeutischen Haltung.

7.3 Zwischen Resonanz und professioneller Distanz: Selbstschutz und Haltung im therapeutischen Alltag

Psychotherapeut*innen bewegen sich tagtäglich im Spannungsfeld zwischen Nähe und Abgrenzung. Die Fähigkeit, sich empathisch auf Patient*innen einzulassen und deren Anliegen ernsthaft aufzunehmen, gehört zu den zentralen Wirkfaktoren gelingender Therapie (Lambert, 1992). Gleichzeitig birgt diese Nähe das Risiko emotionaler Überforderung, insbesondere wenn es um hohe Erwartungen, komplexe Dynamiken oder belastende biografische Inhalte geht. In solchen Situationen wird deutlich: Therapeutische Präsenz braucht nicht nur Fachwissen, sondern eine reflektierte Haltung und eine aktive Sorge um die eigene psychische Gesundheit. Selbstfürsorge ist dabei keineswegs ein individueller Luxus, sondern eine professionelle Notwendigkeit. Studien zeigen, dass psychische Belastung, emotionale Erschöpfung und das Risiko für Burnout bei psychosozialen Fachkräften dann steigen, wenn Selbstfürsorge vernachlässigt und Arbeitsbelastung dauerhaft hoch ist (Myers et al., 2012; Skovholt & Trotter-Mathison, 2011). Psychotherapeut*innen sind gefordert, für sich selbst genauso achtsam zu sorgen wie für ihre Patient*innen – sei es durch ausreichend Erholung, reflektierte Arbeitsgrenzen, körperliche Aktivität oder soziale Unterstützung. Diese Maßnahmen tragen nicht nur zur langfristigen Arbeitsfähigkeit bei, sondern schützen auch die Qualität der therapeutischen Beziehung (Turner & Rankine, 2024). Zugleich sind emotionale Resonanzphänomene wie Übertragung und Gegenübertragung ein fester Bestandteil jeder psychotherapeutischen Begegnung. Sie können therapeutisch genutzt, aber auch zur Belastung werden, wenn sie nicht ausreichend reflektiert werden. In der Auseinandersetzung mit fordernden Patient*innen, starken Affekten oder subtilen Loyalitätskonflikten kommt es darauf an, diese inneren Reaktionen nicht zu verdrängen, sondern sie bewusst wahrzunehmen und in einem sicheren Rahmen – etwa in Supervision oder kollegialer Fallbesprechung – zu bearbeiten. Supervision dient dabei nicht nur der Qualitätssicherung, sondern fungiert als entlastender Resonanzraum, in dem schwierige Themen, Selbstzweifel oder emotionale Belastungen professionell begleitet werden können. Ein weiterer Aspekt professionellen Selbstschutzes ist der strukturelle Umgang mit Belastung. Psychotherapeut*innen profitieren nachweislich von klaren Arbeitsstrukturen, etwa durch eine Begrenzung der Sitzungsanzahl pro Woche, feste Pausenzeiten oder eine bewusste Trennung von Arbeits- und Privatleben (Xia et al., 2011). Auch Angebote wie Peergruppen oder kollegiale Intervisionen stärken das Gefühl, mit komplexen Fällen nicht allein zu sein, und bieten einen geschützten Raum für fachlichen Austausch und emotionale Rückmeldung. Neben äußeren Strukturen spielt auch die innere Haltung eine zentrale Rolle im Selbstschutz. Konzepte wie Achtsamkeit und Selbstmitgefühl fördern nachweislich die psychische Resilienz von Psychotherapeut*innen. Wer sich selbst in schwierigen Situationen mit Freundlichkeit und Verständnis begegnet – statt mit Selbstkritik oder Scham –, schützt sich besser vor chronischer Erschöpfung und kann auch mit den Grenzen eigener Wirksamkeit professioneller umgehen (Germer & Neff, 2013). Insbesondere das Training in Mindfulness-Based Stress Reduction (MBSR) zeigte in verschiedenen Studien positive Effekte auf das Stressniveau, das Mitgefühl mit sich selbst sowie die therapeutische Präsenz (Boellinghaus et al., 2014). Besondere Achtsamkeit erfordert zudem die Arbeit mit traumatisierten Patient*innen. Hier besteht das Risiko sogenannter sekundärer Traumatisierung oder „vicarious trauma“, also einer indirekten Übernahme traumabezogener Belastungen, etwa in Form von Schlafstörungen, Vermeidungsverhalten oder einem veränderten Weltbild (McCann & Pearlman, 1990). Psychotherapeut*innen sind gut beraten, in diesen Fällen besonders auf Entlastung, klare Grenzen und kollegiale Rückbindung zu achten, um ihre eigene psychische Integrität zu wahren.

Abschließend lässt sich sagen: Professionelle Haltung im therapeutischen Alltag bedeutet nicht nur, Patient*innen durch Krisen zu begleiten, sondern auch, die eigene innere Stabilität zu bewahren. Das Spannungsfeld zwischen Resonanz und Distanz verlangt eine bewusste Haltung, die es ermöglicht, empathisch und mitfühlend präsent zu sein, ohne sich selbst dabei zu überlasten oder zu verlieren. Nur wer für die eigene Balance sorgt, kann für andere ein sicherer Anker sein.

▶ **Definition** Professionelle Haltung = Verbindung von Empathie und Abgrenzung.

7.4 Fallbeispiel: Zwischen Einfluss, Rückzug und therapeutischer Haltung

Frau K. (42), Lehrerin, wurde von ihrem Hausarzt mit der Bitte um *„schnelle Unterstützung bei depressiver Symptomatik"* in meine Praxis überwiesen. Bereits im Erstgespräch fiel mir auf, dass sie unter starker Erschöpfung, Schlafstörungen und innerer Leere litt. Gleichzeitig formulierte sie sehr konkrete Erwartungen: Die Therapie solle ihr möglichst bald zu mehr Energie verhelfen, sie habe *„nicht ewig Zeit"*, wolle aber dennoch „gründlich an die Ursachen ran". Im Verlauf der ersten Sitzungen zeigte sich, dass Frau K. stark leistungsorientiert ist, sich selbst kaum Pausen erlaubt und wenig emotionale Selbstfürsorge betreibt. Bereits in der zweiten Sitzung bat sie mich um ein „schriftliches Zwischenfazit für die Hausärztin" und äußerte Zweifel am *„passiven Zuhören"*. Sie fragte mich direkt, ob „nicht ein Coaching vielleicht effektiver" wäre. An diesem Punkt entschied ich mich, die Sitzung zur Klärung des therapeutischen Rahmens zu nutzen. Ich erklärte ihr transparent das Setting, die Ziele einer psychodynamisch orientierten Behandlung und sprach offen über mögliche Missverständnisse. Dabei sagte ich zu ihr: *„Ich habe den Eindruck, dass Sie sehr klar wissen möchten, woran wir gerade arbeiten – und gleichzeitig besteht bei Ihnen das Bedürfnis nach spürbarer Veränderung. Das ist absolut nachvollziehbar. In dieser Therapieform geht es darum, Zusammenhänge und Muster besser zu verstehen, auch wenn das manchmal Zeit braucht. Ich kann Ihnen gern erläutern, wie das konkret abläuft."* Diese Gesprächsöffnung führte dazu, dass Frau K. ihre eigene Haltung reflektierte. Sie erkannte, wie stark ihr Kontrollbedürfnis auch in der Therapie wirksam wurde, und begann, sich vorsichtiger einzulassen. Nach einigen Wochen bemerkte ich jedoch, dass sie häufiger Sitzungen absagte oder sich emotional distanzierter zeigte. Auf meine Nachfrage äußerte sie vage Zweifel, ob die Therapie *„wirklich etwas bringt"*. Statt vorschnell aktivierend zu reagieren, entschied ich mich, einen motivierenden Gesprächsansatz zu wählen. Ich fragte sie: *„Was würden Sie sagen, was hat Ihnen bisher geholfen, hierherzukommen, trotz Ihrer Erschöpfung?"*. Daraufhin benannte Frau K. kleine Veränderungen in ihrem Alltag. Ich hob diese Fortschritte hervor und betonte gleichzeitig die Freiwilligkeit des Prozesses: *„Es ist Ihr Weg, und es ist völlig in Ordnung, wenn sich das manchmal unsicher anfühlt. Wir können gemeinsam schauen, welche Schritte sich für Sie stimmig anfühlen."* Parallel dazu reflektierte ich meine eigenen inneren Reaktionen. Ich spürte einen leichten Druck, *„mehr leisten zu müssen"*, um Frau K. nicht zu verlieren. Dieses Gegenübertragungsphänomen brachte ich in meine Intervisionsgruppe ein und erkannte dort, dass mein eigenes Helferbedürfnis durch die hohen Erwartungen von Frau K. unbewusst aktiviert wurde. Diese Reflexion half mir, meine Rolle wieder klarer zu sehen und die therapeutische Beziehung auf Augenhöhe zu gestalten. Im weiteren Verlauf stabilisierte sich unsere Zusammenarbeit. Frau K. nahm wieder regelmäßiger an den Sitzungen teil, zeigte mehr emotionale Offenheit und begann, erste Grenzen im Alltag zu setzen.

Dieses Fallbeispiel hat mir verdeutlicht, wie äußere Erwartungen, Einflussversuche und Rückzugstendenzen im therapeutischen Alltag ineinandergreifen können. Entscheidend war für mich nicht nur der Einsatz kommunikativer Techniken, sondern eine Haltung, die Klarheit, Empathie und Selbstreflexion miteinander verbindet. Eine tragfähige therapeutische Beziehung entsteht nicht aus Kontrolle oder Anpassung, sondern aus transparentem Dialog – getragen von professioneller Präsenz und innerer Stabilität.

7.5 Fazit zu Kap. 7

Die psychotherapeutische Arbeit ist nicht nur von Fachwissen und Methoden geprägt, sondern auch von der Fähigkeit, mit widersprüchlichen Erwartungen, komplexen Beziehungskonstellationen und emotional fordernden Situationen umzugehen. Der Umgang mit Einflussnahme, Rückzug oder überhöhten Erwartungen gehört zum professionellen Alltag – gerade in den ersten Jahren der eigenen Praxis. Klare Kommunikation, transparente Rahmenbedingungen und eine achtsame Haltung ermöglichen es, tragfähige therapeutische Beziehungen zu gestalten, ohne dabei die eigenen Grenzen zu verlieren. Gesprächsstrategien, die sowohl Abgrenzung als auch Offenheit ermöglichen, sind zentrale Werkzeuge im Spannungsfeld zwischen Anpassung und Autonomie. Dabei erfordert der therapeutische Alltag nicht nur Beziehungskompetenz nach außen, sondern auch Selbstfürsorge und Reflexionsfähigkeit nach innen. Wer professionell arbeiten will, muss nicht nur kommunizieren, sondern auch regulieren – insbesondere die eigene Resonanz, die eigenen Ressourcen und die eigene Belastbarkeit. Professionelle Haltung entsteht so aus einem Zusammenspiel von Klarheit, Präsenz und Selbstschutz. Sie bildet das Fundament, auf dem therapeutische Prozesse nicht nur wirksam, sondern auch nachhaltig gestaltet werden können. Wer in Beziehung bleibt – mit Patient*innen ebenso wie mit sich selbst – schafft den Raum, in dem Entwicklung möglich wird.

Checkliste zu Kap. 7 – Therapeutische Haltung, Kommunikation und Selbstschutz

Kategorie	Maßnahmen/Empfehlungen
Erwartungsmanagement	• Frühzeitige Klärung von Zielen, Methode und Rahmen • Realistische Kommunikation statt „Beruhigung“ • Hoffnung vermitteln, ohne falsche Versprechen
Umgang mit Einflussnahme	• Klare Grenzen freundlich formulieren • Erwartungen wertschätzend spiegeln • Rollen und Zuständigkeiten transparent halten
Umgang mit Rückzug	• Verhalten nicht vorschnell als Widerstand deuten • Motivierende Gesprächsführung einsetzen • Struktur und Verlässlichkeit betonen
Gesprächsstrategien	• Ich-Botschaften bei Spannungen Psychoedukation zur Klärung nutzen • Dialog statt Rechtfertigung fördern

(Fortsetzung)

Kategorie	Maßnahmen/Empfehlungen
Professionelle Haltung	• Regelmäßige Selbstreflexion (z. B. durch Tagebuch, Supervision) • Übertragungs- und Gegenübertragungsprozesse bewusst wahrnehmen • Eigene Grenzen und Reaktionen ernst nehmen
Selbstfürsorge & Schutz	• Pausen und Arbeitszeiten aktiv strukturierenKollegialer Austausch (z. B. Intervision) nutzen • Achtsamkeit, Selbstmitgefühl und emotionale Hygiene praktizieren

Reflexionsfragen – Kap. 7: Zwischen Resonanz und Abgrenzung

1. Erwartungen und Einfluss
   - Wo im therapeutischen Prozess habe ich Erwartungen (bewusst oder unbewusst) gespürt?
   - Habe ich angemessen auf Einflussversuche reagiert – oder bin ich (mit-)gesteuert worden?
   - Welche Erwartungen habe ich selbst an meine Patient*innen – und wie beeinflussen sie meine Arbeit?
2. Umgang mit Reaktionen und Verhalten
   - Wie gehe ich mit Rückzug oder Passivität um – bin ich geduldig genug?
   - Welche emotionalen Reaktionen hat ein bestimmtes Verhalten bei mir ausgelöst?
   - Wieso hat dieses Verhalten eine emotionale Reaktion in mir ausgelöst?
   - Wo merke ich, dass meine Resonanz dem Prozess dient – und wo eher mir selbst?
3. Grenzen und Selbstschutz
   - Wie klar sind mir meine eigenen Grenzen – wo wurden sie zuletzt herausgefordert?
   - Welche Rituale, Strukturen oder Haltungen unterstützen meinen Selbstschutz im therapeutischen Alltag?
   - Wo spüre ich die Gefahr, „zu viel" Verantwortung zu übernehmen?
   - Welche Signale deuten darauf hin, dass ich mich emotional zu stark verstricke?
4. Professionelle Haltung und Balance
   - Wie gelingt mir die Balance zwischen empathischem Mitgehen und professioneller Distanz?
   - In welchen Momenten verliere ich meine innere Neutralität – und wie hole ich sie zurück?
   - Was bedeutet für mich eine gesunde Abgrenzung, ohne kalt oder distanziert zu wirken?
   - Welche Rolle spielen Supervision oder kollegialer Austausch, um meine Abgrenzungsfähigkeit zu reflektieren?

Literatur

Boellinghaus, I., Jones, F. W., & Hutton, J. (2014). The role of mindfulness and loving-kindness meditation in cultivating self-compassion and other-focused concern in health care professionals. *Mindfulness, 5*(2), 129–138. https://doi.org/10.1007/s12671-012-0158-6

Brooks, S. K., Weston, D., Wessely, S., & Greenberg, N. (2021). Effectiveness and acceptability of brief psychoeducational interventions after potentially traumatic events: A systematic review. *European Journal of Psychotraumatology, 12*(1), 1923110. https://doi.org/10.1080/20008198.2021.1923110

Christians, K. (2024, January 25). Managing patient expectations: Communication for medical professionals. *Forbes.* https://www.forbes.com/sites/kwamechristian/2024/01/25/managing-patient-expectations

Constantino, M. J., Arnkoff, D. B., Glass, C. R., Ametrano, R. M., & Smith, J. Z. (2011). Expectations. *Journal of Clinical Psychology, 67*(2), 184–192. https://doi.org/10.1002/jclp.20754

Germer, C. K., & Neff, K. D. (2013). Self-compassion in clinical practice. *Journal of Clinical Psychology, 69*(8), 856–867. https://doi.org/10.1002/jclp.22021

Lambert, M. J. (1992). Psychotherapy outcome research: Implications for integrative and eclectical therapists. In J. C. Norcross & M. R. Goldfried (Hrsg.), *Handbook of psychotherapy integration* (S. 94–129). Basic Books.

McCann, I. L., & Pearlman, L. A. (1990). Vicarious traumatization: A framework for understanding the psychological effects of working with victims. *Journal of Traumatic Stress, 3*(1), 131–149. https://doi.org/10.1007/BF00975140

Miller, W. R., & Rollnick, S. (2013). *Motivational interviewing: Helping people change* (3. Aufl.). Guilford Press.

Minuchin, S. (1974). *Families and family therapy*. Harvard University Press.

Myers, S. B., Sweeney, A. C., Popick, V., Wesley, K., Bordfeld, A., & Fingerhut, R. (2012). Self-care practices and perceived stress levels among psychology graduate students. *Training and Education in Professional Psychology, 6*(1), 55–66. https://doi.org/10.1037/a0026534

Paget, L., Han, P., Nedza, S., Kurtz, P., Racine, E., Russell, S., Santa, J., Schumann, M. J., Simha, J., & Von Kohorn, I. (2011). Patient–clinician communication: Basic principles and expectations. *NAM Perspectives: Discussion Paper*, National Academy of Medicine. https://doi.org/10.31478/201106a

Skovholt, T. M., & Trotter-Mathison, M. (2011). *The resilient practitioner: Burnout prevention and self-care strategies for counselors, therapists, teachers, and health professionals* (2. Aufl.). Routledge/Taylor & Francis Group.

Swift, J. K., Greenberg, R. P., Whipple, J. L., & Kominiak, N. (2012). Practice recommendations for reducing premature termination in therapy. *Professional Psychology: Research and Practice, 43*(4), 379–387. https://doi.org/10.1037/a0028291

Turner, M., & Rankine, R. (2024). Self-care in prevention of burnout amongst counselling professionals: A systematic literature review. *Counselling & Psychotherapy Research.* https://doi.org/10.1002/capr.12837

Xia, J., Merinder, L. B., & Belgamwar, M. R. (2011). Psychoeducation for schizophrenia. *Schizophrenia Bulletin, 37*(1), 21–22. https://doi.org/10.1093/schbul/sbq138

8 Die Herausforderungen als (junge*r) Psychotherapeut*in

> Der Berufseinstieg in die psychotherapeutische Praxis stellt eine vielschichtige Herausforderung dar, die weit über fachliche Qualifikation hinausgeht. Junge Psychotherapeut*innen sehen sich nicht nur mit komplexen klinischen Situationen konfrontiert, sondern ebenso mit innerpsychischen Spannungen, die mit der Übernahme professioneller Verantwortung einhergehen. Das achte Kapitel beleuchtet zentrale Themen des Berufseinstiegs: Zweifel an der eigenen Kompetenz, der Umgang mit Unsicherheit, emotionale Nähe und professionelle Distanz sowie der Druck, fehlerfrei und perfekt zu handeln. Eigene Reflexionen werden ergänzt durch Impulse aus Fachliteratur und Stimmen erfahrener Kolleg*innen. Ziel ist es, Perspektiven aufzuzeigen, wie eine tragfähige, authentische und resiliente professionelle Haltung entwickelt werden kann.

8.1 Existentielle Fragen zum Berufseinstieg

Der Übergang von der Ausbildung in die eigenverantwortliche psychotherapeutische Arbeit ist für viele Berufsanfänger*innen ein existenzieller Prozess. In dieser sensiblen Phase brechen häufig fundamentale Fragen auf: „*Bin ich kompetent genug? Kann ich wirklich helfen? Was geschieht, wenn ich an meine Grenzen stoße?*“. Solche Unsicherheiten sind nicht pathologisch, sondern Ausdruck einer notwendigen inneren Auseinandersetzung mit der neuen Rolle. Wie Carl Rogers (1961) betont, beginnt therapeutische Wirksamkeit nicht mit der Perfektionierung von Techniken, sondern mit der Fähigkeit, sich als Person im Prozess einzubringen – offen, ehrlich und in kontinuierlicher Reflexion mit sich selbst. Diese Haltung setzt voraus, Unsicherheit nicht als Schwäche, sondern als Entwicklungs-

L. Seifert, *Eigene Praxis, eigene Wege - Herausforderungen und Chancen der Praxisgründung für (junge) PsychotherapeutInnen*, Psychotherapie: Therapiegestaltung & Praxismanagement,
https://doi.org/10.1007/978-3-662-72888-8_8

raum zu begreifen. Gerade zu Beginn ist das Vertrauen in die eigene Kompetenz oft fragil, zumal Therapieerfolge sich nicht immer unmittelbar zeigen. Yalom (2002) beschreibt die therapeutische Unsicherheit als konstitutiven Bestandteil der Arbeit – ein Element, das auch mit zunehmender Erfahrung nicht verschwindet, sondern in eine reifere, differenzierte Haltung überführt wird. Der therapeutische Raum ist kein Ort der Perfektion, sondern eine Bühne für authentische menschliche Begegnung. Die Erkenntnis, dass Veränderung selten linear verläuft und dass auch Stagnation oder Rückschritte Teil des Prozesses sind, kann entlastend wirken. Geduld – mit dem therapeutischen Prozess, mit den Patient*innen und mit sich selbst – wird so zu einer Schlüsselressource. Darüber hinaus kommen viele junge Psychotherapeut*innen zum ersten Mal mit der Verantwortung in Berührung, Entscheidungen zu treffen, deren Auswirkungen sie nicht vollständig kontrollieren können. Diese neue Verantwortlichkeit erzeugt mitunter ein Gefühl von Ohnmacht oder Überforderung. Die therapeutische Rolle bedeutet eben nicht nur „zu helfen", sondern auch mit Ambivalenz, Stillstand oder sogar Ablehnung umgehen zu lernen – Erfahrungen, die für die Entwicklung einer realistischen professionellen Identität zentral sind. Besonders bedeutsam ist in dieser Phase auch die Bedeutung kollegialer Netzwerke und professioneller Unterstützungssysteme. Supervision, Intervision und Fallbesprechungen bieten Räume, in denen Unsicherheit ausgesprochen und geteilt werden darf – ein entscheidender Schutzfaktor gegen Vereinsamung und Selbstüberforderung. Der offene Austausch mit erfahrenen Kolleg*innen kann nicht nur Orientierung bieten, sondern auch entlasten und normalisieren: Die Zweifel, die viele (junge) Psychotherapeut*innen empfinden, sind keine Zeichen persönlicher Schwäche, sondern Ausdruck einer reflektierten Auseinandersetzung mit einer anspruchsvollen beruflichen Rolle. Ein weiterer Aspekt besteht darin, das eigene Selbstbild mit dem äußeren Bild der Psychotherapeut*innenrolle in Einklang zu bringen. Während das öffentliche oder idealisierte Bild oft Sicherheit, Souveränität und Lösungsorientierung suggeriert, erleben sich viele Berufsanfänger*innen als tastend, suchend und verletzlich. Diese Diskrepanz kann verunsichern – sie birgt aber auch die Chance, eine eigene, authentische therapeutische Identität zu entwickeln, die nicht auf äußeren Erwartungen, sondern auf innerer Stimmigkeit basiert. Die Annahme, dass Entwicklung nicht im Sprung, sondern im Prozess geschieht, kann helfen, mit sich selbst milder zu werden. Psychotherapeut*in – Sein ist kein Status, der erreicht wird – es ist ein kontinuierlicher Prozess des Wachsens, des Verlernens und des Neu-Lernens. Wer sich erlaubt, diesen Prozess nicht als Bedrohung, sondern als Teil der Profession zu begreifen, schafft die Grundlage für eine langfristig tragfähige und erfüllende Berufspraxis.

Wichtig Unsicherheit ist Teil des Lernprozesses.

8.2 Balance zwischen Nähe und Distanz

Eine der subtilsten Herausforderungen im psychotherapeutischen Berufsalltag ist die Regulierung der emotionalen Nähe zu Patient*innen. Zwischen empathischer Resonanz und notwendiger Abgrenzung verläuft eine dynamische Grenze, die nicht fest definiert, sondern fortlaufend auszubalancieren ist. Empathie bildet das Fundament jeder tragfähigen therapeutischen Beziehung. Sie schafft Vertrauen, fördert Offenheit und ermöglicht Resonanz (Sonnenmoser, 2013). Doch Empathie bedeutet nicht Verschmelzung. Psychotherapeut*innen müssen präsent und berührbar bleiben, ohne sich zu überidentifizieren oder die professionelle Perspektive zu verlieren. Gerade in der frühen Berufspraxis kann diese Ambivalenz zur Belastung werden. Viele junge Psychotherapeut*innen berichten davon, auch außerhalb der Sitzungen emotional mit dem Therapiegeschehen beschäftigt zu sein. Diese Nachwirkungen sind Ausdruck echter Beziehung, können aber – wenn unreflektiert – zu Rollenkonflikten, Überforderung oder sekundärer Traumatisierung führen (ebd.). Professionelle Distanz wird häufig als emotionale Kälte missverstanden. Richtig verstanden, bedeutet sie jedoch Schutz, Klarheit und die Fähigkeit, den therapeutischen Raum zu halten. Sie dient sowohl dem Wohl der Patient*innen als auch der Psychohygiene der Behandelnden. Supervision, Intervision und Selbstreflexion sind essenzielle Instrumente, um diesen Raum bewusst zu gestalten. Fragen wie: *„Was löst diese Begegnung in mir aus?"* oder *„Wo verlaufen meine inneren Grenzen?"* helfen, unbewusste Prozesse zu verstehen und transparent zu machen. Auch eine klare äußere Struktur – etwa durch feste Sitzungszeiten, definierte Kontaktregeln und transparente Kommunikation – unterstützt die Regulierung von Nähe und Distanz. In diesem Rahmen kann eine achtsame, tragfähige Beziehung entstehen, die emotional berührt, aber nicht überfordert. Ein weiteres zentrales Element ist die Entwicklung einer inneren Haltung, die emotionale Verbundenheit zulässt, ohne sich darin zu verlieren. Es geht darum, präsent zu bleiben, auch wenn Patient*innen intensive Gefühle wie Trauer, Wut oder Angst ausdrücken. Psychotherapeut*innen müssen lernen, diese Gefühle zu halten – nicht abzuwehren, aber auch nicht unreflektiert zu übernehmen. Diese Fähigkeit wird oft als *„containment"* bezeichnet und ist ein Zeichen fortgeschrittener therapeutischer Kompetenz. Zugleich kann die Beziehungsgestaltung an die eigene Biografie und Beziehungserfahrungen rühren. Manche Psychotherapeut*innen neigen dazu, übermäßig fürsorglich oder abgrenzend zu reagieren – unbewusste Muster, die durch Selbstreflexion erkannt und bearbeitet werden können. Der kontinuierliche Abgleich zwischen Selbstwahrnehmung und Fremdwirkung ist dabei unerlässlich. Hilfreich ist auch die bewusste Reflexion über die therapeutische Rolle selbst: *„Bin ich eher zugewandt oder distanziert? Wie gehe ich mit schwierigen Emotionen um? Wo liegen meine persönlichen Herausforderungen in der Beziehungsgestaltung?"*. Solche Fragen helfen, den eigenen Stil zu erkennen und gezielt weiterzuentwickeln – im Sinne einer balancierten, tragfähigen und resilienten Beziehungsgestaltung.

8.3 Der Druck der Perfektion und die Angst vor Fehlern

Psychotherapeut*innen tragen eine hohe Verantwortung – ethisch, emotional und fachlich. Insbesondere Berufseinsteiger*innen neigen dazu, diesen Anforderungen mit einem perfektionistischen Anspruch zu begegnen. Jede Intervention soll sitzen, jede Sitzung sinnvoll verlaufen, jedes Wort wohlüberlegt sein. Dieser Idealismus ist nachvollziehbar, aber er kann zu chronischem Stress, Selbstzweifeln und Entscheidungshemmungen führen. Perfektionismus äußert sich dabei häufig als übermäßige Vorbereitung, als überkritische Nachbesprechung oder als der Versuch, jede mögliche Dynamik vollständig zu verstehen. Was als Ausdruck professioneller Sorgfalt erscheint, kann im Extremfall lähmend wirken. Die Angst, nicht zu genügen, kann zu übermäßigem Kontrollverhalten, aber auch zu Erschöpfung und emotionaler Abstumpfung führen. Hinzu kommt die spezifische emotionale Fallhöhe des therapeutischen Feldes: Fehler oder das Gefühl, einen Fehler begangen zu haben – können tiefergehende Schuldgefühle auslösen, da sie unmittelbar mit dem Wohlergehen anderer Menschen verknüpft sind. Dies betrifft nicht nur akute Krisensituationen wie Suizidalität oder Selbstverletzung, sondern auch subtilere Prozesse, etwa das Nicht-Erkennen einer Übertragungsdynamik oder das Versäumen einer hilfreichen Intervention. Die Frage: „*Hätte ich mehr tun können?*" begleitet viele Psychotherapeut*innen noch lange nach der Sitzung. Fehlerangst ist dabei keineswegs irrational – sie verweist auf ein ausgeprägtes Verantwortungsgefühl. Doch therapeutisches Arbeiten ist kein exakter Wissenschaftsbetrieb. Es ist ein Prozess im Spannungsfeld von Unsicherheit, Mehrdeutigkeit und der Unvorhersehbarkeit menschlicher Entwicklung. Ein fehlerfreies Arbeiten ist in dieser Komplexität nicht realistisch. Vielmehr gilt es, eine Haltung zu entwickeln, die nicht auf Unfehlbarkeit, sondern auf Achtsamkeit, Transparenz und Lernbereitschaft gründet. Supervision, kollegiale Beratung und offene Kommunikation über Zweifel und Unsicherheiten können dazu beitragen, den inneren Druck zu relativieren. Der offene Umgang mit Fehlern – nicht im Sinne von Selbstanklage, sondern als Ausgangspunkt für Wachstum – stärkt nicht nur die individuelle Resilienz, sondern auch die Qualität der therapeutischen Arbeit. Fehlerfreundlichkeit bedeutet in diesem Kontext nicht Nachlässigkeit, sondern die bewusste Anerkennung der eigenen Begrenztheit. Auch der systemische Blick kann hier hilfreich sein: Nicht jede Entwicklung im Therapieverlauf ist ausschließlich der Psychotherapeut*in zuzuschreiben. Patient*innen bringen ihre eigene Geschichte, Dynamik und Verantwortung mit. Die Unterscheidung zwischen Mitverantwortung und Alleinverantwortung ist essenziell, um realistische Grenzen zu ziehen und Überidentifikation vorzubeugen. Langfristig entwickelt sich mit wachsender Berufserfahrung ein stabileres Selbstverständnis: Fehler werden als integraler Bestandteil des professionellen Lernens betrachtet, als natürliche Folge von Komplexität und nicht als Zeichen persönlicher Unzulänglichkeit. Psychotherapeut*innen lernen, mit inneren Widersprüchen zu leben, eigene Unsicherheiten auszuhalten und aus ihnen heraus neue Perspektiven zu entwickeln. Eine solche Haltung ist nicht nur für die eigene Psychohygiene entscheidend – sie wirkt auch modellhaft im therapeutischen Prozess. Wenn Psychotherapeut*innen mit ihren eigenen Fehlern achtsam und transparent umgehen, ermöglichen sie ihren Patient*innen eine Erfahrung von Akzeptanz und Selbstmitgefühl. Sie zeigen, dass Entwicklung nicht über Perfektion, sondern über Beziehung, Reflexion und Menschlichkeit geschieht.

8.4 Beispiel: Stimmen erfahrener Psychotherapeut*innen: Nähe, Distanz und Unvollkommenheit

Erfahrene Psychotherapeut*innen berichten übereinstimmend, dass Unsicherheiten auch nach vielen Jahren Berufserfahrung nicht gänzlich verschwinden und dass gerade diese anhaltende Selbstreflexion ein Zeichen innerer Wachheit und professioneller Integrität ist. Was sich jedoch verändert, ist der Umgang damit: Zweifel verlieren ihre Bedrohlichkeit. Sie werden leiser, vertrauter und Teil eines inneren Dialogs, der nicht lähmt, sondern trägt.

„Auch nach 20 Jahren begleiten mich Zweifel. Aber sie sind weniger laut geworden. Heute weiß ich: Präsenz und Offenheit sind wichtiger als perfekte Antworten."

„Therapie ist Beziehung, keine kontrollierbare Technik. Offenheit für Prozesse, auch für das Unplanbare, ist entscheidend."

*„Professionelle Distanz schützt nicht nur mich, sondern auch meine Patient*innen. Sie ermöglicht eine tragfähige, haltende Beziehung, ohne in Retterrollen zu geraten."*

Diese Stimmen zeigen: Reife in der therapeutischen Arbeit entsteht nicht durch das Erreichen eines fehlerfreien Zustands, sondern durch die Fähigkeit, mit Ambivalenz, Nicht-Wissen und den Grenzen des eigenen Einflusses zu leben – ohne sich davon überwältigen zu lassen. Viele erfahrene Kolleg*innen berichten, dass sie über die Jahre eine freundlichere, achtsamere Haltung sich selbst gegenüber entwickeln konnten. An die Stelle des früheren Drangs, immer „richtig" handeln zu müssen, tritt zunehmend Vertrauen – in den Prozess, in die Beziehung und in die eigene Intuition, die mit Erfahrung gewachsen ist. Diese innere Gelassenheit erlaubt auch, Fehler zuzugeben, Unsicherheiten zu teilen und dort authentisch zu sein, wo früher vielleicht noch ein professionelles Idealbild aufrechterhalten wurde.

*„Früher habe ich versucht, alles zu kontrollieren. Heute lasse ich mehr zu. Ich bin achtsamer, aber weniger streng – mit mir und mit meinen Patient*innen."*

„Die entscheidende Entwicklung war für mich, zu erkennen, dass meine Präsenz oft wirksamer ist als jede Theorie."

Gerade im Hinblick auf Nähe und Distanz verändert sich über die Jahre oft die innere Haltung: Was anfangs unbewusst geschieht – z. B. sich zu sehr einzulassen oder sich zu sehr zurückzuziehen – wird mit der Zeit bewusster regulierbar. Nähe wird nicht mehr als Risiko, Distanz nicht mehr als Verrat an der Beziehung erlebt. Beides sind notwendige Pole, die sich nicht ausschließen, sondern ergänzen.

*„Ich muss nicht immer stark sein. Ich darf auch berührt sein – solange ich es reflektiere und nicht in die Dynamik der Patient*innen hineingezogen werde."*

„Es ist in Ordnung, nicht alles zu wissen. Wichtig ist, offen zu bleiben und sich selbst zu hinterfragen – immer wieder."

Diese Rückmeldungen vermitteln (jungen) Kolleg*innen eine wertvolle Botschaft: Professionalisierung bedeutet nicht, Unsicherheiten zu eliminieren, sondern einen verantwortlichen Umgang mit ihnen zu kultivieren. Wer gelernt hat, sich nicht für seine Zweifel zu verurteilen, sondern sie als Teil einer professionellen Haltung zu integrieren, gewinnt Handlungsspielraum und menschliche Tiefe. Und vielleicht ist es genau diese Mischung aus fachlicher Kompetenz, gelebter Selbstreflexion und emotionaler Aufrichtigkeit, die Psychotherapeut*innen langfristig wirksam, tragfähig und innerlich gesund sein lässt. Die psychotherapeutische Tätigkeit erfordert die kontinuierliche Balance zwischen Empathie und professioneller Distanz, zwischen Engagement und Selbstfürsorge. Perfektion ist kein realistisches Ziel – Authentizität, Präsenz und die Bereitschaft zur Reflexion sind die tragenden Säulen einer nachhaltigen und gesunden psychotherapeutischen Praxis.

8.5 Fazit zu Kap. 8

Der Einstieg in die psychotherapeutische Berufspraxis ist eine zutiefst persönliche und zugleich fachlich anspruchsvolle Entwicklungsphase. Das achte Kapitel verdeutlicht, dass diese Phase nicht nur von äußeren Herausforderungen geprägt ist, sondern vor allem von innerpsychischen Prozessen: Zweifel, Unsicherheiten und der Wunsch, alles richtig zu machen, begleiten viele (junge) Psychotherapeut*innen – oft intensiver, als es nach außen sichtbar ist. Gerade zu Beginn trifft die Realität therapeutischer Arbeit auf ein Idealbild, das von Kontrolle, Sicherheit und Wirksamkeit geprägt ist. Der Weg zu einer stabilen professionellen Identität verläuft jedoch nicht über Perfektion, sondern über Selbstreflexion, Fehlerfreundlichkeit und die Fähigkeit, mit Ambivalenzen umzugehen. Therapeutische Reife entsteht nicht durch die Abwesenheit von Unsicherheit, sondern durch einen bewussten, mitfühlenden Umgang mit ihr. Ein zentrales Thema ist die Balance zwischen Nähe und Distanz: Empathie braucht Grenzen und Distanz braucht Menschlichkeit. Diese Dynamik zu erkennen und aktiv zu gestalten, erfordert Erfahrung, Selbstbeobachtung und vor allem Geduld mit sich selbst. Supervision, kollegiale Beratung und ein offener Austausch über Unsicherheiten sind dabei keine Schwäche, sondern Ausdruck professioneller Verantwortung. Ebenso wichtig ist der Umgang mit dem Druck, fehlerfrei handeln zu müssen. Gerade in einem so bedeutsamen Arbeitsfeld wie der Psychotherapie können Fehler – oder die Angst davor – lähmen. Doch therapeutisches Arbeiten ist kein kontrollierbares System, sondern ein komplexer, dynamischer Beziehungsprozess. Wer sich erlaubt, auch Unvollkommenheit anzunehmen, schafft Raum für echte Begegnung – mit den Patient*innen ebenso wie mit sich selbst.

Checkliste zu Kap. 8

Kategorie	Maßnahmen/Empfehlungen
Selbstreflexion und Akzeptanz	• Emotionale Reaktionen nach Sitzungen bewusst reflektieren • Unsicherheiten als natürlichen Teil der Entwicklung annehmen • Sich regelmäßig fragen: Was verunsichert mich – und warum?
Professionelle Haltung stärken	• Perfektionsansprüche reduzieren • Mit Authentizität statt Allwissenheit begegnen • Eigene Rolle und Verantwortung klar definieren
Nähe und Distanz ausbalancieren	• Emotionale Überforderung früh erkennen • Berufliche und persönliche Grenzen wahren • Regelmäßige Selbstfürsorge etablieren
Supervision & kollegialer Austausch	• Supervisionen regelmäßig wahrnehmen • Unsicherheiten offen ansprechen • Kollegiale Netzwerke pflegen
Selbstfürsorge & Regeneration	• Arbeitszeiten klar begrenzen • Pausen und Erholung aktiv einplanen
Lernen durch Erfahrung	• Fehler als Wachstumschance begreifen • Lernprozesse dokumentieren • Eigene Fortschritte anerkennen

Reflexionsfragen – Kap. 8: Umgang mit Unsicherheiten und Herausforderungen als (junge*r) Psychotherapeut*in

1. Persönliche Anforderungen und Selbstbild
   - Wie gehe ich mit meinen eigenen Erwartungen an mich um?
   - Wo merke ich, dass mein Perfektionismus mich blockiert?
   - Wie möchte ich als Therapeut*in wahrgenommen werden?
   - Was gehört zu meiner professionellen Verantwortung – und was nicht?
2. Umgang mit Unsicherheit und Belastung
   - Welche Situationen lösen bei mir Unsicherheit oder Überforderung aus?
   - Welche Gedanken und Gefühle bleiben mir nach bestimmten Sitzungen besonders im Kopf?
   - In welchen Momenten kann ich authentisch sein, ohne dabei fachlich an Sicherheit zu verlieren?
   - Welche Situationen lassen mich innerlich „mitgehen" – und warum?
3. Grenzen und Selbstfürsorge
   - Wie deutlich sind meine persönlichen und beruflichen Grenzen für mich?
   - Halte ich meine Arbeitszeiten und Pausen konsequent ein?
   - Wie regeneriere ich mich nach einem fordernden Arbeitstag?
   - Wann war ich zuletzt wirklich „nicht erreichbar" – und wie hat sich das angefühlt?

4. Kollegiale Unterstützung und Supervision
   - Was würde ich mir in solchen Momenten von einer Kolleg*in wünschen?
   - Fühle ich mich sicher genug, meine Unsicherheiten im Kolleg*innenkreis zu teilen – warum (nicht)?
   - Was schätze ich besonders an meinem kollegialen Netzwerk?
   - Wo wünsche ich mir mehr Austausch oder Unterstützung?
   - Was möchte ich in der nächsten Supervision unbedingt ansprechen?
5. Lernen und Weiterentwicklung
   - Wann habe ich zuletzt aus einem Fehler etwas Wichtiges gelernt?
   - Welche Veränderungen oder Fortschritte kann ich bei mir erkennen?
   - Wie halte ich meinen Lernprozess fest (z. B. Notizen, Journaling, Austausch)?
   - Welche Stärken habe ich in herausfordernden Momenten gezeigt?

Literatur

Sonnenmoser, M. (2013). Berufsalltag und Psychohygiene: Schwierige Situationen in der Therapie. Deutsches Ärzteblatt Ausgabe 4/20213. https://www.aerzteblatt.de/archiv/berufsalltag-und-psychohygiene-schwierige-situationen-in-der-therapie-731261cc-3cba-4009-8031-1bfccac39d85. Zugegriffen 13. Juli 2025.

Rogers, C. R. (1961). *On becoming a person: A therapist's view of psychotherapy*. Houghton Mifflin.

Yalom, I. D. (2002). *The gift of therapy: An open letter to a new generation of therapists and their patients*. HarperCollins.

Existenzängste – Der ständige Begleiter in der Selbstständigkeit

9

> Der Schritt in die Selbstständigkeit ist für viele Psychotherapeut*innen ein bedeutender Meilenstein. Mit ihm gehen große Hoffnungen, aber auch existenzielle Sorgen einher. Besonders in der Anfangsphase einer eigenen Praxis treffen wirtschaftlicher Druck, persönliche Erwartungen und therapeutische Verantwortung unmittelbar aufeinander. Das neunte Kapitel widmet sich den emotionalen und psychologischen Herausforderungen, die durch Existenzängste entstehen können. Es beleuchtet sowohl äußere Belastungen, wie finanzielle Unsicherheit und Terminlücken, als auch die tieferliegenden inneren Konflikte, die durch das Bedürfnis nach Erfolg, Anerkennung und Sicherheit verstärkt werden. Anhand persönlicher Erfahrungen, tiefenpsychologischer Reflexionen und praktischer Strategien wird gezeigt, wie Psychotherapeut*innen lernen können, mit der Unsicherheit umzugehen – nicht indem sie sie eliminieren, sondern indem sie sie verstehen, einordnen und als Teil des Entwicklungsprozesses akzeptieren.

9.1 Die Belastung durch Existenzängste

Existenzängste stellen eine häufige, jedoch wenig offen thematisierte Belastung in der frühen Phase selbstständiger psychotherapeutischer Tätigkeit dar. Während gegenüber Patient*innen, Kolleg*innen oder Institutionen häufig ein Bild von Struktur, Stabilität und fachlicher Sicherheit vermittelt wird, erleben viele Psychotherapeut*innen parallel eine Phase der wirtschaftlichen Unsicherheit. Diese äußert sich in der Sorge, ausreichend Patient*innen zu gewinnen, eine verlässliche Einnahmesituation aufzubauen und zugleich

L. Seifert, *Eigene Praxis, eigene Wege - Herausforderungen und Chancen der Praxisgründung für (junge) PsychotherapeutInnen*, Psychotherapie: Therapiegestaltung & Praxismanagement,
https://doi.org/10.1007/978-3-662-72888-8_9

laufende Kosten – etwa für Miete, Versicherung, Ausstattung und Fortbildung – zu decken. Der Übergang von der Ausbildung in die eigenverantwortliche Berufsausübung bringt nicht nur fachliche Herausforderungen mit sich, sondern auch unternehmerische, rechtliche und ökonomische Fragestellungen, für die viele Berufsanfänger*innen unzureichend vorbereitet sind. Diese ökonomische Unsicherheit erzeugt bei vielen eine dauerhafte, oft unterschwellige Anspannung. Sie kann sich in konkreten Gedanken äußern – etwa im Grübeln über Terminabsagen, finanzielle Engpässe oder die langfristige Tragfähigkeit der eigenen Praxis –, aber auch in der affektiven Verfügbarkeit, im körperlichen Ausdruck (Stimme, Mimik, Körpersprache) oder in einem reduzierten Maß an innerer Präsenz während therapeutischer Prozesse. In einem Berufsfeld, in dem emotionale Feinfühligkeit, empathische Resonanz und psychische Stabilität zentrale Wirkfaktoren darstellen, wirken solche inneren Spannungen potenziell störend. Patient*innen nehmen in der Regel sehr genau – wenn auch oft unbewusst – wahr, ob ihr Gegenüber innerlich anwesend oder mit eigenen Sorgen und Belastungen beschäftigt ist. Die wirtschaftliche Unsicherheit kann sich dann in der therapeutischen Beziehung niederschlagen, etwa in Form subtiler Erwartungshaltungen, einer verringerten Toleranz gegenüber Stagnation, nonverbalem Rückzug oder erhöhtem Bedürfnis nach Kontrolle über Sitzungsverlauf und -frequenz. Ein exemplarischer Bericht aus einer Intervisionsgruppe verdeutlicht diese Dynamik: *„Ich habe mich dabei ertappt, wie ich während der Sitzung dachte: Wenn sie jetzt absagt, fehlt mir nächste Woche wieder ein Termin. Und plötzlich war ich weniger bei ihr – sondern bei meiner Angst“.* Diese Form innerer Zerrissenheit ist menschlich nachvollziehbar, sollte aber als professionelles Risiko erkannt und reflektiert werden. Sie ist nicht per se problematisch, kann jedoch dann belastend wirken, wenn sie unbemerkt bleibt oder aus Scham verdrängt wird. Je weniger solche Sorgen bewusst bearbeitet und integriert werden, desto größer ist die Gefahr, dass sie unkontrolliert in das Beziehungsgeschehen zwischen Psychotherapeut*in und Patient*in einfließen. Neben der akuten finanziellen Unsicherheit treten häufig strukturelle Fragen auf, die das Sicherheitsbedürfnis der Psychotherapeut*innen direkt betreffen: *„Was geschieht bei Krankheit oder längerer Abwesenheit? Wie hoch sind meine Rücklagen – reichen sie für mehrere Monate? Wie verhalte ich mich, wenn sich die Nachfrage dauerhaft verändert oder ausbleibt?“.* Diese Überlegungen überschneiden sich mit existenziellen Grundthemen wie Autonomie, Selbstwert, Abhängigkeit, Vertrauen und Kontrolle – Themen, die auch im therapeutischen Setting mit Patient*innen eine zentrale Rolle spielen. Diese Parallelität führt zu einer besonderen Herausforderung: Psychotherapeut*innen verarbeiten in ihrer beruflichen Realität auf struktureller Ebene häufig ähnliche Grundkonflikte wie ihre Patient*innen – jedoch in anderer Form. Während Patient*innen mit inneren Konflikten ringen, erleben Psychotherapeut*innen diese auf der Ebene des Berufsalltags, eingebettet in ökonomische, rechtliche und soziale Realitäten. Die Fähigkeit, diese Parallelen zu erkennen und zu reflektieren, kann einen bedeutsamen Beitrag zur professionellen Haltung leisten. In diesem Sinne ist der bewusste, offene Umgang mit eigenen wirtschaftlichen Sorgen und existenziellen Unsicherheiten nicht nur Teil der Selbstfürsorge, sondern auch eine Voraussetzung für klare therapeutische Präsenz und Beziehungsfähigkeit. Supervision, Intervision und auch gezielte betriebswirtschaftliche Beratung können helfen, das diffuse Gefühl von Bedrohung in konkrete, bearbeitbare Themen zu übersetzen. Gleichzeitig kann es hilfreich sein, eigene Erwartungen zu überprüfen: *„Muss die Praxis ab dem ersten Monat voll ausgelastet sein? Ist es realistisch, nach der Ausbildung sofort ein stabiles Einkommen zu erzielen? Wie stark ist mein Selbstwert an äußeren Erfolg gekoppelt?"*. Diese Fragen eröffnen die Möglichkeit, zwischen realem Druck und innerem Anspruch zu unterscheiden und neue, tragfähige Maßstäbe für Erfolg und Sicherheit zu entwickeln.

Tipp: Strategien im Umgang mit Existenzängsten

- **Akzeptanz:** Unsicherheiten gehören zur Selbstständigkeit – sie sind normal und kein Anzeichen von Scheitern.
- **Erwartungsmanagement:** Realistische Zeitpläne und Ziele für den Aufbau der Praxis definieren.
- **Finanzplanung:** Ein Haushaltsplan und Rücklagen helfen, ruhig zu bleiben – auch bei Einnahmeschwankungen.
- **Austausch:** Gespräche mit Kolleg*innen entlasten und schaffen Verbundenheit.
- **Supervision:** Auch existenzielle Themen dürfen dort Raum finden.

Dabei zeigen sich die Ängste nicht bei allen Kolleg*innen gleich – sie hängen stark davon ab, ob jemand mit einem Kassensitz arbeitet oder eine Privatpraxis führt.

Die Art, wie Existenzängste erlebt und verarbeitet werden, hängt oft unmittelbar mit der jeweiligen Praxisform zusammen. Inhaber*innen eines Kassensitzes verfügen zwar über ein relativ sicheres Grundrauschen an Patient*innen, erleben aber häufig einen hohen strukturellen Druck: Der Anspruch, die Praxis dauerhaft auszulasten, KV-Vorgaben zu erfüllen, Quartalsabrechnungen fristgerecht einzureichen und Wirtschaftlichkeit nachzuweisen, erzeugt häufig Daueranspannung. Hinzu kommt die Verantwortung für laufende Fixkosten, Personal oder Miete – unabhängig von eigener Belastbarkeit oder krankheitsbedingten Ausfällen. Existenzängste entstehen hier weniger aus der Sorge um zu wenige Patient*innen, sondern vielmehr aus der Angst vor Überforderung, Fehlern oder administrativem Scheitern. In der Privatpraxis zeigt sich ein anderes Muster: Die Freiheit, Honorare selbst festzulegen und eigene Schwerpunkte zu wählen, bringt ein hohes Maß an Autonomie – aber auch Unsicherheit. Schwankende Patient*innenzahlen, nicht erstattete Rechnungen oder saisonale Flauten können unmittelbar zu finanziellen Engpässen führen. Gerade in den ersten Jahren entsteht so häufig ein Kreislauf aus wirtschaftlicher Unsicherheit und Selbstzweifeln: *„Bin ich sichtbar genug? Bin ich das wert?"*.

Existenzängste sind hier stärker mit der Frage nach Selbstwirksamkeit und wirtschaftlicher Identität verbunden. Während der Kassensitz strukturell absichert, aber innerlich oft durch Bürokratie und Leistungsdruck belastet, konfrontiert die Privatpraxis mit größerer Freiheit – und mit der Notwendigkeit, wirtschaftliche Unsicherheiten als Teil der Selbstständigkeit anzunehmen und aktiv zu gestalten.

9.2 Die tiefere Dimension der Existenzängste

Existenzängste in der der Selbstständigkeit lassen sich nicht allein durch betriebswirtschaftliche Lösungen, Businesspläne oder Einnahmeübersichten in den Griff bekommen. Auch wenn sie sich vordergründig als Sorgen um Auslastung, Mietkosten, Honorarausfälle oder langfristige Absicherung zeigen, berühren sie auf einer tieferen Ebene oft sehr persönliche und biografisch gewachsene innere Themen. Sie rühren an Selbstbilder, an unbewusste Beziehungserfahrungen und an früh gelernte Muster von Sicherheit, Kontrolle und Anerkennung. Tiefenpsychologisch betrachtet sind solche Ängste häufig Verdichtungen unbewusster Konflikte: etwa der Angst, nicht gut genug zu sein, der Furcht vor dem Verlassenwerden oder der Überzeugung, nur durch Leistung wertvoll zu sein. In der Selbstständigkeit, in der es kein „System" mehr gibt, das einen auffängt, treten diese unbewussten Muster besonders klar hervor – die äußere Unabhängigkeit trifft auf die innere Abhängigkeit von gewohnten Beziehungserfahrungen. Die Selbstständigkeit wirkt dabei wie ein Verstärker für alte innere Dynamiken: Wer allein Entscheidungen trifft, wird auch mit den inneren Stimmen konfrontiert, die Sicherheit, Zustimmung oder Kontrolle fordern. Gefühle von Schuld, Versagen, Enttäuschung oder Isolation erhalten Raum – nicht weil die Selbstständigkeit sie erzeugt, sondern weil sie darin sichtbar werden. Die Angst vor dem Scheitern ist dann nicht nur betriebswirtschaftlich bedingt, sondern auch psychodynamisch tief verankert: Scheitern kann unbewusst mit Liebesentzug, Beschämung oder Identitätsverlust gleichgesetzt werden (Mentzos, 1984). Wie Yalom (2010) in seiner existenziellen Psychotherapie betont, ist Angst kein pathologisches Symptom, sondern eine unvermeidbare Reaktion auf die Grundbedingungen des Lebens – etwa auf Freiheit, Isolation, Verantwortung und Tod. In diesem Sinne sind Existenzängste auch Entwicklungssignale: Sie zeigen auf, wo innere Haltlosigkeit erlebt wird, wo frühere Selbstbilder nicht mehr tragen, und wo neue Integrationen nötig sind. Die Selbstständigkeit als Lebensform kann dann zu einem Entwicklungsraum werden – nicht nur beruflich, sondern tief persönlich. Wer bereit ist, diese Prozesse auch emotional zu durchdringen, nutzt die Selbstständigkeit als Möglichkeit zur Selbstvergewisserung und innerem Wachstum.

▶ **Wichtig** Existenzängste können unbemerkt die therapeutische Arbeit belasten.

9.3 Beispiel: Konfrontation mit Existenzängsten

In einer Woche mit ungewöhnlich vielen Absagen war ich mit einer Leere konfrontiert, die mich emotional stark forderte. Es war nicht nur die Frage, wie ich meine Kosten decken sollte – es war das Gefühl, nicht gebraucht zu werden, das mich besonders traf. Die plötzliche Stille in der Praxis hallte nach. Ich begann zu zweifeln: an meinem Konzept, meiner Positionierung, sogar an meinem Beruf. Ich fühlte mich wie gescheitert – obwohl objektiv keine Krise bestand. Der subjektive Eindruck war überwältigend. Erst die Supervision half mir, die Situation neu einzuordnen. Mein Supervisor zeigte mir, dass Rückschläge im Aufbau einer Praxis normal sind. Und dass meine Gefühle weniger mit der realen Bedrohung als mit meiner Erwartungshaltung zusammenhingen: Alles müsse sofort gelingen. Ich begann, mich zu fragen: *„Warum ist es für mich so schwer, Unsicherheit auszuhalten? Welche Bedeutung hat Erfolg für mein Selbstwertgefühl?"*. In diesen Fragen lag der eigentliche Lernprozess. Es ging nicht nur um Praxisorganisation, es ging um mich. In meinem eigenen Reflexionsprozess wurde deutlich, wie eng meine wirtschaftlichen Sorgen mit dem tiefen Wunsch verknüpft waren, *gesehen, anerkannt, als kompetent erlebt* zu *werden.* Erfolg bedeutete in meinem inneren System nicht nur finanzielle Sicherheit, sondern auch: *„Ich bin gut genug."*. Ein leerer Terminkalender fühlte sich nicht nur wirtschaftlich bedrohlich an – sondern persönlich beschämend. Erst in der Supervision erkannte ich, dass dieser Druck aus einem kindlichen Anteil gespeist wurde, der lange lernen musste, dass Liebe und Wert nicht an Leistung geknüpft sind. Diese Erkenntnis veränderte meinen Umgang mit den Ängsten grundlegend. Sie verschwanden nicht – aber sie wurden verstehbar. Ich konnte Mitgefühl für die Anteile entwickeln, die mich zu übermäßiger Anstrengung trieben. Ich begann, die Angst nicht mehr als Feind, sondern als inneren Hinweisgeber zu betrachten – als Symptom eines Themas, das Aufmerksamkeit verdient.

9.4 Fazit zu Kap. 9

Unsicherheit bleibt ein Begleiter auf dem Weg der selbstständigen psychotherapeutischen Tätigkeit. Sie lässt sich nicht vollständig vermeiden und das muss sie auch nicht. Denn in der bewussten Auseinandersetzung mit der Unsicherheit liegt eine Kraft: Sie macht aufmerksam, hält wach, konfrontiert uns mit inneren Beweggründen, Grenzen und Ressourcen. Existenzängste sind nicht nur zu ertragende Belastungen, sondern potenzielle Spiegel innerer Entwicklungsaufgaben. Sie fordern heraus, aber sie können auch transformieren – wenn man ihnen mit Offenheit, Neugier und psychodynamischem Verständnis begegnet. Es geht nicht darum, völlig angstfrei zu arbeiten. Es geht darum, mit den Ängsten zu arbeiten – sie zu kontextualisieren, sie in Beziehung zu setzen, sie ernst zu nehmen, ohne sich mit ihnen zu identifizieren. In der therapeutischen Praxis, die so stark von innerer Präsenz und Beziehungsfähigkeit lebt, ist genau das eine zentrale Fähigkeit: Mit dem Unerwarteten umgehen zu lernen. Unsicherheiten nicht zu fürchten, sondern zu integrieren. Was bleibt, ist das Vertrauen – nicht in die Sicherheit der äußeren Umstände, sondern in die eigene Fähigkeit, zu wachsen, zu lernen, sich neu zu positionieren. Diese Haltung, die sich durch Erfahrung, Reflexion und Selbstmitgefühl entwickelt, ist es letztlich, die die Basis einer tragfähigen therapeutischen Identität bildet: authentisch, professionell – und menschlich.

Checkliste zu Kap. 9

Kategorie	Maßnahmen/Empfehlungen
Finanzielle Planung & Sicherheit	• Erstellung eines Budgets • Aufbau eines Notfallfonds • Prüfung zusätzlicher Einkommensquelle • Inanspruchnahme professioneller Beratung
Realistische Erwartungen & Perspektiven	• Formulierung langfristiger Ziele • Planung in kleinen Schritten • Bewusster Verzicht auf Vergleiche mit anderen
Mentale & emotionale Strategien	• Einsatz von Achtsamkeit • Positiven Selbstgesprächen • Reflexion zur Reduktion von Ängsten
Unterstützung & Austausch	• Nutzung von Supervision • Regelmäßiger Austausch mit Kolleg*innen • Gespräch mit Vertrauenspersonen über Sorgen
Selbstfürsorge & Resilienz	• Einplanung von Pausen • Förderung einer gesunden Lebensweise • Akzeptanz von Unsicherheiten als Teil des beruflichen Prozesses

Reflexionsfragen – Kap. 9: Strategien gegen Existenzängste

1. Finanzielle Klarheit und Steuerung
   - Habe ich einen klaren Überblick über meine Einnahmen und Ausgaben?
   - Welche Ausgaben kann ich bewusst steuern oder reduzieren?
   - Welche Möglichkeiten zur finanziellen Absicherung habe ich bisher nicht genutzt?
   - Welche Ziele möchte ich in den nächsten 6 bis 12 Monaten erreichen – realistisch und machbar?
   - Welche kleinen Schritte kann ich heute gehen, um langfristige Stabilität aufzubauen?
2. Unterstützung und Beratung
   - Wer könnte mir bei finanziellen Fragen professionell weiterhelfen (z. B. Steuerberater*in, Gründerberatung, Kolleg*in)?
   - Nutze ich mein kollegiales oder privates Netzwerk ausreichend als Ressource, wenn mich Ängste belasten?
3. Selbstbild und Vergleiche
   - Wo neige ich dazu, mich mit anderen zu vergleichen – und was macht das mit mir?
   - Wo habe ich schon Fortschritte gemacht, die ich vielleicht unterschätze?
   - Wie definiere ich für mich persönlich „Sicherheit“ – und ist dieses Bild realistisch?
4. Gedanken, Gefühle und innere Haltung
   - Welche Gedanken verstärken meine Ängste – und welche könnten mich beruhigen?
   - Wie spreche ich innerlich mit mir, wenn ich mich unsicher oder bedroht fühle?
   - Welche inneren Glaubenssätze treiben meine Existenzängste an? (z. B. „Ich muss immer ausgebucht sein.“)
   - Wie kann ich diese Glaubenssätze überprüfen oder relativieren?

5. Achtsamkeit und emotionale Stabilität
   - Welche Achtsamkeitsübungen oder Rituale helfen mir, wieder ins Vertrauen zu kommen?
   - Was gibt mir im Moment emotionalen Halt?
   - Welche alltäglichen Routinen (z. B. Pausen, Bewegung, Austausch) unterstützen meine Stabilität?

Literatur

Mentzos, S. (1984). *Neurotische Konfliktverarbeitung*. Fischer.
Yalom, I. D. (2010). *Existenzielle Psychotherapie* (Dt. Ausgabe). EHP-Verlag.

Honorare – Die eigenen Interessen gut vertreten

10

▶ Das zehnte Kapitel verdeutlicht eindrücklich, dass die Frage der Honorargestaltung in der psychotherapeutischen Selbstständigkeit weit über rein betriebswirtschaftliche Aspekte hinausgeht. Sie ist nicht nur eine ökonomische Notwendigkeit, sondern zugleich Ausdruck einer professionellen Haltung und Selbstachtung. In der Art und Weise, wie Psychotherapeut*innen ihre Honorare festlegen, kommunizieren und vertreten, spiegelt sich die Wertschätzung der eigenen Arbeit wider. Das Honorar bildet dabei nicht lediglich den Preis für eine Stunde psychotherapeutischer Leistung ab, sondern symbolisiert auch die Einschätzung der therapeutischen Beziehung, die Verbindlichkeit des zeitlichen Rahmens sowie die persönliche Verfügbarkeit und Präsenz von Psychotherapeut*innen. Wer seine Arbeit zu niedrig oder uneinheitlich bewertet, läuft Gefahr, unbewusst die Bedeutung des therapeutischen Prozesses zu relativieren und die Begegnung weniger bedeutsam erscheinen zu lassen, als sie tatsächlich ist.

10.1 Das Honorar: Rechtliche Grundlagen und ethische Abwägungen

Wenn es um Geld geht, wird der Unterschied zwischen Kassensitz und Privatpraxis besonders deutlich. Wie Psychotherapeut*innen ihr Honorar gestalten und durchsetzen können, hängt maßgeblich von der jeweiligen Praxisform ab. In der vertragspsychotherapeutischen Praxis (Kassensitz) erfolgt die Vergütung über die Kassenärztliche Vereinigung (KV). Grundlage bildet der gesetzlich festgelegte Einheitliche Bewertungsmaßstab (EBM) mit

L. Seifert, *Eigene Praxis, eigene Wege - Herausforderungen und Chancen der Praxisgründung für (junge) PsychotherapeutInnen*, Psychotherapie: Therapiegestaltung & Praxismanagement,
https://doi.org/10.1007/978-3-662-72888-8_10

definierten Punktwerten und abrechenbaren Leistungen. Die Honorierung unterliegt damit klaren Grenzen: Psychotherapeut*innen können ihre Preise nicht individuell festlegen, sondern sind an Abrechnungsvorgaben, Dokumentationspflichten und Budgets gebunden. Die Vergütung erfolgt quartalsweise, was mit zeitlichen Verzögerungen bei den Einnahmen verbunden sein kann. Der große Vorteil liegt in der Zahlungssicherheit – Honorare werden zuverlässig über die KV abgerechnet, Zahlungsausfälle sind nahezu ausgeschlossen. Gleichzeitig empfinden viele Kassensitzinhaber*innen den finanziellen Spielraum als begrenzt: Selbst hohe Arbeitsbelastung spiegelt sich oft nur bedingt im Einkommen wider. In der Privatpraxis dagegen, richtet sich die Honorargestaltung nach der Gebührenordnung für Psychotherapeut*innen (GOP) bzw. der Gebührenordnung für Ärzt*innen (GOÄ, § 5).

Die Honorare sind somit nicht frei verhandelbar, sondern an die in der GOP bzw. GOÄ festgelegten Gebührensätze gebunden. Abweichungen hiervon sind nur auf Selbstzahlerbasis möglich – also wenn Patient*innen die Kosten eigenständig und ohne Erstattungsanspruch gegenüber einer Versicherung tragen. Innerhalb dieses Rahmens besteht dennoch ein gewisser Spielraum, etwa bei der Wahl des Steigerungsfaktors oder bei zusätzlichen Leistungen. Dies erfordert allerdings eine klare und transparente Kommunikation mit den Patient*innen, da Erstattungsfragen oder Ablehnungen durch private Versicherungen häufig zu organisatorischen und emotionalen Belastungen führen können. Honorarausfälle, verspätete Zahlungen oder Erstattungsstreitigkeiten gehören daher oft zum Alltag in der Privatpraxis.

Darüber hinaus spiegelt sich in der Honorargestaltung – trotz rechtlicher Vorgaben – stets auch die persönliche Haltung zu Wert, Arbeit und Verantwortung wider. Diese Dimension wird insbesondere in der Privatpraxis spürbar, wo ökonomische Entscheidungen stärker mit ethischen Überlegungen und Selbstverständnis als Therapeut*in verwoben sind. Während der Kassensitz finanzielle Stabilität und strukturelle Sicherheit bietet, verlangt die Privatpraxis ein höheres Maß an unternehmerischem Denken, Eigenverantwortung und kommunikativer Kompetenz, um ein nachhaltiges Einkommen zu sichern.

10.2 Das Ausfallhonorar: Terminverbindlichkeit und Ausfallregelung

In der psychotherapeutischen Praxis ist die Vereinbarung eines Ausfallhonorars ein wichtiges Instrument, um die wirtschaftliche Stabilität der Praxis zu sichern und gleichzeitig die therapeutische Beziehung zu schützen. Da Psychotherapeut**innen in der Regel in sogenannten Bestellpraxen arbeiten, bei denen Termine exklusiv für einzelne Patient**innen reserviert werden, führt ein kurzfristiger Ausfall zu einem direkten Einnahmeverlust, der nicht ohne Weiteres kompensiert werden kann. Das Ausfallhonorar kann rechtlich auf zwei Grundlagen gestützt werden (Psychotherapeutenkammer Berlin, 2015):

- **Annahmeverzug gemäß § 615 Satz 1 BGB:** Wenn ein Patient einen vereinbarten Termin ohne ausreichende Frist absagt oder unentschuldigt fehlt, kann dies als Annahme-

verzug gewertet werden. In diesem Fall behält der**die Psychotherapeut**in den Anspruch auf das Honorar, obwohl die Leistung nicht erbracht wurde.
- **Schadensersatzanspruch gemäß § 280 Abs. 1 und 3, 282, 241 Abs. 2 BGB:** Einige Gerichte sehen in der kurzfristigen Absage oder dem Nichterscheinen eine Verletzung der Nebenpflichten aus dem Behandlungsvertrag, was einen Schadensersatzanspruch begründen kann. Die Rechtsprechung ist in dieser Frage jedoch uneinheitlich, weshalb eine klare vertragliche Regelung empfohlen wird (Psychotherapeutenkammer Berlin, 2015).

Um rechtliche Klarheit zu schaffen, sollte das Ausfallhonorar schriftlich vereinbart werden. Die Psychotherapeutenkammer Berlin empfiehlt, diese Vereinbarung spätestens am Ende der probatorischen Sitzungen zu treffen – etwa im Behandlungsvertrag oder in den Allgemeinen Geschäftsbedingungen (AGB). Die Landespsychotherapeutenkammer Baden – Württemberg (2023) betont, dass Patient*innen hierbei nicht nur schriftlich, sondern auch mündlich über die Bedingungen informiert werden sollten, um Transparenz und Rechtssicherheit zu gewährleisten. Dabei ist zu beachten, dass die Höhe des Ausfallhonorars den üblichen Gebührensatz nicht übersteigen darf und angemessen sein sollte (Psychotherapeutenkammer Berlin, 2015). Neben den rechtlichen Aspekten sind auch ethische Überlegungen von Bedeutung. Das Ausfallhonorar dient nicht nur dem finanziellen Ausgleich, sondern auch der Wertschätzung der therapeutischen Arbeit und der Förderung von Verbindlichkeit in der therapeutischen Beziehung. Gleichzeitig sollte die Regelung so gestaltet sein, dass sie die Autonomie der Patient*innen respektiert und nicht als Sanktion empfunden wird. Eine transparente Kommunikation über die Gründe und Bedingungen des Ausfallhonorars ist daher unerlässlich (Psychotherapeutenkammer Berlin, 2015).

▶ **Wichtig** Klare Regeln schaffen Verbindlichkeit.

Die Höhe eines Ausfallhonorars in der psychotherapeutischen Praxis sollte sich grundsätzlich am üblichen Stundensatz orientieren, darf diesen jedoch nicht übersteigen. In der Praxis bewegen sich angemessene Ausfallpauschalen häufig zwischen 60 % und 80 % des vereinbarten Honorars. Diese Spanne berücksichtigt, dass die Psychotherapeut*in die ausgefallene Sitzung nicht kurzfristig neu vergeben konnte, aber eventuell für andere berufliche Aufgaben nutzen kann (Landespsychotherapeutenkammer Baden-Württemberg [LPK BW], 2023). Für gesetzlich versicherte Patient*innen ist besonders wichtig, denn ein Ausfallhonorar wird nicht von den Krankenkassen übernommen. Es muss daher privat abgerechnet werden, was eine klare und frühzeitige Kommunikation umso wichtiger macht. Wird ein Honorar ohne entsprechende Vereinbarung eingefordert, bestehen in einem möglichen Streitfall erhebliche Unsicherheiten hinsichtlich der rechtlichen Durchsetzbarkeit. Zudem verlangen Gerichte in der Regel, dass der Nachweis erbracht wird, dass der Termin nicht anderweitig vergeben werden konnte (LPK BW, 2023).

In der Kinder- und Jugendlichenpsychotherapie gestaltet sich der Umgang mit Ausfallhonoraren oft komplexer als in der Erwachsenenbehandlung. Hier sind es häufig die Eltern, die kurzfristig absagen, sich im Termin irren oder den Termin gar nicht wahrnehmen. Diese Situationen erfordern besonderes Fingerspitzengefühl und eine sensible, aber klare Kommunikation. Gerade im Erstgespräch sollte erklärt werden, dass regelmäßige Sitzungen nicht nur organisatorisch erforderlich, sondern auch therapeutisch wirksam sind – insbesondere für Kinder und Jugendliche, für die Kontinuität und Verlässlichkeit eine zentrale Rolle spielen (LPK BW, 2023). Gleichzeitig ist in Fällen wie plötzlicher Erkrankung, akuten familiären Belastungen oder Notfällen Kulanz angezeigt – auch im Sinne einer tragfähigen Beziehung zu den Bezugspersonen. Die Landespsychotherapeutenkammer Baden-Württemberg (2023) empfiehlt, in solchen Fällen individuelle Lösungen zu finden, solange die grundsätzliche Regelung des Ausfallhonorars transparent bleibt. Kulanz bedeutet also nicht Beliebigkeit, sondern basiert auf einem klaren Rahmen, innerhalb dessen nachvollziehbare Einzelfallentscheidungen getroffen werden können. Bei jugendlichen Patient*innen kann das Thema Eigenverantwortung auch aktiv in den therapeutischen Prozess integriert werden. In bestimmten Fällen kann es sinnvoll sein, symbolische Beiträge am Taschengeld zu orientieren, zum Beispiel ein reduziertes Ausfallhonorar, das Jugendliche selbst leisten oder symbolisch leisten sollen. Damit kann ein verantwortungsvoller Umgang mit der therapeutischen Zeit gefördert werden, ohne die Familie finanziell zu belasten (LPK BW, 2023).

Ein weiterer praxisrelevanter Aspekt im Zusammenhang mit Ausfallhonoraren betrifft den Fall eines frühzeitigen Therapieabbruchs durch Patient*innen. Wird eine laufende Therapie beendet – etwa aus persönlichen Gründen, fehlender Motivation oder plötzlichem Rückzug – stellt sich die Frage, ob vereinbarte Ausfallhonorare weiterhin gelten und ob bereits vereinbarte Termine dennoch abgerechnet werden können. Rechtlich gilt: Ein Therapieabbruch beendet die vertragliche Grundlage für zukünftige Sitzungen. Das heißt, nur bis zum Zeitpunkt der Beendigung können Ansprüche auf Ausfallhonorar bestehen – vorausgesetzt, für diese Sitzungen lagen verbindliche Terminvereinbarungen vor (LPK BW, 2023). Ein genereller „Vertragsbruch“ durch Patient*innen berechtigt nicht zur pauschalen Forderung von Ausfallhonoraren für alle ursprünglich geplanten Termine. In der Praxis bedeutet das: Termine, die nach einem erklärten oder faktischen Abbruch der Therapie liegen, dürfen nicht mehr mit einem Ausfallhonorar belegt werden, selbst wenn sie ursprünglich festgelegt wurden. Anders verhält es sich bei kurzfristigem Rückzug ohne klare Kommunikation – hier kann es je nach Einzelfall vertretbar sein, noch eine oder zwei Sitzungen in Rechnung zu stellen (wenn bereits terminiert), sofern eine individuelle Vereinbarung dies rechtlich deckt und die Patient*innen weiterhin nicht erreichbar sind. Auch hier ist jedoch Zurückhaltung und eine sorgfältige Abwägung zwischen juristischer Durchsetzbarkeit und therapeutischer Beziehungspflege geboten. Aus therapeutischer Sicht sollte ein vorzeitiger Abbruch möglichst offen thematisiert und gemeinsam reflektiert werden. Gerade in tiefenpsychologisch fundierten Therapien sind Abbruchimpulse häufig Ausdruck innerer Prozesse, Widerstände oder unausgesprochener Erwartungen.

Ein professioneller Umgang mit diesen Dynamiken – statt sofortiger Konfrontation mit finanziellen Forderungen – kann langfristig Vertrauen erhalten oder einen Wiedereinstieg ermöglichen. Empfehlenswert ist, bereits zu Beginn der Therapie schriftlich festzulegen, unter welchen Bedingungen ein Ausfallhonorar fällig wird und auch, wie im Falle eines Therapieabbruchs damit umgegangen wird. Eine klare Regelung schafft nicht nur rechtliche Sicherheit, sondern erleichtert auch den Umgang mit schwierigen Situationen, ohne dass es zu Missverständnissen oder Konflikten kommt (LPK BW, 2023).

▶ **Wichtig** Unklare Honorarvereinbarungen führen schnell zu Konflikten.

10.3 Das Ausfallhonorar als Spiegel therapeutischer Beziehung – Struktur, Verantwortung und innere Dynamik

Das Einfordern eines Ausfallhonorars ist weit mehr als eine organisatorische Maßnahme oder betriebswirtschaftliche Notwendigkeit – es ist ein Akt therapeutischer Rahmung und ein Spiegel der Beziehung zwischen Psychotherapeut*in und Patient*in. Viele Psychotherapeut*innen erleben gerade in den ersten Jahren eine innere Spannung, wenn es darum geht, eine verpasste Sitzung in Rechnung zu stellen. Hinter diesem Zögern stehen häufig nicht nur ökonomische Fragen, sondern tieferliegende Themen wie Grenzsetzung, Selbstwert und das Bedürfnis, gemocht oder verstanden zu werden. Gerade in psychodynamisch orientierten Verfahren, in denen das Unbewusste, Beziehungsmuster und innere Konflikte im Zentrum stehen, entfaltet das Thema *„nicht erschienene Stunde"* eine bedeutsame Symbolkraft. Denn Absagen, Zuspätkommen oder Nichterscheinen sind nicht selten Ausdruck einer inneren Dynamik – sie können Widerstand markieren, verdeckte Aggression ausdrücken, ambivalente Bindungsmuster spiegeln oder auch Prüfungen an den therapeutischen Rahmen darstellen. Das Verhalten im Außen verweist auf etwas Inneres, das sich häufig nicht in Worten, sondern in Handlung zeigt. Das konsequente Vertreten eines vorher klar kommunizierten Ausfallhonorars kann in diesem Kontext eine Intervention auf Beziehungsebene sein: Es macht deutlich, dass therapeutische Zeit wertvoll ist, dass Vereinbarungen Bedeutung haben und dass Verlässlichkeit keine Einbahnstraße ist. Es lädt ein, das Verhalten zu reflektieren: *„Was bedeutet es für Sie, heute nicht gekommen zu sein? Gab es inneren Widerstand? Wie ist es für Sie, dass der Termin trotzdem berechnet wird?"*. Diese Fragen öffnen einen Raum für emotionale Tiefenarbeit. Denn häufig aktiviert das Ausfallhonorar alte Themen: Scham, Schuld, Angst vor Ablehnung, Trotz, das Erleben von Strafe oder Autorität. In einer professionell gehaltenen Beziehung kann diese Konfrontation transformativ sein – wenn der/die Psychotherapeut*in nicht in Vorwurf oder Macht tritt, sondern in Haltung bleibt: klar, verstehensorientiert, empathisch. So wird das Ausfallhonorar zu einem Ort therapeutischer Wahrheit: Es zeigt, wie wir mit Verantwortung umgehen – auf beiden Seiten. Es modelliert Grenzen, nicht als starre Schranken, sondern als Form von Beziehungsangebot: *„Ich bin da, wenn Sie da sind. Ich nehme Sie ernst und erwarte, dass auch Sie die gemeinsame Arbeit achten."*. Damit dies gelingen kann, braucht es Klarheit im Vorfeld: Eine transparente, gut begründete Vereinbarung über das Ausfallhonorar, idealerweise schon im Erstgespräch, entlastet den späteren Moment der Umsetzung. Dann ist nicht das Honorar *„die Botschaft"*, sondern die Art, wie es kommuniziert und gehalten wird. Und genau darin liegt die eigentliche therapeutische Chance: Im Spannungsfeld zwischen Verbindlichkeit und Freiheit, zwischen Mitgefühl und Klarheit, zwischen Struktur und Beziehung.

> **Wichtig** Das Ausfallhonorar schützt nicht nur die ökonomische Basis der Praxis – es schützt auch den therapeutischen Raum: vor Entgrenzung, Entwertung und Verunsicherung. Es bewahrt die Form, damit sich in ihr etwas bewegen kann.

10.4 Umgang mit offenen Rechnungen – Professionell bleiben im Spannungsfeld von Wirtschaft und Beziehung

Um Situationen mit offenen Rechnungen professionell zu bewältigen, ist ein klares, sachliches und strukturiertes Vorgehen entscheidend. Gleichzeitig sollte der Umgang mit offenen Rechnungen stets die besondere Dynamik der therapeutischen Beziehung berücksichtigen. Kommt es zu Unstimmigkeiten – etwa wenn ein Ausfallhonorar nicht akzeptiert oder eine Rechnung als unverständlich empfunden wird – kann ein ruhiges, klärendes Gespräch hilfreich sein. In manchen Fällen bieten flexible Lösungen wie Ratenzahlungen oder eine einmalige kulante Regelung die Möglichkeit, die therapeutische Beziehung zu stabilisieren und Missverständnisse zu vermeiden. Wichtig ist jedoch: Kulanz darf nicht mit grenzenloser Nachgiebigkeit verwechselt werden. Werden Vereinbarungen wiederholt nicht eingehalten oder Zahlungen dauerhaft verweigert, ist der therapeutische Rahmen gefährdet. In solchen Fällen ist es notwendig, konsequent und professionell zu handeln – auch wenn dies bedeutet, eine Behandlung zu beenden oder rechtliche Schritte einzuleiten. Schuldgefühle sind an dieser Stelle fehl am Platz: Die Wahrung klarer Grenzen gehört ebenso zur professionellen Rolle wie die therapeutische Unterstützung selbst. Tab. 10.1 zeigt die einzelnen Schritte im Umgang mit Zahlungsverzug und bietet eine klare Orientierung für ein strukturiertes, zugleich respektvolles Vorgehen.

Die in Tab. 10.1 dargestellten Schritte greifen also erst dann, wenn es bereits zu einem Zahlungsverzug gekommen ist. Ebenso wichtig, vielleicht sogar noch bedeutsamer, ist jedoch die Prävention: Ein professionelles Forderungsmanagement setzt bereits lange vor der ersten Mahnung an. Klare Zahlungsbedingungen im Behandlungsvertrag schaffen Verbindlichkeit und vermeiden Missverständnisse. Transparenz und schriftliche Vereinbarungen geben beiden Seiten Sicherheit. Digitale Erinnerungsfunktionen oder automatisierte Abrechnungssysteme können den organisatorischen Aufwand erheblich reduzieren und sorgen dafür, dass Zahlungsprozesse im Hintergrund zuverlässig laufen, ohne dass die therapeutische Beziehung durch wiederholte Nachfragen belastet wird. Auch Vorauszahlungen oder Anzahlungen, insbesondere bei längern Behandlungsphasen, stärken die gegenseitige Verbindlichkeit und schützen vor finanziellen Risiken.

Tab. 10.1 Schritte im Umgang mit Zahlungsverzug

Schritt	Beschreibung
1. Freundliche Zahlungserinnerung	• Nach Ablauf der Zahlungsfrist eine wertschätzende, sachliche Erinnerung senden • Keine Schuldzuweisungen; oft liegt ein Missverständnis oder Vergessen vor • Klar, aber respektvoll formulieren: *„Bitte beachten Sie, dass die Rechnung vom [Datum] bisher nicht beglichen wurde. Ich möchte Sie daher freundlich an die Zahlung erinnern."*
2. Zweite Mahnung mit Fristsetzung	• Erfolgt keine Reaktion, zweite Erinnerung mit konkreter Frist (7–14 Tage) • Höflich, aber deutlich darauf hinweisen, dass bei Ausbleiben weitere Schritte folgen können
3. Letzte Mahnung mit Hinweis auf rechtliche Schritte	• Wenn auch die zweite Mahnung unbeantwortet bleibt, letzte Mahnung versenden • Hinweis auf mögliche rechtliche Schritte oder Einschaltung eines Inkassounternehmens
4.Externe Unterstützung: Inkasso oder Factoring	• Inkassounternehmen treiben offene Forderungen ein (gegen Gebühr/Beteiligung) • Factoring-Dienstleister kaufen offene Rechnungen an (70–90 % Auszahlung) und übernehmen Forderungsmanagement. • Vorteile: Schnelle Liquidität, Entlastung vom Mahnwesen • Nachteile: Geringerer Auszahlungsbetrag, Verlust des direkten Kontakts zum Schuldner – im therapeutischen Kontext sensibel abzuwägen

(Quelle: Eigene Darstellung)

Damit zeigt sich: Offene Rechnungen sind nicht nur eine ökonomische Frage, sondern berühren unmittelbar auch die emotionale Dimension der therapeutischen Beziehung. Ein klar strukturierter und gleichzeitig wertschätzender Umgang mit diesem Thema hilft, die professionelle Haltung zu wahren und die Beziehung zu stabilisieren. Wirtschaftlichkeit und therapeutische Qualität dürfen dabei nicht als Gegensätze verstanden werden, sondern als zwei Seiten derselben Medaille: Wer die eigene Arbeit achtet und für verlässliche Rahmenbedingungen sorgt, schafft auch für Patient*innen einen sicheren, respektvollen Raum.

▶ **Tipp** Musterformulierung für die Honorar- und Ausfallregelung im Behandlungsvertrag

1. **Honorar** (für Selbstzahler) Die psychotherapeutische Sitzung (Einzeltherapie, 50 min) wird mit einem Honorar von ___ Euro berechnet. Dieses Honorar wird privat in Rechnung gestellt. Eine Erstattung durch gesetzliche Krankenkassen erfolgt nicht. Die Abrechnung erfolgt monatlich/nach jeder Sitzung (bitte entsprechend anpassen).

2. **Terminabsagen und Ausfallhonorar:** Vereinbarte Termine sind verbindlich. Sollte ein Termin nicht wahrgenommen werden können, bitte ich um rechtzeitige Absage – spätestens 48 h vor dem vereinbarten Termin.

   Wird ein Termin nicht oder kurzfristig (wahlweise: innerhalb von 24 oder 48 h) abgesagt, behalte ich mir vor, ein Ausfallhonorar in Höhe von ___ Euro (wahlweise: 50 % / 100 % des vereinbarten Honorars) in Rechnung zu stellen, sofern der Termin nicht anderweitig vergeben werden kann. Das Ausfallhonorar ist eine Ausfallentschädigung für den reservierten Therapieplatz und nicht erstattungsfähig durch gesetzliche Krankenkassen. In begründeten Ausnahmefällen (z. B. plötzliche Erkrankung oder Notfall) kann im Einzelfall auf das Ausfallhonorar verzichtet werden.

3. **Besonderheiten bei Minderjährigen:** Bei der Therapie mit Minderjährigen liegt die Verantwortung für Terminwahrnehmung und rechtzeitige Absage bei den Sorgeberechtigten. Die Ausfallregelung gilt entsprechend auch in diesen Fällen. Ich bitte um Verständnis, dass auch hier ein Ausfallhonorar erhoben werden kann, wenn Termine nicht rechtzeitig abgesagt werden.

10.5 Fallbeispiel: Verantwortung übernehmen – Der Wert des Ausfallhonor ars

Eine Patientin, nennen wir sie Lisa, begann ihre Therapie bei mir, nachdem sie sich wegen starker Ängste und Selbstzweifel an mich gewandt hatte. Lisa war eine junge Frau Mitte 20, die in vielen Lebensbereichen Schwierigkeiten hatte, Verbindlichkeit zu zeigen. Sie wechselte oft ihre Jobs, brach Projekte ab und fühlte sich schnell überfordert. Diese Muster spiegelten sich auch in ihrer Beziehung zur Therapie wider. Nach den ersten Sitzungen, die vielversprechend verliefen, sagte Lisa kurzfristig eine Sitzung ab. Sie erklärte, dass sie ich an diesem Tag*einfach nicht in der Lage*" fühlte zu kommen. Ich akzeptierte die Absage und berechnete kein Ausfallhonorar, da ich ihr noch die Möglichkeit geben wollte, sich in den Therapieprozess einzufinden. Doch die Absagen häuften sich. Innerhalb weniger Wochen fehlte Lisa zwei weitere Male, jeweils mit kurzfristigen oder vagen Begründungen. Ich begann, mir Sorgen zu machen, ob sie sich der Therapie wirklich verpflichtet fühlte. Gleichzeitig zögerte ich, ein Ausfallhonorar einzufordern. Ich hatte das Gefühl, dadurch die Beziehung zu belasten oder Lisa zu verschrecken – eine Befürchtung, die ich später in der Supervision reflektierte. Nach der dritten Absage entschied ich, das Thema offen anzusprechen. In einer Sitzung erklärte ich Lisa die Bedeutung von regelmäßigen Terminen für den Therapieerfolg und thematisierte auch die Möglichkeit eines Ausfallhonorars. Ich wollte verstehen, was hinter ihren Absagen steckte, und gleichzeitig meine Grenzen klar kommunizieren. Lisa reagierte zunächst defensiv. Sie sagte, dass sie sich oft überwältigt fühle und Angst habe, bei unseren Sitzungen *„nicht gut genug"* zu sein. Es wurde deutlich, dass ihre Absagen nicht aus Unachtsamkeit erfolgten, sondern aus einem tieferen Gefühl der Überforderung und Selbstzweifel heraus. Sie hatte unbewusst versucht, sich durch Vermeidung vor den schwierigen Themen zu schützen, die wir in der Therapie aufarbeiteten. Ich erklärte Lisa, dass die Sitzungen einen festen Raum in ihrem Leben haben sollten, auf den sie sich verlassen kann – und den auch ich für sie freihalte. Ein Ausfallhonorar sei nicht als Bestrafung gedacht, sondern als klare Grenze und Wertschätzung für den therapeutischen Prozess. Gleichzeitig betonte ich, dass wir gemeinsam daran arbeiten könnten, die Gründe für ihre Absagen zu verstehen. Lisa akzeptierte die Regelung und sagte, dass sie die Einführung des Ausfallhonorars als fair empfinde. Es war ein Wendepunkt in unserer Arbeit. Sie begann, ihre Sitzungen zuverlässiger wahrzunehmen und sich den Herausforderungen in der Therapie zu stellen. Durch die Auseinandersetzung mit den verpassten Terminen öffnete sich Lisa für eine tiefere Reflexion über ihre Vermeidungsstrategien. Sie erkannte, dass sie nicht nur in der Therapie, sondern auch in anderen Lebensbereichen oft vor Verantwortung flüchtete, aus Angst zu versagen oder nicht zu genügen. Indem wir diese Muster besprachen und bearbeiteten, konnte Lisa lernen, verbindlicher zu sein und sich selbst mehr zuzutrauen. Gleichzeitig half mir dieser Fall, meine eigenen Grenzen klarer zu kommunizieren. Das Einfordern des Ausfallhonorars war für mich ein wichtiger Schritt, um meine Arbeit wertzuschätzen und eine klare Struktur in der therapeutischen Beziehung zu schaffen. Es zeigte mir, dass ich sowohl für die Patient*innen als auch für mich selbst Verantwortung übernehmen muss – eine Lektion, die ich in meiner Arbeit immer wieder anwende. Der Fall von Lisa zeigt, dass das Einführen und Einfordern eines Ausfallhonorars weit über die rein finanzielle Ebene hinausgeht. Es schafft eine klare Struktur, die sowohl die therapeutische Beziehung stärkt als auch unbewusste Vermeidungsstrategien der Patient*innen sichtbar macht. Gleichzeitig bietet es Psychotherapeut*innen die Möglichkeit, ihre Arbeit und ihre Grenzen zu wahren, was letztlich allen Beteiligten zugutekommt.

10.6 Fazit zu Kap. 10

Die Honorargestaltung in der psychotherapeutischen Praxis ist weit mehr als eine formale oder wirtschaftliche Notwendigkeit – sie ist Ausdruck professioneller Selbstachtung, struktureller Klarheit und therapeutischer Haltung. Ein angemessenes, transparent kommuniziertes Honorar, inklusive Ausfallregelung, schützt nicht nur die wirtschaftliche Basis der Praxis, sondern stabilisiert auch den therapeutischen Rahmen. Besonders das Thema Ausfallhonorar zeigt, wie eng ökonomische, rechtliche und psychodynamische Aspekte miteinander verwoben sind. Wer hier zögert, erlebt oft innere Konflikte: zwischen Wunsch nach Verständnis und Notwendigkeit der Grenzsetzung, zwischen Beziehungspflege und wirtschaftlicher Absicherung. Doch gerade diese Spannungsfelder bergen auch Potenzial für therapeutische Klärung und Wachstum – auf beiden Seiten. Ein klar formuliertes Ausfallhonorar stärkt die Verbindlichkeit, signalisiert Wertschätzung für die gemeinsame Zeit und macht Verantwortlichkeiten transparent. Es ist kein Ausdruck von Strenge oder Strafe, sondern ein Beitrag zur Rahmung eines professionellen Miteinanders. Dabei gilt: Kulanz ist möglich, aber nur im Rahmen klarer Regeln. Und professionelle Haltung bedeutet auch, offen mit Konflikten umzugehen – etwa im Falle unbezahlter Rechnungen, ohne dabei in Schuldzuweisungen oder Beziehungsstress zu geraten. Psychotherapeut*innen, die ihre eigenen Grenzen achten und den Wert ihrer Arbeit ernst nehmen, schaffen damit auch für ihre Patient*innen einen verlässlichen, respektvollen und stabilen Raum. Honorargestaltung ist damit nicht nur ein organisatorisches Detail, sie ist Teil der therapeutischen Botschaft: *„Ihre Zeit ist wertvoll – meine auch"*.

Checkliste zu Kap. 10

Kategorie	Maßnahmen/Empfehlungen
Klare Rahmenbedingungen schaffen	• Ausfallhonorar klar geregelt (Höhe, Frist, Ausnahmen) • Behandlungsvertrag mit Patient*innen abgeschlossen • Zahlungsfristen verständlich formuliert • Besonderheiten bei Selbstzahler*innen, Kindern und Jugendlichen berücksichtigt
Sicherheit durch Struktur	• Praxissoftware mit Rechnungs- und Mahnfunktion eingerichtet • Zahlungserinnerungen automatisiert oder regelmäßig geprüft • Übersicht über offene Rechnungen regelmäßig aktualisiert • Inkassostrategie (z. B. bei wiederholtem Zahlungsverzug) definiert • Vorgehen bei Mahnungen schriftlich standardisiert (z. B. 3-Stufen--Modell)
Inneres Gleichgewicht wahren	• Eigene Haltung zu Geld und Wert reflektiert • Schuldgefühle beim Einfordern von Honoraren erkannt und bearbeitet • Persönliche Grenzen zwischen Kulanz und Selbstschutz klar gezogen • Umgang mit Konflikten ruhig, klar und lösungsorientiert gestaltet • Supervision genutzt bei Unsicherheiten im Umgang mit Zahlungsschwierigkeiten
Prävention statt Reaktion	• Erstgespräche zur Klärung finanzieller Fragen genutzt • Eltern (bei Kindertherapie) frühzeitig über Ausfallregelung informiert • Zahlungsbereitschaft bei wiederholten Problemen thematisiert • Ratenzahlung als Möglichkeit vorbereitet • Im Zweifel frühzeitig externe Unterstützung in Betracht gezogen

Reflexionsfragen – Kap. 10: Finanzielle Interessen in der Praxis vertreten

1. Dokumentation und Transparenz
   – Habe ich alle finanziellen Rahmenbedingungen in meiner Praxis klar und nachvollziehbar dokumentiert?
   – Wo bin ich noch unklar oder unsicher in der Kommunikation mit Patient*innen?
   – Wie konsequent halte ich mich selbst an die getroffenen Vereinbarungen?
   – Nutze ich Erstgespräche konsequent zur finanziellen Aufklärung?

   - Wie proaktiv spreche ich heikle finanzielle Themen an?
2. Zahlungsübersicht und Mahnprozesse
   - Habe ich eine funktionierende Übersicht über alle offenen Zahlungen?
   - Wo verliere ich leicht den Überblick und was könnte mir dabei helfen?
   - Fühle ich mich vorbereitet für den Umgang mit wiederholtem Zahlungsverzug?
   - Wie transparent und konsistent ist mein Mahnprozess – auch für mich selbst?
   - In welchen Fällen habe ich zu lange gewartet, bevor ich reagiert habe?
   - Was hindert mich daran, frühzeitig externe Hilfe (z. B. rechtlich, organisatorisch) zu nutzen?
3. Innere Haltung zu Geld und Wert der Arbeit
   - Wie denke ich über Geld und den Wert meiner Arbeit – was prägt diese Haltung?
   - Wann spüre ich Schuld – oder Schamgefühle beim Einfordern von Zahlungen?
   - Wo bin ich zu nachgiebig und wo vielleicht zu rigide?
   - Wie gelingt es mir, Konflikte um Geld sachlich und professionell zu führen?
   - Wann könnte Supervision mir helfen, meine Haltung zu klären oder zu stärken?
4. Prävention und langfristige Strategien
   - Welche Maßnahmen zur Prävention haben sich für mich bereits bewährt?
   - Welche neuen Routinen oder Strukturen könnte ich einführen, um finanzielle Konflikte frühzeitig zu vermeiden?
   - Wie kann ich meine Praxisorganisation so gestalten, dass Zahlungskonflikte gar nicht erst entstehen?

Literatur

Landespsychotherapeutenkammer Baden-Württemberg. (2023). *Ausfallhonorar in der psychotherapeutischen Praxis.* https://www.lpk-bw.de/sites/default/files/fachportal/berufsrecht/ausfallhonorar-in-der-psychotherapeutischen-praxis.pdf. Zugegriffen: 16. Juli 2025.

Psychotherapeutenkammer Berlin. (2015). *Merkblatt: Ausfallhonorar.* https://www.psychotherapeutenkammer-berlin.de/system/files/merkblatt_ausfallhonorar_neu_endg._2_.pdf. Zugegriffen: 16. Juli 2025.

11 Zwischen Selbstzweifel und Wachstum – Der professionelle Umgang mit Rückschlägen und Kritik

▶ Die psychotherapeutische Arbeit ist nicht nur fachlich anspruchsvoll – sie ist auch emotional fordernd. Wer täglich mit den inneren Welten anderer Menschen in Beziehung tritt, ist immer auch mit der eigenen Verletzlichkeit, den eigenen Grenzen und dem eigenen Anspruch konfrontiert. Kritik, Unsicherheit, Widerstand oder Rückschläge sind dabei keine Ausnahme, sondern Teil der therapeutischen Realität. Gerade in den ersten Berufsjahren erleben viele Psychotherapeut*innen Kritik von Patient*innen als tief verunsichernd. Auch später bleiben Selbstzweifel nicht aus – sei es nach einem schwierigen Gespräch, einem Therapieabbruch oder in der Begegnung mit als „herausfordernd" empfundenen Patient*innen. Nicht selten lösen solche Situationen ein inneres Ringen aus: *„War mein Vorgehen richtig? Hätte ich anders reagieren müssen? Habe ich etwas übersehen?"*. Dieses Kapitel widmet sich genau diesen Momenten – den leisen Zweifeln, den unbequemen Rückmeldungen, den gefühlten Fehlern. Es zeigt, dass professionelles Wachstum nicht durch Perfektion entsteht, sondern durch die Fähigkeit, Fehler zu reflektieren, Kritik einzuordnen und auch in Unsicherheit handlungsfähig zu bleiben.

11.1 Die Realität von Therapieabbrüchen: Akzeptanz und professionelle Einordnung

Therapieabbrüche sind ein reguläres, wenn auch anspruchsvolles Phänomen im Berufsalltag von Psychotherapeut*innen. Laut dem Konzeptbericht zur Qualitätssicherung in der ambulanten Psychotherapie des IQTIG (2024) liegt die Therapieabbruchsquote in der

L. Seifert, *Eigene Praxis, eigene Wege - Herausforderungen und Chancen der Praxisgründung für (junge) PsychotherapeutInnen*, Psychotherapie: Therapiegestaltung & Praxismanagement,
https://doi.org/10.1007/978-3-662-72888-8_11

GKV je nach Patient*innengruppe, Störungsbild und Therapieform deutlich über 20 % – bei bestimmten Gruppen sogar signifikant höher. Diese Zahlen machen deutlich: Abbrüche sind kein Einzelfall, sondern Teil der Realität psychotherapeutischer Versorgung. Insbesondere in der frühen Berufspraxis können Therapieabbrüche mit Selbstzweifeln verbunden sein. Sie werfen Fragen auf, die belastend wirken können: *„War das therapeutische Vorgehen angemessen? Gab es Anzeichen für Überforderung? Hätte eine andere Intervention geholfen?"*. In der psychodynamischen Arbeit, in der Beziehungsgestaltung, Übertragung und emotionale Nähe zentrale Wirkfaktoren sind, kann ein vorzeitiger Abbruch emotional herausfordernd erlebt werden – insbesondere dann, wenn er plötzlich und ohne Begründung erfolgt. Doch aus fachlicher Sicht sind Therapieabbrüche häufig nicht Ausdruck mangelnder Kompetenz. Das IQTIG (2024) betont, dass Abbrüche vielfältige Ursachen haben, sowohl auf Patient*innen-Seite (z. B. mangelnde Passung, Alltagsbelastungen, emotionale Aktivierung) als auch im Prozess selbst (z. B. fehlende therapeutische Allianz, unrealistische Erwartungen, strukturelle Hürden wie Wartezeiten oder Terminprobleme). Besonders bei Patient*innen mit sozialen Ängsten, Persönlichkeitsakzentuierungen oder unsicher gebundenen Beziehungsmustern können Rückzugstendenzen, Scham oder Widerstand gegenüber Nähe und Verbindlichkeit zu einem Abbruch führen. Diese Dynamiken sollten nicht vorschnell als Scheitern gedeutet werden, sondern als Teil innerer Konfliktlagen verstanden werden, die sich auch in der therapeutischen Beziehung reinszenieren.

In psychodynamischen Verfahren können Therapieabbrüche eine projektive Funktion einnehmen – etwa in Form einer unbewussten Abwehr, eines Autonomiebedürfnisses oder zur Vermeidung von Abhängigkeit. Rückzug kann Ausdruck eines inneren Schutzmechanismus sein, der in früheren Beziehungserfahrungen verankert ist. Die therapeutische Beziehung fungiert in diesen Fällen nicht selten als Bühne, auf der ambivalente Bindungserfahrungen erneut durchlebt werden – einschließlich des wiederholten „Abbrechens". Aus der Perspektive der Verhaltenstherapie wird ein Therapieabbruch eher als Handlungs- und Motivationsphänomen verstanden. Fehlende Zielkongruenz, unzureichende Passung zwischen therapeutischen Methoden und den Erwartungen der Patient*innen oder Schwierigkeiten bei der Aufrechterhaltung von Motivation und Compliance können entscheidend sein. Hier liegt der Fokus häufig auf transparenter Zielvereinbarung, regelmäßiger Evaluation und Anpassung der Interventionen, um die Verbindlichkeit zu erhöhen und Abbrüchen vorzubeugen. Im systemischen Ansatz wiederum werden Therapieabbrüche im Kontext von Interaktionen und sozialen Systemen betrachtet. Ein Abbruch kann Ausdruck dafür sein, dass Patient*innen in ihrem Lebensumfeld neue Ressourcen mobilisieren oder dass bestimmte Muster der Veränderung außerhalb des therapeutischen Settings wirksam werden. Gleichzeitig kann ein Rückzug aus der Therapie auch eine Form der Selbstorganisation sein, die im Sinne des systemischen Prinzips der Autonomie respektiert wird. Hier liegt die Aufgabe darin, Abbrüche nicht vorschnell als Scheitern zu deuten, sondern sie in den größeren Beziehungs- und Lebenskontext einzuordnen. Dabei ist es hilfreich, zwischen dem eigenen therapeutischen Anteil und der Autonomieentscheidung der Patient*innen zu unterscheiden. Nicht jeder Abbruch lässt sich verhindern und nicht jeder ist therapeutisch sinnlos. Studien deuten darauf hin, dass auch nach einem formalen Therapieabbruch psychische Veränderungsprozesse weiterwirken können – etwa durch nachträgliche Integration oder durch spätere therapeutische Anschlussprozesse (IQTIG, 2024). Rückschläge, Brüche und Unsicherheiten gehören damit untrennbar zum psychotherapeutischen Arbeitsfeld. Sie sind nicht Ausdruck von Inkompetenz, sondern Teil einer Arbeit, die sich im Spannungsfeld von Beziehung, Dynamik und individueller Entwicklung vollzieht.

11.2 Fehler in der therapeutischen Herangehensweise: Lernen und Weiterentwicklung

Fehler sind ein unvermeidbarer Bestandteil psychotherapeutischer Praxis. In einem Arbeitsfeld, das stark von Beziehungsdynamik, individueller Prozesshaftigkeit und emotionaler Komplexität geprägt ist, lassen sich Fehlentscheidungen, Fehleinschätzungen oder ungünstige Interventionen nicht vollständig vermeiden. Vielmehr gehört der reflektierte Umgang mit Fehlern zu den professionellen Kernkompetenzen von Psychotherapeut*innen. Viele Fehler entstehen nicht aus Fahrlässigkeit, sondern aus dem ehrlichen Bemühen, den Patient*innen bestmöglich zu helfen. Gerade dieser Anspruch kann jedoch zu Überforderung, vorschnellen Interventionen oder einem Missverhältnis zwischen therapeutischem Tempo und der Belastbarkeit der Patient*innen führen. Ein typisches Beispiel aus der Praxis ist das zu schnelle Ansprechen belastender oder traumatischer Inhalte – in der Hoffnung, frühzeitig therapeutische Wirksamkeit zu erzielen. Wird dabei übersehen, dass die emotionale Verarbeitungsfähigkeit, das sogenannte Containment, der Patient*in nicht ausreicht, kann dies zu Rückzug, Überforderung oder gar Therapieabbrüchen führen. Ein weiterer häufiger Fehler zeigt sich im Umgang mit Widerständen. Verhalten wie Terminabsagen, Gesprächsvermeidung oder emotionale Distanziertheit werden in der Anfangszeit oft vorschnell als Desinteresse oder mangelnde Motivation gedeutet. Erst mit wachsender Erfahrung wird deutlich, dass es sich dabei meist um sinnvolle Abwehrreaktionen handelt, die vor Überforderung oder zu viel Nähe schützen sollen. Therapeutische Kompetenz zeigt sich deshalb nicht darin, solche Fehler gänzlich zu vermeiden, sondern vielmehr in der Fähigkeit, sie zu erkennen, zu reflektieren und konstruktiv in die therapeutische Beziehung zu integrieren. Fehlermanagement bedeutet in diesem Kontext eine Haltung professioneller Offenheit und kontinuierlicher Lernbereitschaft. Studien weisen darauf hin, dass ein konstruktiver Umgang mit Fehlern in psychosozialen Berufen nicht nur die Qualität der Behandlung verbessert, sondern auch zur emotionalen Entlastung der Behandelnden beiträgt. Aus dieser Perspektive wird deutlich, dass der therapeutische Prozess immer auch vom Tempo und Sicherheitsbedürfnis der Patient*innen bestimmt wird und Veränderung nicht linear verläuft. Widerstände sind nicht als Störung des Prozesses zu verstehen, sondern als wichtiger Hinweis auf zugrunde liegende Ängste, Konflikte oder unbewusste Schutzmechanismen. Fehler können so zu wertvollen Lerngelegenheiten werden, wenn sie im Rahmen von Supervision oder Intervision reflektiert und für die eigene

Weiterentwicklung genutzt werden. Ein achtsamer Umgang mit eigenen Fehlhaltungen setzt zugleich ein hohes Maß an Selbstmitgefühl voraus: Wer sich selbst mit Nachsicht und Respekt begegnen kann, stärkt nicht nur die eigene psychische Widerstandskraft, sondern sichert auch langfristig die berufliche Präsenz. Die therapeutische Beziehung bildet dabei stets den zentralen Anker. Ist sie tragfähig gestaltet, können Fehler innerhalb dieser Beziehung nicht nur aufgefangen und geklärt, sondern auch als Impuls für eine Vertiefung der gemeinsamen Arbeit genutzt werden. Ein professioneller Umgang mit Fehlern bedeutet somit nicht, Unfehlbarkeit anzustreben, sondern die Fähigkeit, mit Unvollkommenheit bewusst, achtsam und entwicklungsfördernd umzugehen – im Sinne der Patient*innen ebenso wie im Interesse der eigenen beruflichen Integrität. Ein besonderer Aspekt betrifft die Frage, wie Fehler gegenüber Patient*innen kommuniziert werden können. Hier ist ein sensibles Gleichgewicht gefragt: Transparenz fördert Vertrauen, während vorschnelle oder unbedachte Entschuldigungen die therapeutische Sicherheit untergraben können. Entscheidend ist eine klare, wertschätzende Sprache, die Verantwortung übernimmt, ohne Schuldgefühle zu verstärken. So kann etwa benannt werden, dass eine Intervention möglicherweise zu früh oder in einer Form erfolgt ist, die für Patient*innen belastend war, verbunden mit der Bereitschaft, das Vorgehen gemeinsam zu reflektieren und zu korrigieren. Eine solche Haltung signalisiert Authentizität, Professionalität und Respekt vor dem Erleben der Patient*innen. Wichtig ist, dass Fehlerkommunikation nicht defensiv oder rechtfertigend geschieht, sondern als Teil des therapeutischen Prozesses verstanden wird. Damit wird die Beziehung nicht geschwächt, sondern gestärkt, da sie zeigt, dass auch im Umgang mit Unvollkommenheit Offenheit und Entwicklung möglich sind.

▶ **Wichtig** Fehler sind Lernchancen, keine Niederlagen.

11.3 Der Umgang mit Kritik: Reflexion, Haltung und digitale Öffentlichkeit

Kritik gehört zum professionellen Alltag in der Psychotherapie. Sie kann offen, zurückhaltend oder auch indirekt geäußert werden – etwa durch Widerstand, Therapieabbruch oder nonverbale Signale in der therapeutischen Beziehung. Kritische Rückmeldungen stellen oft eine wertvolle Informationsquelle dar, wenn es darum geht, therapeutisches Vorgehen, Haltungen oder Beziehungsmuster zu reflektieren. Insbesondere in psychodynamischen Verfahren ist Kritik häufig Teil der Übertragungs- und Gegenübertragungsdynamik. Ein professioneller Umgang mit Kritik verlangt die Fähigkeit, zwischen berechtigtem Feedback, projektiven Zuschreibungen und emotionalen Reaktionen zu differenzieren. Eine offene Fehlerkultur trägt wesentlich zur professionellen Weiterentwicklung und zur psychischen Entlastung in psychosozialen Berufen bei. Mit der zunehmenden Sichtbarkeit psychotherapeutischer Angebote im Internet entsteht eine neue Form von Rückmeldung – öffentliche Bewertungen auf Portalen wie Jameda, Google oder spezialisierten Gesundheitsplattformen. Während konstruktive Rückmeldungen dort hilfreich sein können, stellen einseitige, anonyme oder emotional aufgeladene Bewertungen eine besondere Belastung dar – insbesondere, wenn sie nicht innerhalb der therapeutischen Beziehung, sondern nachträglich und ohne Kontext kommuniziert werden. Besonders problematisch sind dabei Bewertungen, bei denen Rückmeldung mit Abrechnung, Diagnosestellung oder persönlichen Bewertungen der Psychotherapeut*innenrolle vermischt werden, ohne dass ein professioneller Austausch möglich ist. Da Patient**innen häufig dabei anonym bleiben, ist eine therapeutische Klärung oft ausgeschlossen. Psychotherapeut**innen sind in diesen Situationen doppelt gefordert – fachlich wie emotional.

Professioneller Umgang mit Online-Kritik

Reflexion statt Reaktion: Zunächst sollte jede Bewertung mit innerer Distanz analysiert werden. Es ist hilfreich, sich zu fragen, welche Anteile der Kritik auf mögliche blinde Flecken hinweisen und welche auf Übertragung oder Enttäuschung zurückzuführen sein könnten.

Rechtlicher Rahmen: Psychotherapeut**innen haben das Recht, gegen rufschädigende, falsche oder beleidigende Inhalte vorzugehen. Laut Bundesgerichtshof* (BGH, 2016) *sind Bewertungsportale verpflichtet, nach einer Beschwerde den Sachverhalt zu prüfen und ggf. anonymisierte Stellungnahmen beider Seiten einzuholen. Rechtsberatung, etwa über Berufsverbände oder spezialisierte Anwält**innen, kann hier unterstützen.

Keine öffentlichen Gegendarstellungen mit Fallbezug: Aus Gründen der Schweigepflicht und des Datenschutzes ist eine individuelle Entgegnung auf Bewertungen nicht erlaubt. Öffentliche Antworten müssen allgemein, sachlich und datenschutzkonform gehalten werden.

Prävention durch Transparenz: Eine klar strukturierte Website, transparente Praxisinformationen, klare Honorarvereinbarungen und offene Kommunikation im Erstgespräch helfen, spätere Missverständnisse zu vermeiden.

Psychologische Entlastung: Der Austausch in Supervision oder kollegialen Gruppen hilft, emotionale Belastung zu verarbeiten und Bewertungen nicht vorschnell als persönliche Kritik zu interpretieren.

Der professionelle Umgang mit Kritik, ob im therapeutischen Raum oder auf öffentlichen Plattformen, ist Teil des beruflichen Selbstverständnisses. Während direkte Kritik im Therapieprozess oft integrativ bearbeitet werden kann, stellt digitale Kritik eine besondere Herausforderung dar. Sie verlangt Klarheit, Selbstschutz und die Fähigkeit, zwischen Beziehungskonflikt und öffentlicher Wirkung zu unterscheiden. Wer sich frühzeitig mit möglichen Szenarien befasst, transparente Strukturen schafft und sich im Umgang mit digitaler Kritik unterstützen lässt, kann auch diese Form von Rückmeldung konstruktiv einordnen. Letztlich ist es nicht die Bewertung selbst, sondern der reflektierte Umgang damit, der die Qualität der therapeutischen Haltung zeigt.

▶ **Tipp** Kritik dokumentieren und reflektieren statt abwehren.

11.4 Fallbeispiel: Ein jugendlicher Patient mit Schulängsten – Herausforderungen in der therapeutischen Beziehung

Ein besonders prägender Fall in meiner Arbeit war der eines jugendlichen Patienten, den seine Eltern zu mir in die Therapie schickten, weil er unter starken Schulängsten litt. Bereits in der ersten Sitzung wurde deutlich, dass der Junge keine eigene Motivation hatte, an der Therapie teilzunehmen. Seine Eltern hatten ihn angemeldet, weil sie sich Sorgen machten, dass er sich zunehmend zurückzog, den Schulbesuch verweigerte und zu Hause kaum über seine Ängste sprach. Sie hofften, dass die Therapie eine Lösung für die Situation bieten könnte. Als der Jugendliche in den Therapieraum kam, wirkte er sichtlich unwohl. Er setzte sich widerwillig auf den Stuhl, verschränkte die Arme vor der Brust und blickte meist auf den Boden oder zur Seite. Schon sein Körperausdruck zeigte deutlich: „Ich will hier nicht sein." Als ich versuchte, ein Gespräch aufzubauen und ihm offene Fragen stellte, antwortete er meist mit einem Schulterzucken oder einem kurzen „*Weiß nicht*". Wenn er sprach, waren seine Sätze knapp und emotionslos. Oft wich er meinen Blicken aus, und ich hatte das Gefühl, dass er die gesamte Situation – die Therapie, mich als Therapeutin und vielleicht sogar seine Eltern – auf die Probe stellte. Nach der ersten Sitzung war ich frustriert. Ich wusste, dass die fehlende Motivation des Patienten eine große Herausforderung darstellt, doch ich hatte gehofft, zumindest einen kleinen Zugang zu ihm finden zu können. Stattdessen schien er jede Interaktion abzuwehren, und ich hatte das Gefühl, gegen eine unsichtbare Wand zu arbeiten. Auch in den folgenden Sitzungen änderte sich wenig an seinem Verhalten. Er kam regelmäßig, weil seine Eltern darauf bestanden, aber er zeigte keine Bereitschaft, sich auf die Gespräche einzulassen. Jede Sitzung war geprägt von langen Schweigepausen, knappen Antworten und einer Körpersprache, die Ablehnung ausdrückte. Es fühlte sich an, als ob er sich innerlich verschlossen hielt und mich und die Therapie nur „aussitzen" wollte. In dieser Phase stellte ich mir nach jeder Sitzung viele Fragen: *„Habe ich etwas falsch gemacht?", „Könnte ich anders mit ihm sprechen, um ihn zu erreichen?", oder sogar: „Bin ich überhaupt die richtige Therapeutin für ihn?"* Diese Unsicherheiten nagten an mir, und es fiel mir schwer, das Gefühl loszuwerden, dass ich scheiterte – sowohl als Therapeutin als auch in meiner Fähigkeit, eine Beziehung zu ihm aufzubauen. Die Arbeit mit diesem Patienten war nicht nur fachlich herausfordernd, sondern auch emotional belastend. Als Therapeut*in hat man den Wunsch, Veränderung zu ermöglichen, Patient* innen zu helfen und für sie da zu sein. Doch wenn jemand sich weigert, dieses Angebot anzunehmen, und jede Bemühung abblockt, entsteht leicht das Gefühl des Scheiterns. Besonders als junge*r Therapeut*in, die noch am Anfang ihrer beruflichen Entwicklung steht, kann es schwer sein, solche Fälle nicht persönlich zu nehmen. Ich fühlte mich oft machtlos und fragte mich, ob ich vielleicht etwas übersehen hatte oder ob ich mit einer anderen Herangehensweise mehr erreichen könnte. Gleichzeitig hatte ich das Gefühl, in jeder Sitzung gegen eine unsichtbare Wand anzukämpfen, ohne zu wissen, ob ich Fortschritte machte oder nur im Kreis lief. Ein entscheidender Wendepunkt in meiner Arbeit mit diesem Patienten war die Reflexion in der Supervision. Hier konnte ich die Dynamik der Sitzungen aus einer objektiveren Perspektive betrachten. Mein Supervisor half mir zu erkennen, dass die Ablehnung und der Widerstand des Jugendlichen nicht mir persönlich galten, sondern vielmehr Ausdruck seiner eigenen Unsicherheit und Überforderung waren. Der Patient befand sich in einer Situation, die er nicht selbst gewählt hatte – seine Eltern hatten entschieden, ihn in Therapie zu schicken. Für ihn war dies vielleicht eine Bedrohung seiner Autonomie und ein weiterer Ort, an dem er das Gefühl hatte, nicht die Kontrolle zu haben. Ich begann zu verstehen, dass sein Schweigen und seine knappen Antworten keine Ablehnung meiner Person waren, sondern Schutzmechanismen. Seine Schulängste hatten dazu geführt, dass er sich zunehmend zurückgezogen hatte, und die Therapie war für ihn eine neue, möglicherweise angsteinflößende Erfahrung. Sein Widerstand war ein Weg, sich vor weiteren Enttäuschungen oder unangenehmen Gefühlen zu schützen. Durch diese Erkenntnisse konnte ich meine eigenen Erwartungen und Selbstzweifel besser regulieren. Ich verstand, dass Therapie ein Angebot ist, keine Garantie. Es liegt letztlich beim Patienten, ob und wie er dieses Angebot annimmt. Meine Aufgabe ist es, den Raum offen und sicher zu halten und ihn in seinem Tempo an die Arbeit heranzuführen. Diese Einsicht war ein wichtiger Schritt in meiner beruflichen Entwicklung. Ich begann, die Sitzungen mit mehr Geduld und weniger Druck zu gestalten. Statt aktiv auf Fortschritte zu drängen, ließ ich dem Jugendlichen Zeit, sich an die Situation zu gewöhnen. Ich versuchte, seine Bedürfnisse hinter dem Widerstand zu sehen, und akzeptierte, dass kleine Fortschritte – wie ein längerer Satz oder ein Moment des Augenkontakts – in diesem Fall bedeutungsvoll waren. Der Fall dieses jugendlichen Patienten hat mir gezeigt, wie wichtig es ist, geduldig zu bleiben und die Haltung des Patienten nicht als Bewertung meiner Arbeit zu verstehen. Ich lernte, dass Widerstand oft ein wertvolles Signal ist, das auf die inneren Konflikte und Bedürfnisse des Patienten hinweist. Statt den Widerstand zu bekämpfen, kann es hilfreicher sein, ihn anzunehmen und zu verstehen. Dieser Fall lehrte mich auch, meine eigenen Grenzen zu akzeptieren. Therapie ist ein komplexer Prozess, der von vielen Faktoren beeinflusst wird – nicht alles liegt in der Hand der Psychotherapeut*in. Das zu erkennen, hat mir geholfen, meinen Beruf mit mehr Gelassenheit und Selbstvertrauen auszuüben. Letztlich sind es gerade die schwierigen Fälle, die uns als Psychotherapeut*innen wachsen lassen und unsere Fähigkeiten vertiefen.

11.5 Fazit zu Kap. 11

Fehler und Rückschläge sind in einem Berufsfeld, das mit komplexen innerpsychischen Dynamiken arbeitet, unvermeidlich. Sie entstehen nicht aus Nachlässigkeit, sondern oft aus einem hohen Verantwortungsgefühl oder aus dem Wunsch, wirksam zu sein. Doch die Erkenntnis, dass Perfektion in der Therapie nicht existiert, ist ein entscheidender Wendepunkt: Therapie ist kein linearer Weg mit planbarem Erfolg, sondern ein gemeinsamer Prozess mit Umwegen, Brüchen und Lernmomenten – für beide Seiten. Jede schwierige Sitzung, jede Konfrontation mit Grenzen, jedes Missverständnis kann – wenn es reflektiert und bearbeitet wird – zu einer Vertiefung des therapeutischen Prozesses führen. Rückschläge zeigen, wo noch etwas nicht stimmig ist; sie weisen auf blinde Flecken hin, machen unbewusste Muster sichtbar oder fordern zur Verlangsamung und Präzisierung auf. Wer diese Momente nicht als Scheitern, sondern als Lernfeld begreift, erweitert seine professionelle Kompetenz und emotionale Tiefe. Die therapeutische Beziehung selbst wird zur Quelle der Entwicklung: Wenn es gelingt, Spannungen anzusprechen, Missverständnisse zu klären und gemeinsam weiterzugehen, stärkt das nicht nur die Bindung, sondern auch das Vertrauen der Patient*innen in zwischenmenschliche Prozesse und das Vertrauen der Psychotherapeut*in in die eigene Wirksamkeit. Letztlich sind es nicht die „reibungslosen" Therapieverläufe, die am meisten prägen, sondern jene, die Mut, Geduld, Selbstmitgefühl und Klarheit erfordern. Wahres professionelles Wachstum entsteht nicht trotz der Herausforderungen – sondern durch sie.

Checkliste zu Kap. 11

Kategorie	Maßnahmen/Empfehlungen
Haltung zu Fehlern & Rückschlägen	• Fehler als Lernchancen begreifen – nicht als persönliches Versagen. • Selbstmitgefühl praktizieren und unrealistische Ansprüche an sich selbst hinterfragen. • Rückschläge als normale Bestandteile des therapeutischen Prozesses akzeptieren. • Zwischen Verantwortung und Überverantwortung unterscheiden: Nicht alles liegt in der Hand der Psychotherapeut*in.
Therapeutische Haltung & Prozessverständnis	• Das Tempo der Patient*innen respektieren, statt Veränderung zu erzwingen. • Widerstände nicht bekämpfen, sondern als Ausdruck innerer Konflikte deuten. • Abbrüche oder Kritik nicht vorschnell als Scheitern bewerten. • Offenheit für verschiedene therapeutische Perspektiven bewahren.
Ressourcen für Selbstreflexion und Stabilität	• Regelmäßige Supervision. • Kollegiale Beratung (Intervision) zur Selbstreflexion nutzen. • Eigene Selbsterfahrung oder therapeutische Begleitung in Anspruch nehmen, um persönliche Themen zu klären. • Psychohygiene betreiben: Ausgleich durch Hobbys, Bewegung, soziale Kontakte.
Kommunikation & Umgang mit Kritik	• Konstruktives Feedback von Patient*innen annehmen und reflektieren. • Kritik nicht vorschnell abwehren, sondern auf mögliche blinde Flecken prüfen. • Transparenz üben: Verantwortung übernehmen, ohne Schuldgefühle zu verstärken. • In digitalen Kontexten: Distanz wahren, rechtliche Rahmenbedingungen beachten, keine Fallbezüge öffentlich kommentieren.

Kategorie	Maßnahmen/Empfehlungen
Selbstfürsorge & Belastungsregulation	• Frühzeitig Warnsignale von Überlastung erkennen (z. B. Erschöpfung, Gereiztheit, Schlafprobleme). • Grenzen setzen: Arbeitszeiten und Pausen bewusst einhalten. • Bei Bedarf professionelle Unterstützung einholen (Coaching, Therapie). • Achtsamkeit, Meditation oder andere Entspannungstechniken nutzen.
Professionelles Wachstum	• Lernbereitschaft kultivieren: Fachliteratur, Fort- und Weiterbildungen regelmäßig einbeziehen. • Eigene Fehler und Unsicherheiten als Anstoß für Weiterentwicklung begreifen. • Erfolge bewusst wahrnehmen und wertschätzen. • Sich selbst als „lebenslang Lernende*n" begreifen und damit den Druck der Perfektion reduzieren.

Reflexionsfragen – Kap. 11: Schlüsselstrategien im Umgang mit Rückschlägen und Fehlern

1. Selbstzweifel und Selbstkritik
   - Welche Situation hat bei mir zuletzt starke Selbstzweifel ausgelöst und warum?
   - In welchen Momenten neige ich dazu, zu streng mit mir selbst zu sein?
   - Wie gehe ich mit dem Gefühl um, etwas übersehen oder falsch gemacht zu haben?
   - Welche Gedanken verstärken meine Selbstkritik und welche könnten sie relativieren?
   - Woher stammen meine hohen Ansprüche an mich und dienen sie mir oder belasten sie mich?
2. Lernen aus Rückschlägen
   - Wie kann ich Kritik konstruktiv nutzen, ohne mich persönlich abzuwerten?
   - Welche Fehler haben mir bereits wichtige Einsichten ermöglicht?
   - Wie kann ich Rückschläge als Chance für Wachstum sehen, ohne ihre Schwere kleinzureden?
   - Was hilft mir, zwischen einmaligen Fehlern und wiederkehrenden Mustern zu unterscheiden?
3. Unterstützung und kollegialer Austausch
   - Welche Rolle spielt Supervision in meinem Umgang mit Rückschlägen?
   - Was würde ich einer Kolleg*in raten, die sich nach einem Fehler belastet fühlt und wie wende ich diesen Rat auf mich selbst an?
   - Fühle ich mich frei genug, Fehler und Unsicherheiten offen in meinem Netzwerk anzusprechen?
   - Welche Formen von Feedback stärken mich und welche schwächen mich eher?

4. Resilienz und Selbstfürsorge
   - Welche Strategien helfen mir, nach einem Rückschlag wieder in Balance zu kommen?
   - Welche Ressourcen (z. B. Routinen, persönliche Kontakte, Achtsamkeit) stabilisieren mich in solchen Momenten?
   - Wie erinnere ich mich in belastenden Situationen an meine bisherigen Erfolge?
   - Was bedeutet für mich „Fehlerfreundlichkeit" und wie kann ich sie kultivieren?

Literatur

Bundesgerichtshof. (2016). *Bundesgerichtshof Ärztebewertungsportals. Urteil vom 01.* bin/rechtsprechung/document.py?Gericht=bgh&Art=en&Datum=Aktuell&nr=73851&linked=pm. Zugegriffen: 19. Juli 2025.

Institut für QualitÄtssicherung und Transparenz im Gesundheitswesen (IQTIG). (2024). *QualitÄtssicherungsverfahren Ambulante Psychotherapie.* https://www.g-ba.de/downloads/39–261-6890/2024-10-17_DeQS-RL_Freigabe-IQTIG-Bericht_Konzept-Therapieabbruch-QS-amb-PT.pdf. Zugegriffen: 19. Juli 2025.

Landespsychotherapeutenkammer Baden-Württemberg. (2023). *Das Ausfallhonorar in der psychotherapeutischen Praxis.* https://www.lpk-bw.de/sites/default/files/fachportal/berufsrecht/ausfallhonorar-in-der-psychotherapeutischen-praxis.pdf. Zugegriffen: 19. Juli 2025.

Psychotherapeutenkammer Berlin. (2015). *Merkblatt: Ausfallhonorar.* https://www.psychotherapeutenkammer-berlin.de/system/files/merkblatt_ausfallhonorar_neu_endg._2_.pdf Zugegriffen: 19. Juli 2025.

Ein Leben in Balance – Selbstfürsorge als berufliche Notwendigkeit

12

▶ Die psychotherapeutische Tätigkeit erfordert nicht nur fachliche Kompetenz, sondern auch ein hohes Maß an emotionaler Präsenz und innerer Stabilität. Zwischen anspruchsvollen Therapiesitzungen, administrativen Aufgaben und kontinuierlicher Fortbildung geraten viele Psychotherapeut*innen an die Grenze ihrer Belastbarkeit. Eine dauerhaft gesunde Berufsausübung ist daher nur möglich, wenn Selbstfürsorge aktiv praktiziert und die eigene Work-Life-Balance bewusst gestaltet wird. Das zwölfte Kapitel beleuchtet die psychischen, organisatorischen und strukturellen Anforderungen im psychotherapeutischen Berufsalltag und zeigt Wege auf, wie Regeneration, berufliche Präsenz und persönliche Zufriedenheit in Einklang gebracht werden können.

12.1 Die psychische Belastung im therapeutischen Alltag

Die psychotherapeutische Tätigkeit erfordert ein hohes Maß an emotionaler Präsenz, Konzentration und innerer Stabilität. Besonders in psychodynamischen Verfahren, in denen die therapeutische Beziehung selbst ein zentrales Wirkprinzip darstellt, ist die kontinuierliche Auseinandersetzung mit unbewussten Konflikten, existenziellen Themen und psychischer Not Teil des Alltags. Psychotherapeut*innen sind dabei nicht nur Zuhörende, sondern emotionale Mittragende: Sie halten Affekte, spiegeln Beziehungserfahrungen, deuten Verhaltensmuster und begleiten Menschen durch Krisen, Verlusterfahrungen und Identitätsumbrüche. Diese intensive emotionale Einbindung kann, trotz professioneller Distanz, psychisch sehr fordernd sein. Hinzu kommt, dass viele Inhalte der Sitzungen nachwirken: Bestimmte Geschichten, emotionale Zustände oder Übertragungsmuster las-

L. Seifert, *Eigene Praxis, eigene Wege - Herausforderungen und Chancen der Praxisgründung für (junge) PsychotherapeutInnen*, Psychotherapie: Therapiegestaltung & Praxismanagement,
https://doi.org/10.1007/978-3-662-72888-8_12

sen sich nicht immer mit dem Ende der Sitzung abschließen. Gerade wenn Themen wie Traumata, Suizidalität oder schwere Beziehungskonflikte zur Sprache kommen, besteht die Gefahr einer emotionalen Übersättigung oder unbewussten Identifikation.

In psychodynamischen Settings sind Psychotherapeut*innen zudem gefordert, komplexe Übertragungs- und Gegenübertragungsprozesse differenziert zu reflektieren. Dies verlangt nicht nur analytische Klarheit, sondern auch eine kontinuierliche Selbstwahrnehmung und emotionale Selbststeuerung. Die therapeutische Arbeit ist somit kein neutraler Dienstleistungsprozess, sondern eine zutiefst zwischenmenschliche, bindungsorientierte und beziehungsdynamische Tätigkeit – mit entsprechenden Auswirkungen auf das innere Erleben der Behandelnden. Ohne adäquate Möglichkeiten zur Entlastung, Supervision und Regeneration kann diese emotionale Dauerbelastung langfristig zu psychischer Erschöpfung führen. Die psychotherapeutische Arbeit wird im Außen oft ausschließlich mit der direkten Arbeit am Patienten oder der Patientin in Verbindung gebracht. Weniger sichtbar, aber nicht minder relevant, ist jedoch die Vielzahl an administrativen und organisatorischen Aufgaben, die den Berufsalltag mitbestimmen, insbesondere in der eigenen Praxis. Dazu zählen u. a. die Terminverwaltung, Organisation von Wartelisten und ggf. Koordination mit Angehörigen, Jugendämtern oder anderen Behandler*innen. Hinzu kommen Abrechnungsvorgänge mit der Kassenärztlichen Vereinigung oder privaten Abrechnungsstellen, Dokumentationspflichten, das Führen von Verlaufsberichten und die Einhaltung gesetzlicher Aufbewahrungsfristen. Ein besonders zeit- und nervenintensives Feld stellt der Datenschutz dar: Die Einhaltung der DSGVO, die sichere digitale Kommunikation (z. B. über KIM-Dienste), der Umgang mit sensiblen Gesundheitsdaten, sowie die Verantwortung für technische Sicherheit (Passwortschutz, Verschlüsselung, Zugriffskontrollen) verlangen regelmäßige Aktualisierungen und Aufmerksamkeit. Oft geschieht all dies außerhalb der eigentlichen Arbeitszeit, in Pausen oder nach den Sitzungen. Parallel dazu besteht der Anspruch an kontinuierliche berufliche Weiterbildung: Psychotherapeut*innen sind verpflichtet, Fortbildungspunkte zu sammeln und sich fachlich weiterzuentwickeln. Diese Verpflichtung ist aus Gründen der Qualitätssicherung sinnvoll, bedeutet jedoch einen fortwährenden zeitlichen, kognitiven und emotionalen Aufwand. Seminare, Fachliteratur, interdisziplinärer Austausch, Qualifikationsnachweise und die Vorbereitung auf neue gesetzliche Anforderungen (z. B. ePA, eRezept, TI-Pflichten) müssen mit dem laufenden Praxisbetrieb in Einklang gebracht werden. Neben all diesen beruflichen Belastungen wird häufig vergessen, dass auch Psychotherapeut*innen ein Privatleben führen – mit eigenen familiären, gesundheitlichen oder finanziellen Herausforderungen. Persönliche Krisen, Pflegeverantwortung, Partnerschaftskonflikte oder Erziehungsaufgaben können zusätzliche Stressoren darstellen, die nicht an der Praxistür enden. Wenn keine klaren Grenzen gezogen und keine gezielten Erholungsphasen geschaffen werden, entsteht eine gefährliche Dauerbelastung, die sich nicht nur auf das eigene Wohlbefinden, sondern auch auf die therapeutische Arbeit negativ auswirken kann. Ohne strukturierte Planung und bewusste Priorisierung kann die Summe dieser „unsichtbaren Aufgaben" zur chronischen Überforderung führen – nicht selten, ohne dass die betroffene Person den wachsenden Druck zunächst bemerkt. Die Gefahr besteht darin, dass diese Aufgaben

„nebenbei" erledigt werden sollen, sich jedoch stetig summieren und in ihrer Wirkung ebenso erschöpfend sind wie die therapeutische Tätigkeit selbst (Rehahn-Sommer, 2020).

12.2 Erste Anzeichen von Erschöpfung erkennen

Psychische Erschöpfung im psychotherapeutischen Beruf entwickelt sich selten abrupt – vielmehr handelt es sich meist um einen schleichenden Prozess, der über lange Zeit hinweg unbemerkt bleibt oder aktiv verdrängt wird. In helfenden Berufen ist das Risiko besonders hoch, Belastungssymptome zu übersehen oder zu bagatellisieren. Ein stark idealisiertes berufliches Selbstbild, das von Durchhaltevermögen, Empathie und Verantwortungsgefühl geprägt ist, kann dabei zur Selbstgefährdung beitragen. Frühe Warnzeichen psychischer oder emotionaler Erschöpfung sind oft unspektakulär und werden daher leicht übersehen. Typische Symptome umfassen (Rehahn-Sommer, 2020):

- **Emotionale Erschöpfung:** Gefühle innerer Leere, zunehmende Reizbarkeit, emotionale Distanz oder Abgestumpftheit gegenüber Patient*innen.
- **Motivationsverlust:** Abnehmende Freude an der Arbeit, Widerwillen gegenüber bestimmten Patient*innen oder Desinteresse an Fortbildung und Supervision.
- **Kognitive Überlastung:** Konzentrationsprobleme, Gedankenkreisen, Vergesslichkeit oder Probleme bei der Strukturierung des Arbeitsalltags.
- **Psychosomatische Beschwerden:** Schlafstörungen, muskuläre Verspannungen, Kopfschmerzen oder Magen-Darm-Beschwerden ohne erkennbare organische Ursachen.
- **Sozialer Rückzug:** Abnahme privater Kontakte, emotionale Erreichbarkeit fast ausschließlich im beruflichen Kontext, Vernachlässigung eigener Interessen.
- **Verlust professioneller Distanz:** Übermäßige Identifikation mit Patient*innen, Schwierigkeiten beim Abschalten nach der Arbeit, Gefühle von Ohnmacht oder Überforderung.

Wird diesen Warnsignalen nicht frühzeitig begegnet, kann sich ein chronischer Erschöpfungszustand entwickeln, der sowohl die therapeutische Wirksamkeit als auch die eigene Gesundheit nachhaltig beeinträchtigt. Die Betroffenen laufen Gefahr, Empathie zu verlieren, in affektive Übertragungen zu geraten oder die Beziehungsgestaltung zu vernachlässigen – alles zentrale Faktoren für eine erfolgreiche Psychotherapie (Rehahn-Sommer, 2020). Gerade deshalb ist Selbstfürsorge kein „Nice-to-have", sondern berufliche Pflicht. Regelmäßige Supervision, klare Abgrenzung zwischen Berufs- und Privatleben, aktiver sozialer Austausch und das Wahrnehmen eigener Grenzen gehören zu einem professionellen Umgang mit Belastungssymptomen. Ein professioneller Umgang mit Erschöpfung beginnt mit der Erlaubnis, sie wahrzunehmen – nicht als Zeichen von Schwäche, sondern als Hinweis auf die Grenzen des eigenen Energiehaushalts in einem emotional fordernden Beruf.

▶ **Warnung** Anhaltende Erschöpfung ist ein Alarmzeichen – nicht ignorieren.

12.3 Die Bedeutung der Selbstfürsorge

Selbstfürsorge ist keine private Nebensache, sondern eine zentrale berufliche Pflicht im psychotherapeutischen Kontext. Wer täglich mit den psychischen Belastungen anderer Menschen arbeitet, braucht einen stabilen inneren Kompass, emotionale Ressourcen und klare Grenzen – all das lässt sich nur durch gezielte Fürsorge für das eigene Wohlbefinden aufrechterhalten. Selbstfürsorge umfasst weit mehr als gelegentliche Entspannungsrituale oder Urlaube; sie ist ein kontinuierlicher Prozess der Selbstwahrnehmung, Selbstregulation und bewussten Abgrenzung. Wie Rehahn-Sommer (2020) betont, zeigt sich professionelle Haltung nicht nur in der Fürsorge für Patient*innen, sondern auch im verantwortungsvollen Umgang mit der eigenen psychischen Gesundheit. Dazu gehört, Frühwarnzeichen wie emotionale Erschöpfung, Gereiztheit oder Schlafprobleme ernst zu nehmen und geeignete Maßnahmen einzuleiten – etwa durch Supervision, Intervision, persönliche Reflexionsräume oder psychotherapeutische Unterstützung im Bedarfsfall. Selbstfürsorge bedeutet auch, Ressourcen zu stärken, anstatt nur Defizite zu kompensieren. Das kann durch ausreichend Schlaf, Bewegung, soziale Kontakte, kreative Aktivitäten oder spirituelle Praxis geschehen – je nach individueller Persönlichkeit und Lebenssituation. Wichtig ist, dass solche Ressourcen nicht als „Belohnung“ für geleistete Arbeit verstanden werden, sondern als notwendiger Bestandteil eines gesunden Berufslebens. Ein weiterer wichtiger Aspekt ist die Fähigkeit zur Abgrenzung: Wer therapeutisch arbeitet, steht in einem ständigen Spannungsverhältnis zwischen Einfühlung und professioneller Distanz. Selbstfürsorge heißt in diesem Kontext auch, nicht allen emotionalen Impulsen zu folgen, Sitzungen innerlich abschließen zu können und sich nicht über die Arbeit zu definieren. Nicht zuletzt ist Selbstfürsorge auch eine Frage der Struktur und Organisation: realistische Zeitplanung, klare Grenzen zwischen Arbeits- und Freizeit, Verzicht auf permanente Erreichbarkeit und die aktive Gestaltung von Erholungsphasen sind essenzielle Schutzfaktoren vor chronischer Überlastung. Nur wer sich selbst im Blick behält, kann auch langfristig für andere da sein – achtsam, präsent und wirksam (Rehahn-Sommer, 2020). Trotz klarer Strategien erleben viele Psychotherapeut*_innen innere Konflikte, wenn sie beruflichen Anforderungen Grenzen setzen._ Schuldgefühle _sind dabei ein häufiges Begleitsymptom – etwa beim Ablehnen neuer Patient_*innen, bei Urlaubsplanung oder dem Wunsch nach Entlastung. Diese Gefühle entspringen oft einem internalisierten Idealbild: ständig verfügbar zu sein, Verantwortung allein zu tragen und nie zur Belastung zu werden. Typische Gedanken können sein: _„Ich muss helfen, wenn jemand leidet“, „Wenn ich absage, enttäusche ich meine Patient*innen“, „Ich darf keine Lücke in der Versorgung entstehen lassen“._ Diese Haltung mag aus Mitgefühl entstehen, birgt jedoch das Risiko einer chronischen Selbstüberforderung. Sie kann langfristig zu Erschöpfung, Irritation in der therapeutischen Beziehung und einer Abwertung der eigenen Bedürfnisse führen. Ein professioneller Umgang mit diesen inneren Konflikten bedeutet nicht, Empathie oder Engagement zu verlieren – sondern zu erkennen, dass Selbstschutz und therapeutische Wirksamkeit keine Gegensätze sind. Wer die eigenen Grenzen respektiert, kann sie auch glaubwürdig vertreten und bietet damit ein Modell für Selbstverantwortung und Selbstfürsorge, das Patient*innen häufig selbst erst lernen müssen.

12.4 Fallbeispiel: Der Wendepunkt in meiner Work-Life-Balance

Besonders prägend war eine Woche, in der ich mir bewusst machte, wie sehr ich mich überforderte. Ich hatte an fünf aufeinanderfolgenden Tagen jeweils sechs Patient*innen, daneben stundenlange Fortbildungsvideos geschaut und meine Abrechnung für den Monat vorbereitet. Jede Nacht schlief ich schlecht, weil ich immer wieder überlegte, ob ich etwas vergessen hatte oder ob ich genügend Patient*innen gewinnen würde, um die Praxis langfristig zu halten. Am Ende dieser Woche fühlte ich mich völlig ausgelaugt. In einer Sitzung mit einer Patientin, die über ihre eigenen Überforderungsgefühle sprach, spürte ich plötzlich, wie meine Konzentration nachließ. Ich war gedanklich nicht bei ihr, sondern überlegte, wie ich die nächste Aufgabe in meinem Kalender bewältigen sollte. Dieser Moment erschreckte mich zutiefst, denn ich wusste, dass ich meinen Patient*innen gegenüber immer präsent sein wollte – doch genau das konnte ich in diesem Zustand nicht mehr leisten. In meiner nächsten Supervisionssitzung sprach ich offen über diese Erfahrung. Meine Supervisorin hörte mir aufmerksam zu und stellte schließlich eine Frage, die mich ins Nachdenken brachte: *„Wie sieht es eigentlich mit Ihrer eigenen Balance aus? Sie helfen Ihren Patient*innen, ein gesundes Gleichgewicht zu finden – aber tun Sie das auch für sich selbst?“*. Diese Frage war ein Wendepunkt. Sie machte mir bewusst, dass ich in meinem Wunsch, eine erfolgreiche Praxis aufzubauen und meinen Patient*innen gerecht zu werden, meine eigenen Bedürfnisse völlig vernachlässigt hatte. Die Erschöpfung, die ich fühlte, war ein Warnsignal, das ich nicht länger ignorieren konnte. Nach diesem Gespräch begann ich, bewusste Schritte zu unternehmen, um eine bessere Balance zwischen Beruf und Privatleben zu finden:

- **Feste Arbeitszeiten:** Ich legte klare Arbeitszeiten fest, die ich konsequent einhielt. Ab 17 Uhr schloss ich die Praxis ab und kümmerte mich nach 19 Uhr nicht mehr um berufliche Aufgaben.
- **Freie Wochenenden:** Ich plante bewusst Wochenenden ein, an denen ich keine Fortbildungen oder beruflichen Verpflichtungen wahrnahm. Diese Zeit war nur für mich und meine Familie reserviert.
- **Pausen zwischen den Sitzungen:** Statt einen Termin direkt an den nächsten zu reihen, baute ich kurze Pausen ein, in denen ich durchatmen und mich sammeln konnte.
- **Selbstfürsorge- Rituale:** Ich begann, mir jeden Tag 30 min für eine Aktivität zu nehmen, die mir Freude bereitete – sei es ein Spaziergang, ein Buch zu lesen oder einfach eine Tasse Kaffee in Ruhe zu genießen.

Ein paar Wochen nach diesen Veränderungen bemerkte ich eine deutliche Verbesserung in meiner Arbeit. Ich war wieder präsenter in den Sitzungen, konnte mich besser auf die Themen meiner Patient*innen einlassen und hatte mehr Energie für die täglichen Herausforderungen der Praxis. Besonders in emotional belastenden Sitzungen half es mir, zu wissen, dass ich nach der Arbeit Zeit für mich selbst eingeplant hatte, um abzuschalten und Kraft zu tanken. Eine Patientin, die mich schon seit Beginn meiner Praxiszeit besuchte, bemerkte den Unterschied sogar: „Sie wirken in letzter Zeit viel entspannter" sagte sie in einer Sitzung. Diese Worte bestätigten mir, dass die bewusste Entscheidung, für mich selbst zu sorgen, nicht nur mir, sondern auch meinen Patient*innen zugutekam. Heute weiß ich, dass Selbstfürsorge kein Zeichen von Schwäche, sondern eine Voraussetzung für eine nachhaltige und erfolgreiche Arbeit als Psychotherapeut*in ist.

12.5 Fazit zu Kap. 12

Psychotherapeutische Arbeit erfordert nicht nur fachliches Wissen, sondern auch ein hohes Maß an emotionaler Präsenz, Reflexionsfähigkeit und innerer Stabilität. Diese Ressourcen stehen jedoch nicht unbegrenzt zur Verfügung – sie müssen gepflegt, geschützt und regelmäßig erneuert werden. Selbstfürsorge ist dabei kein persönliches Zusatzprogramm, sondern eine zentrale Voraussetzung für eine langfristig gesunde und wirksame Berufsausübung. Wer therapeutisch arbeitet, trägt Verantwortung – nicht nur für andere, sondern auch für sich selbst. Warnzeichen wie emotionale Erschöpfung, Rückzug oder körperliche Beschwerden dürfen nicht übergangen werden, sondern sind ernstzunehmende Signale für notwendige Kurskorrekturen. Gelebte Selbstfürsorge bedeutet, sich Raum für Erholung, Reflexion und persönliche Entwicklung zu nehmen. Sie zeigt sich in klaren Grenzen, realistischer Arbeitsplanung, guter Organisation und in der Bereitschaft, eigene Bedürfnisse ebenso zu achten wie die der Patient*innen. Auch der Umgang mit Schuldgefühlen ist Teil dieser Haltung: Es ist nicht unethisch, sich selbst zu schützen, sondern professionell. Am Ende ist Selbstfürsorge kein Widerspruch zur therapeutischen Verantwortung, sondern ihre Grundlage. Nur wer gut für sich sorgt, kann auf Dauer präsent, mitfühlend und wirksam für andere da sein und die psychotherapeutische Tätigkeit als das Leben, was sie sein kann: sinnstiftend, verbindend und erfüllend.

Checkliste zu Kap. 12

Kategorie	Maßnahmen/Empfehlungen
Arbeitszeit & Struktur	• Feste Arbeitszeiten definiert und eingehalten • Regelmäßige Pausen zwischen den Sitzungen eingeplant • Wochenenden oder freie Tage bewusst arbeitsfrei gehalten
Emotionale Selbstfürsorge	• Eigene emotionale Reaktionen regelmäßig reflektiert • Professionelle Distanz in belastenden Therapiesituationen gewahrt • Regelmäßige Supervision und/oder Intervision wahrgenommen
Erholung & Freizeit	• Täglich Zeit für persönliche Erholung eingeplant (z. B. Spaziergänge, Lesen) • Urlaube und freie Tage langfristig geplant • Freizeitaktivitäten gepflegt, die nichts mit dem Beruf zu tun haben

Kategorie	Maßnahmen/Empfehlungen
Organisation & Delegation	• Praxistätigkeiten klar strukturiert und priorisiert • Administrative Aufgaben effizient organisiert oder delegiert • Technische Hilfsmittel (z. B. Praxissoftware) zur Entlastung genutzt
Grenzen & Erreichbarkeit	• Berufliche E-Mails und Telefonate außerhalb der Arbeitszeit vermieden • Grenzen gegenüber Patient*innen respektvoll kommuniziert • Realistische Erwartungen an sich selbst formuliert (kein Perfektionsanspruch)

Reflexionsfragen – Kap. 12: Selbstfürsorge und Work-Life-Balance in der psychotherapeutischen Praxis

1. Abschalten und Regeneration
   - Wie gut gelingt es mir, nach der Arbeit innerlich abzuschalten?
   - Welche Strategien helfen mir, eine klare Grenze zwischen Beruf und Privatleben zu ziehen?
   - Welche Signale meines Körpers oder meiner Psyche überhöre ich vielleicht?
   - Wo überschreite ich regelmäßig meine eigenen Belastungsgrenzen?
2. Kraftquellen und Routinen
   - Was gibt mir im Alltag Kraft – und wann habe ich das zuletzt bewusst genutzt?
   - Welche Routinen oder Rituale unterstützen mich in meiner Selbstfürsorge?
   - Welche kleinen Alltagsmomente (z. B. Spaziergänge, Musik, soziale Kontakte) nähren meine Resilienz?
   - Wie regelmäßig gönne ich mir Zeiten für Freude und Kreativität jenseits der Arbeit?
3. Umgang mit Belastung und Schuldgefühlen
   - Wie gehe ich mit Schuldgefühlen um, wenn ich mir eine Pause nehme?
   - Woher kommen meine inneren Antreiber („Ich muss immer verfügbar sein" o. Ä.) und wie kann ich sie relativieren?
   - Wann habe ich zuletzt eine Pause eingelegt, die mir wirklich gutgetan hat?
   - Wie erkenne ich frühzeitig Warnsignale für Überlastung, bevor es zu viel wird?
4. Unterstützung und soziale Ressourcen
   - Wen oder was kann ich um Unterstützung bitten, wenn ich mich überlastet fühle?
   - Habe ich ein stabiles Netzwerk, auf das ich mich in schwierigen Phasen verlassen kann?
   - Welche Unterstützung wünsche ich mir von Kolleg*innen und wie kann ich sie aktiv einfordern?
   - In welchen Bereichen könnte ich Aufgaben abgeben, um mehr Raum für Selbstfürsorge zu schaffen?

Literatur

Rehahn-Sommer, S. (2020). Psychische Gesundheit von Psychotherapeuten: Pflicht zur Selbstfürsorge. *Deutsches Ärzteblatt, PP 2020, 18*(12), 551–553.

Rentabilität der eigenen Praxis – Ein realistischer Blick auf Einnahmen und Belastung

13

▶ Die Eröffnung einer eigenen psychotherapeutischen Praxis ist für viele Psychotherapeut*innen ein bedeutender Schritt in die berufliche Selbstständigkeit. Mit der Freiheit, die eigene Arbeit selbst zu gestalten, gehen jedoch auch wirtschaftliche Fragen einher, die nicht zu unterschätzen sind. Spätestens nach den ersten organisatorischen Hürden stellt sich eine entscheidende Frage: *„Lässt sich mit einer eigenen Praxis tatsächlich gut leben und unter welchen Voraussetzungen?"*. Eine realistische Einschätzung der Rentabilität erfordert mehr als einen Blick auf die Anzahl der behandelten Patient*innen. Entscheidend sind auch strukturelle Rahmenbedingungen wie der Standort der Praxis, der Status des Kassensitzes sowie die persönlichen Belastungsgrenzen. Das dreizehnte Kapitel zeigt, nur wer Einnahmen und laufende Kosten differenziert betrachtet, kann fundierte Entscheidungen treffen und langfristig erfolgreich arbeiten, ohne die eigene Gesundheit zu gefährden.

13.1 Finanzielle Rahmenbedingungen einer Praxis

Die wirtschaftliche Stabilität einer psychotherapeutischen Praxis hängt von zahlreichen Faktoren ab und sollte bereits bei der Praxisgründung systematisch durchdacht werden. Grundsätzlich gilt: Eine Praxis ist ein Unternehmen und wie jedes Unternehmen muss sie langfristig wirtschaftlich tragfähig sein. Das bedeutet, die Einnahmen müssen nicht nur die laufenden Kosten decken, sondern auch einen angemessenen Überschuss erzielen, der den Lebensunterhalt der Praxisinhaber*in sichert. Entscheidend für die Einkommenshöhe sind neben der tatsächlichen Patientenzahl insbesondere der Abrechnungstyp (gesetzlich,

L. Seifert, *Eigene Praxis, eigene Wege - Herausforderungen und Chancen der Praxisgründung für (junge) PsychotherapeutInnen*, Psychotherapie: Therapiegestaltung & Praxismanagement,
https://doi.org/10.1007/978-3-662-72888-8_13

privat, Selbstzahler), sowie die regionalen Rahmenbedingungen. Zwar ist die Vergütung pro Therapiesitzung in der gesetzlichen Krankenversorgung bundesweit einheitlich geregelt, doch variieren die Lebenshaltungskosten, Mietpreise und sonstigen Betriebskosten je nach Standort erheblich (Gross, 2017). Darüber hinaus bestimmen mehrere strukturelle Komponenten die wirtschaftliche Tragfähigkeit einer Praxis:

- **Regionale Unterschiede:** Wie bereits erwähnt, haben Standortfaktoren erheblichen Einfluss auf die Rentabilität. In Ballungsräumen sind etwa Miete und Lebenshaltung oft deutlich teurer als in ländlichen Regionen – auch wenn die Vergütung pro Sitzung gleich bleibt.
- **Art des Kassensitzes:** Ein voller Kassensitz ermöglicht grundsätzlich eine höhere Auslastung und damit ein größeres Einkommen. Gleichzeitig erfordert er aber auch ein höheres Arbeitsvolumen, mehr Verwaltungsaufwand und meist deutlich höhere Fixkosten als ein halber Sitz.
- **Patientenauslastung:** Die Anzahl der wöchentlichen Therapiesitzungen wirkt sich unmittelbar auf die Einnahmesituation aus. Mehr Sitzungen bedeuten mehr Einkommen – gleichzeitig aber auch eine stärkere emotionale und organisatorische Belastung. Eine realistische Einschätzung der eigenen Belastungsgrenze und die Bereitschaft, diese mit wirtschaftlichen Überlegungen in Einklang zu bringen, sind daher essenziell.

Die ökonomische Tragfähigkeit einer psychotherapeutischen Praxis lässt sich also nicht pauschal bestimmen, sondern hängt stets vom Zusammenspiel individueller, struktureller und regionaler Faktoren ab. Im kassenärztlichen System bemisst sich das Einkommen im Wesentlichen an der Zahl der durchgeführten Therapiesitzungen und dem aktuell gültigen Vergütungssatz pro Sitzung. Bei einer Vollauslastung mit 36 Therapiesitzungen pro Woche – ergänzt durch rund 15 h administrativer Tätigkeiten – über 43 Arbeitswochen im Jahr, lässt sich eine Modellrechnung aufstellen: Bei einem aktuellen Vergütungssatz von etwa 112 € pro Sitzung (Stand 2025, orientiert am Einheitlichen Bewertungsmaßstab – EBM) ergibt sich ein jährliches Bruttoeinkommen von rund 173.376 €. Nach Abzug der durchschnittlichen Praxiskosten in Höhe von etwa 43.000 € verbleibt ein Gewinn vor Steuern von ungefähr 130.000 €. Dieser Betrag stellt das maximale Einkommen dar, das mit einer rein kassenärztlichen Praxis bei voller Auslastung erreichbar ist – zusätzliche Einnahmen aus Privatpatient*innen oder Selbstzahlerleistungen können das Einkommen weiter erhöhen. Davon abzuziehen sind allerdings noch alle persönlichen Abgaben, insbesondere Steuern und Sozialversicherungen (Gross, 2017).

In Privatpraxen oder im nicht-klinischen Bereich sind die Einkommensverhältnisse weit weniger standardisiert. Hier reichen die Honorare von unter 80 € bis zu mehreren Hundert Euro pro Stunde – je nach Zielgruppe, Auftragsart und Anbieterprofil. Während einige Kolleg*innen im Coaching- oder Unternehmensberatungsbereich mit Tagessätzen von bis zu 5000 € arbeiten, kämpfen andere mit einer geringen Auslastung oder prekären Honoraren, besonders in sozialen Einrichtungen oder im Bereich der Erwachsenenbildung. Gerade in diesen Bereichen zeigt sich die Relevanz einer durchdachten Honorarpolitik. Eine transparente Honorarstruktur, eine klare Untergrenze für das Mindesthonorar und gegebenenfalls die bewusste Entscheidung für „pro bono"-Leistungen können helfen, die Balance zwischen Wirtschaftlichkeit und sozialer Verantwortung zu wahren – und gleichzeitig das professionelle Selbstbild zu stärken (Gross, 2017).

Nicht zu unterschätzen sind die laufenden Kosten, die über Jahre hinweg konstant anfallen: Miete, Versicherungen, Fortbildungen, IT-Infrastruktur und weitere betriebliche Ausgaben summieren sich erheblich. Schon kleine Einsparungen, etwa durch eine gut verhandelte Miete, können über die Jahre zu spürbaren finanziellen Vorteilen führen. Ein kontinuierlicher Überblick über Einnahmen und Ausgaben – idealerweise quartalsweise aufgeschlüsselt – ist essenziell, um wirtschaftlich vorausschauend zu planen. Denn nur wer die eigene finanzielle Lage kennt, kann rechtzeitig auf Veränderungen reagieren und die Praxis dauerhaft rentabel führen (Gross, 2017).

▶ **Wichtig** Rentabilität misst sich nicht nur in Zahlen.

Doch was bedeutet „Rentabilität" eigentlich – und wie unterschiedlich zeigt sie sich, je nachdem, ob man mit Kassensitz oder als Privatpraxis arbeitet? Die wirtschaftliche Tragfähigkeit einer psychotherapeutischen Praxis hängt stark von der gewählten Struktur ab. Während der Kassensitz langfristig stabile, planbare Einnahmen bietet, zeichnet sich die Privatpraxis durch unternehmerische Flexibilität und Gewinnchancen aus – allerdings auch durch ein höheres Risiko schwankender Umsätze.

Inhaber*innen eines **Kassensitzes** profitieren von einem kontinuierlichen Patient*innenstrom und einer gesicherten Grundauslastung. Die Honorare werden über die Kassenärztliche Vereinigung abgerechnet, was Zahlungsausfälle praktisch ausschließt. Gleichzeitig begrenzen die festen Punktwerte und Budgetierungen den finanziellen Spielraum: Mehr Arbeit bedeutet nicht automatisch deutlich mehr Einkommen. Fixkosten (z. B. Personal, Praxisräume, Versicherungen, technische Infrastruktur) sind dauerhaft zu tragen, was bei Krankheit oder Ausfall wirtschaftlich belastend sein kann.Trotzdem bleibt die Rentabilität hoch, wenn eine solide Auslastung erreicht ist – viele Kassensitzpraxen bewegen sich nach Steuern und Abzügen in einer stabilen Gewinnspanne von 60 000 € bis 90 000 € jährlich (je nach Region und Wochenstundenumfang).

In der **Privatpraxis** sind die Startkosten oft geringer, doch die Einkommensentwicklung verläuft weniger linear. Entscheidend ist die tatsächliche Auslastung: Bei 15 bis 20 h pro Woche lässt sich ein gutes Einkommen erzielen, sofern die Patient*innen regelmäßig zahlen und keine längeren Leerzeiten entstehen. In einkommensstarken Regionen kann die Privatpraxis deutlich profitabler sein als ein Kassensitz, während sie in ländlichen Gebieten mit geringerer Kaufkraft schnell an Grenzen stößt. Die Rentabilität hängt hier stärker von Marketing, Positionierung und Spezialisierung ab als von strukturellen Rahmenbedingungen.Der Kassensitz bietet finanzielle Sicherheit und planbare Rentabilität – ideal für Therapeut*innen, die Stabilität, Struktur und langfristige Absicherung schätzen.Die Privatpraxis erfordert mehr Eigeninitiative, birgt größere Schwankungen, kann dafür aber – bei klarer Positionierung – wirtschaftlich sehr erfolgreich sein. Entscheidend ist letztlich nicht das Modell, sondern die Passung zwischen Persönlichkeit, Zielgruppe und Lebensphase.

13.2 Fallbeispiel: Der Weg zur erfolgreichen Praxis – Lohnt es sich?

Als ich meine Praxis eröffnete, war ich voller Euphorie und Hoffnungen. Die Idee, endlich selbstständig zu arbeiten und meine Patient*innen individuell zu begleiten, war ein lang ersehnter Traum. Doch die Realität der Praxisgründung war anfangs eine Mischung aus Herausforderungen, Unsicherheiten und kleinen Erfolgen, die mir Schritt für Schritt zeigten, ob sich der Aufwand tatsächlich lohnte. In den ersten Monaten war es schwer, die Praxis auszulasten. Obwohl ich die Räume frisch renoviert und eine ansprechende Website erstellt hatte, blieben die Anfragen zunächst aus. Die ersten Wochen verbrachte ich oft in einer leeren Praxis – bereit, Patient*innen zu empfangen, die nicht kamen. Das war nicht nur emotional frustrierend, sondern auch finanziell belastend. Die Miete für die Praxisräume, die Versicherungen und die laufenden Fixkosten liefen weiter, während die Einnahmen kaum ausreichten, um diese zu decken. Ich begann, an meiner Entscheidung zu zweifeln: *„Hätte ich mich lieber anstellen lassen sollen? War es ein Fehler, einen Kassensitz zu kaufen?“*. Diese Fragen begleiteten mich täglich, und ich fragte mich, ob ich die Kosten jemals wieder hereinholen würde. Nach etwa drei Monaten begann sich die Situation zu ändern. Durch gezielte Patientenakquise – darunter persönliche Anschreiben an Hausärzt*innen, Netzwerktreffen und eine stärkere Online-Präsenz – stieg die Anzahl der Anfragen langsam. Bald hatte ich etwa zehn bis fünfzehn Sitzungen pro Woche, was gerade ausreichte, um die Fixkosten zu decken. Es war ein erster Lichtblick. Ich begann, meine Einnahmen genauer zu analysieren. Mit einem Honorar von ca. 112 € pro Sitzung konnte ich mit 15 Sitzungen pro Woche etwa 7224 € brutto im Monat verdienen. Nach Abzug der Kosten blieb mir zwar noch kein großer Gewinn, aber ich konnte die laufenden Ausgaben decken und sogar eine kleine Rücklage bilden. Es war ein erster Schritt in Richtung Stabilität. Nach einem Jahr hatte ich es geschafft, meine Praxis nahezu auszulasten. Mit durchschnittlich 25 Sitzungen pro Woche war ich endlich auf einem finanziell stabilen Niveau. Meine Einnahmen lagen nun bei 12.040 € brutto pro Monat, und nach Abzug der Fixkosten von ca. 2100 € und variablen Kosten von 5900 € blieb ein Reingewinn von etwa 4040 €. Die Sicherheit, meine Praxis wirtschaftlich erfolgreich zu führen, gab mir nicht nur finanzielle Stabilität, sondern auch Selbstvertrauen. Ich hatte gelernt, mit Rückschlägen umzugehen und meine Arbeit effizienter zu organisieren. Langfristig plante ich, die Anzahl der Sitzungen auf etwa 30 pro Woche zu erhöhen, was einen Reingewinn von über 5800 € monatlich bedeuten würde. Natürlich war der Weg nicht immer leicht. Es gab Monate, in denen Patient*innen absprangen, Termine kurzfristig abgesagt wurden oder ich durch bürokratische Herausforderungen wie die Telematikinfrastruktur zusätzliche Kosten tragen musste. Doch diese Phasen lehrten mich, besser mit Unsicherheiten umzugehen und flexibel zu bleiben. Rückblickend hat sich die Entscheidung für eine eigene Praxis gelohnt – finanziell und emotional. Die Freiheit, meine Arbeit individuell zu gestalten, und die Möglichkeit, langfristig ein gutes Einkommen zu erzielen, überwiegen die anfänglichen Schwierigkeiten. Der Schlüssel lag in der Geduld und der Bereitschaft, die Anfangsphase als Investition in die Zukunft zu sehen.

13.3 Fazit zu Kap. 13

Die Entscheidung für eine eigene psychotherapeutische Praxis ist nicht nur eine Frage der Berufung, sondern auch eine wirtschaftliche Abwägung. Eine Praxis kann – bei guter Auslastung, effizienter Organisation und realistischer Selbststeuerung – finanziell sehr attraktiv sein. Sie bietet nicht nur die Chance auf ein solides Einkommen, sondern auch auf berufliche Unabhängigkeit und individuelle Gestaltungsmöglichkeiten. Doch die Zahlen allein erzählen nicht die ganze Geschichte. Die wirtschaftliche Rentabilität hängt maßgeblich von persönlichen Belastungsgrenzen, Standortbedingungen, dem Kassensitzmodell und der Fähigkeit ab, mit Unsicherheiten umzugehen. Gerade in der Anfangsphase braucht es Geduld, Rücklagen und strategisches Denken, denn eine stabile Patientenbasis entwickelt sich nicht über Nacht. Der Reingewinn steigt mit der Erfahrung, nicht nur durch mehr Sitzungen, sondern durch kluge Praxisführung und bewusste Selbstfürsorge. Der Aufbau einer wirtschaftlich tragfähigen Praxis ist kein Sprint, sondern ein langfristiger Prozess. Wer bereit ist, sich diesen Herausforderungen mit realistischem Blick, betriebswirtschaftlichem Grundverständnis und persönlicher Klarheit zu stellen, kann nicht nur ein gutes Auskommen, sondern auch berufliche Erfüllung finden. Letztlich zeigt sich: Rentabilität entsteht nicht nur durch Zahlen, sondern durch Haltung. Wer den Wert der eigenen Arbeit erkennt, diesen klar kommuniziert und in einer tragfähigen Balance zwischen Engagement und Selbstschutz lebt, schafft die Grundlage für ein nachhaltiges, wirtschaftlich stabiles und menschlich erfüllendes Praxisleben. Wer lieber in einem sicheren Rahmen arbeiten möchte, für den könnte eine Anstellung oder eine Praxisgemeinschaft die bessere Wahl sein. Langfristig bietet eine eigene Praxis jedoch nicht nur finanzielle Vorteile, sondern auch die Möglichkeit, den Beruf individuell zu gestalten und das ist für viele Psychotherapeut*innen unbezahlbar.

Checkliste zu Kap. 13

Kategorie	Maßnahmen/Empfehlungen
Einnahmen realistisch einschätzen	• Durchschnittliches Honorar pro Sitzung berechnet • Wöchentliche Sitzungsanzahl realistisch geplant • Einnahmen pro Monat und Jahr kalkuliert • Unterschiede zwischen GKV-, PKV- und Selbstzahlerleistungen berücksichtigt

(Fortsetzung)

Kategorie	Maßnahmen/Empfehlungen
Fixkosten kalkulieren	• Miete und Nebenkosten der Praxis bekannt • Versicherungen, Software, Telefon, Internet eingerechnet • Rücklagen für Wartung und Anschaffung berücksichtigt
Variable Kosten berücksichtigen	• Steuern (Einkommen, Umsatz) geschätzt • Altersvorsorge, Krankenkasse und sonstige Vorsorge einkalkuliert • Fortbildungskosten, Supervision und Berufsverbandsbeiträge erfasst
Belastungsgrenzen realistisch bewerten	• Persönliche Obergrenze für Sitzungsanzahl pro Woche definiert • Zeit für Pausen, Dokumentation und Selbstfürsorge eingeplant • Auswirkungen hoher Sitzungsfrequenz reflektiert
Aufbauphase realistisch planen	• Anlaufzeit mit reduzierter Auslastung eingeplant • Reserven für erste 6–12 Monate kalkuliert • Patientengewinnung strategisch vorbereitet
Steuerliche & rechtliche Beratung nutzen	• Steuerberater*in kontaktiert • Gründungsberatung in Anspruch genommen • Abschreibungen und Rücklagen steuerlich eingeplant

Reflexionsfragen – Kap. 13: Praxisrentabilität

1. Einnahmen und finanzielle Basis
– Welche monatliche Mindesteinnahme brauche ich für finanzielle Sicherheit?
– Welche Einnahmen möchte ich mir langfristig als Ziel setzen (über die Mindestgrenze hinaus)?
– Wie regelmäßig überprüfe ich, ob meine Praxisziele mit meinen tatsächlichen Einnahmen übereinstimmen?
2. Arbeitsbelastung und Kapazität
– Wie viele Sitzungen kann ich pro Woche dauerhaft leisten, ohne auszubrennen?
– Welche Obergrenze möchte ich für mich festlegen, um meine Gesundheit zu schützen?
– Welche Möglichkeiten habe ich, meine Einnahmen zu steigern, ohne meine Belastungsgrenzen zu überschreiten (z. B. Zusatzangebote, Kooperationen)?
3. Fixkosten und Ausgabenkontrolle
– Welche Fixkosten kann ich ggf. reduzieren, ohne an Qualität zu verlieren?
– Welche laufenden Kosten überprüfe ich regelmäßig auf Einsparpotenziale?
– Welche kleinen Ausgaben summieren sich über das Jahr hinweg stärker, als mir bewusst ist?
4. Investitionen und Nachhaltigkeit
– Welche Investitionen zahlen sich langfristig aus – und wo lohnt sich Sparsamkeit?
– Wie bewerte ich den „Return on Investment" (ROI) bei Anschaffungen oder Fortbildungen?
– Wo habe ich in der Vergangenheit kluge Investitionen getätigt – und was kann ich daraus lernen?
5. Umgang mit Schwankungen
– Wie gehe ich mit Schwankungen bei der Patientenauslastung um?
– Habe ich Rücklagen, die mindestens 3–6 Monate Betriebsausgaben abdecken?

- Welche Strategien habe ich, um saisonale Schwankungen (z. B. Sommer, Feiertage) abzufedern?
- Welche Möglichkeiten gibt es, mein Angebot zu diversifizieren, um Abhängigkeiten zu reduzieren?

Literatur

Gross, W. (2017). Psychotherapiepraxis als Unternehmen (3): Von der Gewinnerwirtschaftung. *Deutsches Ärzteblatt PP, 16*(3), 134–137. https://www.aerzteblatt.de/archiv/psychotherapiepraxis-als-unternehmen-3-von-der-gewinnerwirtschaftung-38310c70-4899-40b8-8f06-6458bcb4267c. Zugegriffen: 20. Juli 2025.

Der Praxis-Hund- Unterstützung auf vier Pfoten

14

▶ Was passiert, wenn ein Hund den Therapieraum betritt? Das vierzehnte Kapitel wirft einen einfühlsamen Blick auf die Wirkung tierischer Begleiter in der psychotherapeutischen Praxis. Es zeigt, wie ein Hund nicht nur für mehr Nähe und Vertrauen sorgt, sondern auch emotionale Türen öffnen kann, wo Worte allein nicht ausreichen. Mit wissenschaftlichem Hintergrund und praxisnahen Einblicken wird deutlich, wie tiefgreifend die Unterstützung auf vier Pfoten sein kann – für Patient*innen und Psychotherapeut*innen gleichermaßen.

Definition Tiergestützte Therapie: Der gezielte Einsatz von Tieren im therapeutischen Prozess.

14.1 Die Integration eines Hundes in die psychotherapeutische Praxis

Die Integration eines Hundes in eine psychotherapeutische Praxis kann eine tiefgreifende Bereicherung darstellen, sowohl für die Patient*innen als auch für Psychotherapeut*innen. Diese Entscheidung erfolgt in der Regel nicht spontan, sondern basiert auf sorgfältiger Überlegung und fundierter Vorbereitung (Ladner, 2016). Fachkräfte berichten von positiven Erfahrungen mit tiergestützter Therapie, besonders im Kontext mit Kindern und Jugendlichen. Hunde schaffen häufig eine beruhigende Atmosphäre, senken Anspannung und fördern den Aufbau von Vertrauen (Beetz et al., 2012). Sie wirken auf eine Weise, die verbale Barrieren überwinden kann und somit emotionale Öffnungen erleichtert. Auch wenn es sich nicht um einen speziell ausgebildeten Therapiehund handelt, kann ein Hund

L. Seifert, *Eigene Praxis, eigene Wege - Herausforderungen und Chancen der Praxisgründung für (junge) PsychotherapeutInnen*, Psychotherapie: Therapiegestaltung & Praxismanagement,
https://doi.org/10.1007/978-3-662-72888-8_14

durch seine natürliche Intuition emotionale Zugänge ermöglichen. Hunde zeigen oft eine bemerkenswerte Sensibilität gegenüber emotionalen Spannungen und nähern sich Patient*innen intuitiv in belastenden Momenten. Diese nonverbalen Interaktionen, wie Nähe oder Körperkontakt, können Gefühle von Geborgenheit vermitteln und emotionale Blockaden lösen (Ladner, 2016). Die Wirkung von Tieren auf die menschliche Psyche ist wissenschaftlich belegt. So kann die Interaktion mit einem Hund nachweislich den Cortisolspiegel senken und gleichzeitig die Ausschüttung von Oxytocin steigern, dem sogenannten *„Bindungshormon"*. Diese physiologischen Veränderungen begünstigen das Entstehen von Vertrauen und emotionaler Nähe – zentrale Elemente jeder psychotherapeutischen Beziehung (Beetz et al., 2012; Handlin et al., 2011; Nagasawa et al., 2009). Gerade in tiefenpsychologisch orientierten Verfahren, bei denen unbewusste Prozesse im Vordergrund stehen, kann ein Hund als „emotionaler Resonanzkörper" fungieren. Er kann helfen, unbewusste Konflikte sichtbar zu machen oder schwer benennbare Gefühle auf eine symbolische Ebene zu bringen. In solchen Momenten genügt manchmal schon die stille Anwesenheit des Hundes, um emotionale Sicherheit zu vermitteln. Darüber hinaus trägt die regelmäßige Anwesenheit eines Hundes zur Strukturierung des therapeutischen Settings bei. Sie vermittelt Kontinuität, Sicherheit und kann insbesondere für junge oder traumatisierte Patient*innen stabilisierend wirken. Der Umgang mit einem Hund fördert zudem soziale Kompetenzen, Verantwortungsbewusstsein, Empathie und Mentalisierungsfähigkeit – Aspekte, die in vielen Therapieprozessen zentral sind (Ganser, 2017; Ladner, 2016). Ein besonders interessanter Aspekt ist die Rolle des Hundes als *„Dritter im Raum"* (Ganser, 2017). In dieser Funktion trägt er zur Triangulierung bei, also zur Einführung einer dritten Perspektive, durch die therapeutische Interaktionen beobachtbarer und reflektierbarer werden. Der Psychotherapeut kann über den Hund mit dem Patienten sprechen, Emotionen spiegeln und Projektionsprozesse aktivieren, ohne die therapeutische Beziehung direkt zu belasten. Allerdings müssen auch die Grenzen tiergestützter Interventionen berücksichtigt werden. Nicht alle Patient*innen empfinden die Anwesenheit eines Hundes als angenehm – sei es aufgrund von Ängsten, Allergien oder kulturellen Prägungen. Daher sind klare Vorgespräche notwendig, und der Einsatz eines Hundes sollte stets freiwillig erfolgen. Ebenso ist das Wohlergehen des Tieres zu schützen: Pausen, Pflege, Rückzugsorte und ein stabiler Tagesablauf sind unerlässlich (Ganser, 2017; Ladner, 2016). Ein Hund in der psychotherapeutischen Praxis ist somit weit mehr als eine dekorative Ergänzung. Bei fachlich fundierter Planung und respektvollem Umgang kann er zu einem wertvollen Bestandteil der therapeutischen Beziehung werden.

14.2 Tiergestützte Interventionen in verschiedenen Therapieverfahren

Die Einbindung von Hunden in psychotherapeutische Prozesse ist keine eigenständige Therapieform, sondern eine unterstützende Methode, die in unterschiedlichen therapeutischen Schulen und Settings integriert werden kann. Dabei wird der Hund nicht „therapiert", sondern fungiert als Co-Psychotherapeut stets unter der professionellen Leitung und Reflexion der Therapeutin oder des Therapeuten. Die spezifische Rolle des Hundes orientiert sich an der therapeutischen Zielsetzung, dem Störungsbild der Patient*innen und dem methodischen Ansatz der Behandelnden.

In der Verhaltenstherapie wird mit klar strukturierten, zielorientierten Interventionen gearbeitet – hier kann der Hund als Verstärker, Motivator oder Trainingspartner wirken. Studien zeigen, dass der Einsatz von Tieren die Motivation zur Mitarbeit erhöht, insbesondere bei Kindern, Jugendlichen und Patient*innen mit sozialen Ängsten oder Aufmerksamkeitsdefiziten. Hunde helfen, neue Verhaltensmuster einzuüben, etwa durch Übungen zur Impulskontrolle, Körpersprache oder Rollenspiele im sozialen Kompetenztraining. Auch in der Expositionstherapie, etwa bei Angststörungen, kann der Hund eine unterstützende Rolle einnehmen, indem er Sicherheit vermittelt und hilft, angstbesetzte Situationen auszuhalten. Zum Beispiel traut sich ein Kind mit einer sozialen Phobie eher, mit einer fremden Person zu sprechen, wenn der Hund als *„soziale Brücke"* anwesend ist (Beetz et al., 2012).

In psychodynamischen Therapien stehen unbewusste Konflikte, Mentalisierung, Übertragungsdynamiken und Beziehungsaspekte im Vordergrund. Hier kann der Hund als Projektionsfläche, Resonanzkörper oder emotionaler Katalysator fungieren. Seine nonverbalen Reaktionen, etwa Rückzug bei Anspannung oder Annäherung bei Traurigkeit, spiegeln emotionale Zustände, die den Patient*innen oft selbst nicht zugänglich sind. Solche Interaktionen können Impulse für therapeutische Deutungen geben und helfen, Affekte und innere Konflikte besser zu benennen. Eine Patientin, die zum Beispiel Schwierigkeiten hat, Nähe zuzulassen, bemerkt, dass der Hund sich ihr nur zögerlich nähert und erkennt darin eine Spiegelung ihrer eigenen inneren Haltung (Ganser, 2017)

In der systemischen Therapie wird der Hund oft als Teil eines größeren interaktiven Systems verstanden. Seine Rolle reicht vom neutralen Beobachter bis hin zum aktiven Impulsgeber. Hunde reagieren oft unmittelbar auf Spannungen oder Disharmonien im Raum und geben dadurch Hinweise auf implizite Beziehungsmuster. Darüber hinaus lassen sie sich hervorragend in symbolische oder kreative Verfahren einbinden, etwa in Skulpturarbeit, Aufstellungen oder Externalisierungsübungen. *Zum Beispiel i*n einer Familiensitzung sucht der Hund immer wieder die Nähe eines Kindes – ein Hinweis auf mögliche Dynamiken, die anschließend besprochen werden können. Metaphern wie *„der Hund als Mut-Anteil"* oder „ helfen, innere Anteile oder Bedürfnisse zu externalisieren und dadurch besser zugänglich zu machen (Hörsting, 2020).

Rollen des Hundes im therapeutischen Prozess

Je nach Setting und Zielsetzung kann der Hund eine oder mehrere der folgenden Rollen einnehmen (Ladner, 2016; Ganser, 2017):

- **Eisbrecher:** lockert die Atmosphäre, reduziert Angst und unterstützt den Beziehungsaufbau.

- **Spiegel:** reagiert nonverbal auf emotionale Zustände und macht implizite Prozesse sichtbar.
- **Beziehungspartner:** bietet eine konstante, wertfreie Beziehung an und fördert Bindungsfähigkeit.
- **Motivator:** fördert Aktivierung und Mitwirkung, insbesondere bei depressiven oder antriebsgeminderten Patient*innen.
- **Übungsfeld:** hilft beim Einüben neuer Verhaltensweisen im sozialen, emotionalen oder kommunikativen Bereich.

Diese Rollen müssen nicht explizit benannt oder „zugewiesen" werden – sie entfalten sich oft spontan und situativ, je nach Interaktion und emotionaler Resonanz zwischen Hund und Patient*in.

14.3 Voraussetzungen, Ausbildung und Eignung von Hunden in der Psychotherapie

Die erfolgreiche Integration eines Hundes in die psychotherapeutische Arbeit setzt mehr voraus als die bloße Anwesenheit eines Tieres. Vielmehr ist eine sorgfältige Auswahl, Ausbildung und Begleitung des Hundes notwendig, um sowohl dem Tierwohl als auch den therapeutischen Zielen gerecht zu werden. Nicht jeder Hund eignet sich für den Einsatz in einer Praxis. Wesentliche Kriterien für die Eignung sind ein ausgeglichener Charakter, ein hohes Maß an Stressresistenz, ein freundliches, kontaktfreudiges Verhalten sowie eine gute Sozialisation gegenüber Menschen und anderen Tieren. Aggressives Verhalten, übermäßige Ängstlichkeit oder starke Schutzinstinkte sind hingegen Ausschlusskriterien. Unabhängig von der psychotherapeutischen Qualifikation der Bezugsperson wird aus fachlicher Sicht empfohlen, den Hund durch eine anerkannte, spezialisierte Therapiehundeschule ausbilden zu lassen. In Deutschland orientieren sich zahlreiche Ausbildungseinrichtungen an den Standards der ESAAT (European Society for Animal Assisted Therapy) sowie der ISAAT (International Society for Animal Assisted Therapy). Diese internationalen Fachgesellschaften definieren verbindliche Qualitätskriterien für die Ausbildung von Mensch-Hund-Teams. Dazu zählen standardisierte Eignungstests, fundierte theoretische Inhalte sowie umfangreiche praktische Schulungseinheiten, die eine fachgerechte und tierschutzgerechte Durchführung tiergestützter Interventionen gewährleisten sollen (Ladner, 2016).

▶ **Warnung** Nicht jeder Hund ist automatisch für den Praxiseinsatz geeignet.

14.4 Fallbeispiel: Wie Frieda einen kleinen Jungen erreichte

Frieda, meine kleine Maltipoo-Hündin, war Liebe auf den ersten Blick. Sie war quirlig, fröhlich und brachte sofort Leichtigkeit in meinen Alltag. Schon bald hatte ich den Gedanken, sie auch in meine Praxis zu integrieren. Ich hatte von Kolleg*innen gehört, die mit Hunden in der Therapie arbeiten, und war beeindruckt von deren Erfahrungen. Hunde schaffen eine beruhigende Atmosphäre, fördern Vertrauen und helfen besonders Kindern und Jugendlichen, sich zu öffnen. Natürlich fragte ich mich, ob Frieda sich in der Praxis wohlfühlen würde – mit all den wechselnden Menschen, Gerüchen und Geräuschen. Doch je mehr ich darüber nachdachte, desto klarer wurde: Sie könnte wirklich eine Bereicherung sein. Frieda ist zwar kein ausgebildeter Therapiehund, aber sie hat ein feines Gespür für Menschen. Oft spürt sie, wenn jemand emotional blockiert ist, und legt dann einfach ihren Kopf auf den Schoß – eine kleine Geste, die viel bewirken kann. Ihre stille Anwesenheit hilft, Vertrauen aufzubauen, Hemmungen zu lösen und Gespräche in Gang zu bringen.

Eines der eindrucksvollsten Erlebnisse, die ich mit Frieda in meiner Praxis hatte, war die Arbeit mit einem 8- jährigen Jungen namens Max. Max litt unter selektivem Mutismus – einer Angststörung, die dazu führt, dass Kinder in bestimmten sozialen Situationen, oft auch in der Therapie, nicht sprechen können. Seine Eltern hatten bereits viele Ansätze ausprobiert, doch Max weigerte sich hartnäckig, auch nur ein Wort zu sagen. Als Max zum ersten Mal in meine Praxis kam, saß er steif auf dem Stuhl, den Blick auf den Boden gerichtet. Kein Augenkontakt, keine Antwort auf meine Fragen. Ich wusste, dass ich behutsam vorgehen musste, um sein Vertrauen zu gewinnen. An diesem Tag war auch Frieda in der Praxis. Sie lag in ihrer Ecke und beobachtete neugierig das Geschehen. Nach einigen Minuten stand Frieda auf, trottete langsam zu Max und setzte sich vor ihn. Max hob vorsichtig den Blick, und für einen Moment schien es, als würde die Anspannung von ihm abfallen. Frieda wedelte sanft mit dem Schwanz und stupste Max mit ihrer Nase an. Ohne ein Wort zu sagen streckte er zögerlich die Hand aus und streichelte sie. Es war das erste Mal, dass ich eine Reaktion von ihm sah. In den folgenden Sitzungen wurde Frieda zu einem wichtigen Teil der Therapie. Max sprach weiterhin nicht mit mir, aber er begann, Frieda kleine Kommandos zu geben. *„Sitz"*, flüsterte er einmal leise, als sie vor ihm stand. Es war ein Durchbruch. Er fühlte sich sicher genug, in ihrer Gegenwart zu sprechen, auch wenn er es zunächst nur auf sie bezog. Frieda diente als Brücke zwischen Max und mir. Sie nahm den Druck aus der Situation und gab ihm die Möglichkeit, auf seine Weise in Kontakt zu treten. Während Max mit Frieda spielte oder sie streichelte, konnte ich ihm Fragen stellen, die er nach und nach beantwortete – erst mit einem Kopfnicken oder Kopfschütteln, später mit einzelnen Worten. Nach etwa sechs Wochen begann Max, auch direkt mit mir zu sprechen.

Es war ein langsamer Prozess, der viel Geduld erforderte, aber Frieda blieb dabei ein wichtiger Anker für ihn. Er sprach oft über Hunde und erzählte schließlich von seinem eigenen Hund, der vor einigen Jahren gestorben war. Dieser Verlust hatte Max stark belastet, und es stellte sich heraus, dass sein Mutismus kurz nach dem Tod des Hundes begann. Die Arbeit mit Frieda half Max nicht nur, Vertrauen zu fassen, sondern auch, seine Trauer zu verarbeiten. Sie war für ihn ein stiller Begleiter, der ihm Sicherheit gab, während er sich mit seinen Emotionen auseinandersetzte. In einer Sitzung sagte er schließlich: *„Frieda erinnert mich an Bello. Aber sie ist nicht traurig. Sie ist glücklich. Und das ist schön“*. Durch Frieda konnte Max:

- Seine Angst vor dem Sprechen in der Therapie abbauen.
- Eine emotionale Verbindung aufbauen, die ihm Sicherheit gab.
- Seine Trauer über den Verlust seines eigenen Hundes verarbeiten.

Für mich war dieser Fall ein eindrucksvolles Beispiel dafür, wie ein Hund in der Therapie wirken kann. Frieda half Max, wo Worte nicht reichten, und schuf einen Raum, in dem er sich geschützt fühlte, um sich zu öffnen. Sie zeigte mir erneut, dass Heilung manchmal auf Wegen geschieht, die wir nicht planen können – durch eine sanfte Berührung, ein freundliches Wedeln des Schwanzes oder einfach die stille Anwesenheit eines treuen Begleiters.

14.5 Fazit zu Kap. 14

Ein Hund im Therapieraum ist weit mehr als ein nettes Beiwerk, er kann zu einem tief wirksamen Co-Therapeuten werden. Seine Präsenz fördert Vertrauen, senkt innere Anspannung und eröffnet emotionale Zugänge, die rein verbale Interventionen oft nicht erreichen. Ob als „soziale Brücke“, Resonanzkörper oder Impulsgeber – Hunde können auf eine stille, intuitive Weise wirken, die Beziehung vertieft und innere Prozesse sichtbar macht. Dabei entfaltet sich ihr Potenzial nicht unabhängig, sondern immer im Rahmen einer fachlich reflektierten therapeutischen Arbeit. Der Hund ersetzt keine Methode, aber er ergänzt und bereichert sie – vorausgesetzt, seine Integration erfolgt mit fachlicher Sorgfalt, Rücksicht auf das Tierwohl und mit Blick auf individuelle Grenzen und Bedürfnisse der Patient*innen. Psychotherapeut*innen, die einen Hund in ihre Praxis integrieren, müssen dabei nicht nur auf die therapeutische Wirkung achten, sondern auch auf Haltung, Ausbildung, Hygiene, Sicherheit und die ethische Vertretbarkeit im Einzelfall. Nicht für jeden und nicht in jedem Setting ist tiergestützte Intervention sinnvoll – doch dort, wo sie passt, kann sie heilsame Prozesse fördern, Stabilität geben und Beziehung erfahrbar machen. Ein Hund im Therapieraum steht sinnbildlich für das, worauf Psychotherapie oft zielt: echte, berührende Begegnung – mit sich selbst und mit anderen.

Checkliste zu Kap. 14

Kategorie	Maßnahmen/Empfehlungen
Eignung des Hundes prüfen	• Der Hund sollte freundlich, stressresistent, gut sozialisiert und gesund sein • Ängstliche oder aggressive Tiere sind nicht geeignet.
Professionelle Ausbildung	• Zertifizierte Therapiehundeausbildung nach ESAAT- /ISAAT-Standards
Freiwilligkeit für Patient*innen sicherstellen	• Vor dem Einsatz sollte die Zustimmung der Patient*innen eingeholt werden • Bei Ängsten oder Allergien muss eine Alternative angeboten werden.
Rollenklärung im Therapieprozess	• Der Hund ist Co- Psychotherapeut*in, kein Ersatz für therapeutische Methoden • Seine Rolle (z. B. Eisbrecher, Motivator) ergibt sich aus dem Setting.
Schutz des Hundes gewährleisten	• Regelmäßige Pausen, Rückzugsorte, tierärztliche Versorgung und stressfreie Umgebung sind zwingend notwendig.
Hygiene einhalten	• Sicherstellung von Sauberkeit, Impfschutz und Haftpflichtversicherung.
Integration in den Therapieansatz reflektieren	• Anwendungsmöglichkeiten variieren je nach therapeutischem Verfahren: z. B. als Motivator in VT, Projektionsfläche in TP oder Impulsgeber in ST.
Eigene Haltung & Belastung prüfen	• Die zusätzliche Verantwortung darf nicht zur Überforderung führen.

Reflexionsfragen – Kap. 14: Einsatz eines Hundes in der psychotherapeutischen Praxis

1. Wirkung auf Patient*innen
   - Welche Wirkung hat mein Hund auf unterschiedliche Patient*innengruppen (Kinder, Jugendliche, Erwachsene)?
   - Wie reagiere ich auf Patient*innen, die dem Hund gegenüber ängstlich oder ablehnend sind?
   - Welche Grenzen setze ich, wenn Patient*innen den Hund überfordern oder unangemessen mit ihm umgehen?
2. Eigene emotionale Resonanz
   - Wie reagiere ich emotional auf die Interaktion zwischen Patient*in und Hund?
   - Wann hat mein Hund positiv zum Therapieprozess beigetragen – und warum?
   - Welche Gefühle oder Gedanken löst es bei mir aus, wenn der Hund nicht wie erwartet reagiert?
3. Chancen und Risiken im therapeutischen Prozess
   - Gab es Situationen, in denen die Anwesenheit des Hundes eine therapeutische Grenze erschwert hat?
   - Welche therapeutischen Chancen entstehen durch den Einsatz meines Hundes?
   - Welche Risiken oder Ablenkungen können auftreten – und wie gehe ich damit um?

4. Wohlbefinden und Verantwortung für den Hund
   - Wie achte ich auf das Wohlbefinden meines Hundes während der Sitzungen?
   - Wie erkenne ich frühzeitig Stresssignale meines Hundes?
   - Welche Pausen und Rückzugsräume braucht mein Hund im Praxisalltag?
5. Organisation und Weiterentwicklung
   - Was muss ich organisatorisch verbessern, um den Hund verantwortungsvoll in meine Praxis zu integrieren?
   - Welche Supervisions- oder Fortbildungsangebote könnten meine Arbeit mit Hund fachlich weiter stärken?
   - Welche rechtlichen und versicherungstechnischen Aspekte muss ich beachten (z. B. Haftung, Hygieneregeln)?
   - Wie kann ich Patient*innen transparent über den Einsatz meines Hundes informieren (Aufklärung, Einverständnis)?

Literatur

Beetz, A., Uvnäs-Moberg, K., Julius, H., & Kotrschal, K. (2012). Psychosocial and psychophysiological effects of human-animal interactions: The possible role of oxytocin. *Frontiers in Psychology, 3*, 234. https://doi.org/10.3389/fpsyg.2012.00234

Ganser, G. (2017). *Hundegestützte Psychotherapie: Einbindung eines Hundes in die psychotherapeutische praxis*. Schattauer.

Handlin, L., Hydbring-Sandberg, E., Nilsson, A., Ejdebäck, M., Jansson, A., & Uvnäs-Moberg, K. (2011). Short-term interaction between dogs and their owners: Effects on oxytocin, cortisol, insulin and heart rate—An exploratory study. *Anthrozoös, 24*(3), 301–315. https://doi.org/10.2752/175303711X13045914865385

Hörsting, A.-K. (2020). Tiergestützte Therapie aus systemischer Sicht. *Familiendynamik, 45*(3), 228–238. https://doi.org/10.21706/fd-45-3-228

Ladner, D. (2016). Tiergestützte Psychotherapie -Das Tier als «Eisbrecher». *Schweizer Zeitschrift für Psychiatrie & Neurologie*, (5), 28–32. https://www.rosenfluh.ch/media/psychiatrie-neurologie/2016/05/Tiergestuetzte-Psychotherapie-Das-Tier-als-Eisbrecher.pdf. Zugegriffen: 20. Juli 2025.

Nagasawa, M., Kikusui, T., Onaka, T., & Ohta, M. (2009). Dog's gaze at its owner increases owner's urinary oxytocin during social interaction. *Hormones and Behavior, 55*(3), 434–441.

Wachstum gestalten – Spezialisieren oder Expandieren?

15

▶ *„Wie entwickle ich meine psychotherapeutische Praxis strategisch weiter – inhaltlich oder strukturell?".* Das fünfzehnte Kapitel bietet fundierte Orientierung für Psychotherapeut*innen, die ihre berufliche Zukunft aktiv gestalten möchten. Es beleuchtet die Chancen und Grenzen einer fachlichen Spezialisierung ebenso wie die Möglichkeiten einer strukturellen Erweiterung durch Kooperation oder Anstellung. Mit praxisnahen Beispielen, wissenschaftlich fundierten Empfehlungen und Reflexionsimpulsen unterstützt dieses Kapitel bei der Entscheidung, welchen Weg Sie einschlagen möchten – individuell passend, fachlich tragfähig und zukunftsorientiert.

15.1 Fachliche Fokussierung als Entwicklungspfad

Die inhaltliche Spezialisierung stellt eine zunehmend bedeutende strategische Maßnahme zur Weiterentwicklung psychotherapeutischer Praxen dar. Sie ermöglicht es Psychotherapeut*innen, ein klares fachliches Profil zu entwickeln, sich in einem überfüllten Gesundheitsmarkt zu positionieren und die eigene Expertise gezielt auszubauen. In einem komplexer werdenden Versorgungssystem kann eine solche Fokussierung zudem dabei helfen, spezifische Zielgruppen oder Versorgungsnischen effektiver zu erreichen (Gross, 2017). Spezialisierung kann sich dabei auf verschiedene Aspekte beziehen. Häufig erfolgt sie störungsbezogen, etwa im Bereich von Angst- oder Zwangsstörungen, Essstörungen, Depressionen oder Traumafolgestörungen. Ebenso verbreitet ist eine zielgruppenorientierte Ausrichtung – etwa auf Kinder und Jugendliche, junge Erwachsene, ältere Menschen, Paare oder queere Personen. Eine weitere Möglichkeit besteht in der methodischen Spezi-

L. Seifert, *Eigene Praxis, eigene Wege - Herausforderungen und Chancen der Praxisgründung für (junge) PsychotherapeutInnen*, Psychotherapie: Therapiegestaltung & Praxismanagement,
https://doi.org/10.1007/978-3-662-72888-8_15

alisierung, z. B. auf Verhaltenstherapie, tiefenpsychologisch fundierte Verfahren, Schematherapie, EMDR oder tiergestützte Therapieformen. Diese Fokussierung bringt in mehrfacher Hinsicht Vorteile mit sich: Zum einen kann durch kontinuierliche Weiterbildung und Praxiserfahrung in einem definierten Bereich die fachliche Tiefe gestärkt und die Behandlungsqualität erhöht werden. Zum anderen lässt sich die Fortbildungsplanung zielgerichteter und ressourcenschonender gestalten. Darüber hinaus verbessert sich durch ein klares Profil auch die Sichtbarkeit bei Zuweisenden, Kolleg*innen und Patient*innen – ein nicht zu unterschätzender Vorteil im freiberuflichen Bereich (Bradley University, 2022). Nicht zuletzt stärkt eine passgenaue Spezialisierung auch die berufliche Identifikation und Arbeitszufriedenheit: Wer mit Themen, Methoden oder Zielgruppen arbeitet, die den eigenen Interessen und Werten entsprechen, erlebt seine Arbeit häufig als sinnstiftender und erfüllender (Karger, 2009). Eine vollständige Spezialisierung ist jedoch nicht in allen Fällen notwendig oder sinnvoll, vor allem nicht zu Beginn der Berufsausübung. Viele Psychotherapeut*innen entscheiden sich stattdessen für einen flexiblen Spezialisierungsansatz: Sie setzen gezielt Schwerpunkte durch Fort- und Weiterbildungen, Hospitationen, Supervision oder Zusatzqualifikationen, ohne ihr Gesamtangebot vollständig einzugrenzen. Dieser dynamische Entwicklungsweg bietet entscheidende Vorteile: Er erlaubt Anpassung an neue Erkenntnisse und Interessen, hält die Praxis offen für ein breites Spektrum an Anfragen und ermöglicht eine Kombination aus fachlicher Vertiefung und methodischer Vielfalt, etwa durch Schwerpunktsetzungen an bestimmten Wochentagen oder in ausgewählten Therapiephasen. Darüber hinaus zeigt sich in der Praxis häufig ein organischer Entwicklungsprozess: Über die Jahre hinweg bilden sich bestimmte inhaltliche oder methodische Vorlieben heraus, beeinflusst durch biografische Erfahrungen, Supervision oder besondere Praxissituationen. Supervision und Intervision spielen dabei eine zentrale Rolle. Sie bieten einen strukturierten Rahmen zur fachlichen Standortbestimmung und ermöglichen es, regelmäßig zu überprüfen, ob bestehende Schwerpunkte noch stimmig sind oder ob sich neue Themen und Interessen entwickelt haben. Insgesamt zeigt sich: Die fachliche Fokussierung, ob vollständig oder flexibel, ist ein zentraler Bestandteil professioneller Entwicklung. Sie verbindet Qualität, Sichtbarkeit und persönliche Identifikation und trägt dazu bei, die therapeutische Arbeit nachhaltig wirksam und erfüllend zu gestalten.

15.2 Praxisexpansion: Strukturelle Entwicklung durch Kooperation oder Anstellung

Neben inhaltlichen Überlegungen stellt sich im Laufe der Praxisentwicklung häufig auch die Frage nach möglichen strukturellen Erweiterungen. Gerade im mittelfristigen Verlauf einer psychotherapeutischen Tätigkeit wird es für viele Psychotherapeut*innen relevant, das eigene Arbeitsumfeld organisatorisch weiterzuentwickeln – sei es aus Gründen der Entlastung, der besseren Ressourcennutzung oder zur Steigerung der Versorgungsqualität. Zwei gängige Modelle bieten hier praxistaugliche Ansätze: die Bildung einer Praxisgemeinschaft sowie die Anstellung von Kolleg*innen. Ein häufig gewählter Weg ist die

Gründung oder der Beitritt zu einer **Praxisgemeinschaft.** In diesem Modell arbeiten mehrere selbstständig tätige Psychotherapeut*innen unter einem gemeinsamen organisatorischen Dach, bleiben jedoch rechtlich und abrechnungstechnisch voneinander unabhängig. Charakteristisch für diese Kooperationsform ist die gemeinsame Nutzung von Räumen, technischer Infrastruktur und administrativen Ressourcen. Darüber hinaus ermöglicht eine Praxisgemeinschaft auch einen regelmäßigen kollegialen Austausch – etwa in Form informeller Fallbesprechungen oder gegenseitiger fachlicher Unterstützung, was nicht nur die Qualität der therapeutischen Arbeit fördern, sondern auch das Gefühl beruflicher Verbundenheit stärken kann. Die Vorteile einer solchen Zusammenarbeit sind vielfältig: Durch die Teilung von Kosten, etwa für Miete, Ausstattung oder Software, lassen sich finanzielle Belastungen reduzieren. Auch organisatorische Entlastungen, etwa durch gegenseitige Urlaubsvertretungen oder abgestimmte Notfallregelungen, tragen zur Alltagserleichterung bei. Zudem kann die gemeinsame Außenwirkung einer Praxisgemeinschaft – etwa durch ein interdisziplinäres oder spezialisiertes Angebotsprofil – die Attraktivität der Praxis für Patient*innen erhöhen. Für viele Psychotherapeut*innen bedeutet die kollegiale Zusammenarbeit nicht zuletzt auch eine Steigerung der beruflichen Zufriedenheit, da sie der oft erlebten Isolation in der Einzelpraxis entgegenwirkt. Dennoch sollte eine Praxisgemeinschaft gut vorbereitet und klar geregelt sein, insbesondere im Hinblick auf Raumbelegung, gemeinsame Investitionen, Datenschutz oder die Nutzung gemeinsamer Ressourcen. Eine schriftliche Kooperationsvereinbarung kann dabei helfen, Missverständnisse zu vermeiden und die Zusammenarbeit auf eine verlässliche Grundlage zu stellen (KBV, 2015).

Die **Anstellung** psychotherapeutischer Kolleg*innen in einer Einzelpraxis stellt eine wirkungsvolle Option zur Erweiterung der Versorgungskapazität und zur strukturellen Professionalisierung der Praxis dar. Insbesondere in Zeiten hoher Nachfrage oder bei dauerhaft langen Wartelisten kann dieses Modell dazu beitragen, Patient*innen schneller einen Therapieplatz anzubieten und zugleich das eigene Arbeitspensum flexibler zu gestalten. Der Nutzen einer solchen Erweiterung zeigt sich auf mehreren Ebenen: Zum einen erhöht sich durch die Anstellung die Anzahl verfügbarer Behandlungsstunden, wodurch ein relevanter Beitrag zur regionalen psychotherapeutischen Versorgung geleistet werden kann. Zum anderen erlaubt der Ausbau des Teams eine effektivere Aufgabenverteilung, etwa durch die Reduktion eigener Therapiesitzungen, die Delegation einzelner Behandlungsfälle oder die Schaffung von zeitlichen Ressourcen für Supervision, Fortbildung und konzeptionelle Weiterentwicklung der Praxis. Auch in Vertretungssituationen – beispielsweise bei Krankheit oder Urlaub – gewährleistet eine angestellte Fachkraft zusätzliche Stabilität und Kontinuität in der Patientenversorgung (KBV, 2015). Die Anstellung ist jedoch an spezifische rechtliche und organisatorische Voraussetzungen gebunden. In Praxen mit Kassenzulassung darf eine Anstellung nur erfolgen, wenn eine entsprechende Genehmigung durch die zuständige Kassenärztliche Vereinigung vorliegt. Diese sogenannte Anstellungsgenehmigung muss dem bestehenden Versorgungsauftrag entsprechen und ist im Rahmen der vertragspsychotherapeutischen Versorgung gemäß § 95 SGB V geregelt. Der schriftliche Anstellungsvertrag ist dem zuständigen Zulassungsausschuss zur Genehmigung vorzulegen. Zudem ist eine Anstellung nur dann genehmigungsfähig, wenn die betreffende Fachkraft approbiert und im Psychotherapeutenregister eingetragen ist (KBV, 2015).

Auch auf fachlicher Ebene verlangt die Anstellung einer Kolleg*in ein hohes Maß an Struktur und Verantwortung. Eine sorgfältige Einarbeitung sollte insbesondere dann gewährleistet sein, wenn es sich um eine Berufseinsteiger*in handelt oder wenn spezifische methodische Ausrichtungen in der Praxis vertreten werden. Regelmäßige Fallbesprechungen, Supervision und fachlicher Austausch fördern die Qualität der Arbeit und tragen zu einer stabilen Teamdynamik bei. Wirtschaftlich betrachtet sollte die Anstellung auf einem tragfähigen Finanzierungskonzept basieren. Neben dem Bruttogehalt fallen zusätzliche Kosten für Arbeitgeberanteile, Versicherungen, Arbeitsplatzgestaltung (z. B. Praxissoftware, Möbel, Technik), Fortbildungen, Urlaubsgeld, Lohn bei Ausfall und gegebenenfalls externe Lohnabrechnung an. Eine genaue Kalkulation im Vorfeld schützt vor finanzieller Überlastung und ermöglicht eine realistische Einschätzung der Wirtschaftlichkeit.

Die Einstellung von Mitarbeitenden in einer psychotherapeutischen Praxis erfordert nicht nur organisatorisches Geschick, sondern auch ein solides Verständnis der rechtlichen Rahmenbedingungen. Um einen reibungslosen und rechtskonformen Praxisbetrieb zu gewährleisten, sollten zentrale Aspekte frühzeitig bedacht und sorgfältig umgesetzt werden (KBV, 2015):

- **Arbeitsverträge:** Ein schriftlicher Arbeitsvertrag bildet die Grundlage der Zusammenarbeit. Er sollte klar und transparent Regelungen zu Arbeitszeiten, Vergütung, Urlaubsansprüchen, Tätigkeitsbeschreibung sowie zur Probezeit enthalten. Auch flexible Arbeitszeitmodelle oder Regelungen zur mobilen Arbeit (sofern gewünscht) sollten eindeutig festgehalten werden.
- **Sozialversicherungspflicht:** Angestellte müssen ordnungsgemäß bei den zuständigen Sozialversicherungsträgern angemeldet werden. Dazu gehören Kranken-, Pflege-, Renten- und Arbeitslosenversicherung. Zudem ist der Arbeitgeberanteil zu leisten und fristgerecht abzuführen.
- **Arbeitsrechtliche Bestimmungen:** Gesetzliche Vorgaben zu Urlaubsanspruch, Entgeltfortzahlung im Krankheitsfall, Kündigungsfristen sowie Mutterschutz oder Elternzeit müssen eingehalten und vertraglich abgebildet werden. Auch die Einhaltung des Mindestlohns sowie ggf. tariflicher Regelungen sollte überprüft werden.
- **Datenschutz und Schweigepflicht:** In psychotherapeutischen Praxen hat der Schutz sensibler Patient*innendaten höchste Priorität. Mitarbeitende müssen daher nicht nur auf die Schweigepflicht verpflichtet, sondern auch umfassend im Sinne der DSGVO geschult werden. Dies gilt insbesondere für die Nutzung von Praxissoftware, E-Mail-Kommunikation oder Aktenführung.

Die sorgfältige Einhaltung dieser rechtlichen und organisatorischen Rahmenbedingungen ist nicht nur aus Compliance-Gründen essenziell, sondern bildet auch die Grundlage für ein vertrauensvolles, professionelles und langfristig tragfähiges Arbeitsverhältnis. Im Zweifelsfall empfiehlt es sich, rechtliche oder steuerliche Fragen im Vorfeld mit spezialisierten Berater*innen abzustimmen – etwa mit Fachanwält*innen für Arbeitsrecht oder Steuerberater*innen mit Erfahrung im Gesundheitswesen.

15.3 Administrative Entlastung: Der strategische Einsatz einer Praxisassistenz

Die administrative Entlastung durch den strategischen Einsatz einer Praxisassistenz gewinnt in psychotherapeutischen Praxen zunehmend an Bedeutung. Angesichts der Vielzahl an organisatorischen Aufgaben – von Terminplanung über die Kommunikation mit Patient*innen und Kostenträgern bis hin zur Abrechnung – stehen Therapeut*innen oft vor der Herausforderung, dass wertvolle Zeit in Verwaltungsarbeit gebunden wird, die für die eigentliche therapeutische Tätigkeit fehlt. Mit wachsender Praxisauslastung, etwa durch steigendes Patientenaufkommen oder zusätzliche Verpflichtungen wie Fortbildungen und Supervision, verstärkt sich dieser Aufwand noch. Eine praktikable Lösung stellt die Anstellung einer administrativen Assistenz dar. Besonders in kleineren und mittleren Praxen, in denen Therapeut*innen alleine oder in kleinen Teams arbeiten, ermöglicht dies eine Professionalisierung der Verwaltungsabläufe, ohne den Fokus von der Therapiearbeit zu verlieren. Oft wird die Assistenz zunächst auf Minijob-Basis eingestellt, da dies finanziell überschaubar und rechtlich unkompliziert ist.

Die Aufgaben einer Praxisassistenz sind vielfältig und können flexibel an die individuellen Bedürfnisse der Praxis angepasst werden. Ein zentrales Tätigkeitsfeld ist das Terminmanagement. Hier übernimmt die Assistenz die Koordination und Vergabe von Erstgesprächen, führt Rückruflisten und organisiert Nachrückverfahren bei abgesagten Terminen, wodurch Wartezeiten effizient verwaltet und Praxisabläufe optimiert werden. Ebenso wichtig ist der Bereich der Kommunikation. Die Praxisassistenz entlastet durch die Übernahme der telefonischen und schriftlichen Korrespondenz mit Patient*innen, Zuweisenden, Kostenträgern sowie externen Partnern. Auch die Verwaltung der täglichen E-Mails kann delegiert werden, sodass Psychotherapeut*innen von Routineaufgaben befreit sind. Darüber hinaus spielt die Assistenz eine zentrale Rolle in der Abrechnung. Da die Abwicklung von Rechnungen mit gesetzlichen und privaten Krankenkassen fehleranfällig und zeitintensiv ist, kann die Assistenz sowohl die Erstellung und Einreichung von Rechnungen übernehmen als auch die Zahlungseingänge überwachen. Dies minimiert Fehlerquellen und ermöglicht den Psychotherapeut*innen, sich stärker auf die klinische Arbeit zu konzentrieren. Ein weiteres wichtiges Aufgabengebiet ist die Büroorganisation. Dazu gehören die strukturierte Verwaltung und Archivierung von Patient*innenakten, die Einhaltung von Fristen, die Organisation von Materialbestellungen sowie die Pflege von Ablagen und Patientendaten. Auch organisatorische Tätigkeiten wie die Planung von Fortbildungen und Workshops, die Verwaltung von Verträgen und Schulungsunterlagen sowie die Unterstützung bei der Dokumentation und bei Supervisionsmaterialien fallen in diesen Bereich. Nicht zuletzt kann die Praxisassistenz auch Empfangsaufgaben übernehmen, insbesondere in größeren Praxen mit mehreren Psychotherapeut*innen oder hohem Patient*innenaufkommen. Sie fungiert dann als erste Anlaufstelle, begrüßt Patient*innen, beantwortet grundlegende Fragen, nimmt Anrufe entgegen und vermittelt Informationen. Insgesamt trägt der strategische Einsatz einer Praxisassistenz entscheidend dazu bei, den administrativen Aufwand zu reduzieren, die Qualität der Praxisorganisation zu steigern und den Psychotherapeut*innen mehr Freiraum für ihre eigentliche Aufgabe, die psychotherapeutische Arbeit, zu schaffen.

15.4 Gesetzliche Vorgaben für die Anstellung einer Praxisassistenz

Die Anstellung einer Assistenz, auch auf Minijob-Basis, unterliegt klaren gesetzlichen Vorgaben. Es ist wichtig, diese zu beachten, um rechtliche Probleme zu vermeiden:

- **Arbeitsvertrag:** Der Arbeitsvertrag muss alle relevanten Punkte wie Aufgabenbereich, Arbeitszeiten, Vergütung und Vertretungsregelungen genau definieren. Ein schriftlicher Vertrag ist notwendig, um die Arbeitsbeziehung korrekt abzubilden.
- **Anmeldung bei der Minijob-Zentrale:** Die Assistenz muss bei der Minijob-Zentrale ordnungsgemäß gemeldet werden. Zudem müssen die Sozialversicherungsbeiträge ordnungsgemäß abgeführt werden, auch wenn es sich um eine geringfügige Beschäftigung handelt.
- **Datenschutz und Schweigepflicht:** Gerade im psychotherapeutischen Bereich ist der Umgang mit sensiblen Patientendaten von höchster Bedeutung. Die Assistenz muss gemäß der Datenschutz- Grundverordnung (DSGVO) geschult werden und zur Schweigepflicht verpflichtet sein. Dies betrifft insbesondere den Umgang mit elektronischen Patientenakten und die Kommunikation mit Kostenträgern.

Eine strukturierte Einarbeitung ist von entscheidender Bedeutung. Sie sollte nicht nur die fachlichen Kenntnisse im Umgang mit der Praxissoftware und den administrativen Abläufen umfassen, sondern auch eine Einführung in die Praxiskultur und die spezifischen Arbeitsprozesse. Dabei ist es wichtig, dass die Praxisassistenz klare Zuständigkeiten hat und nur auf die für sie relevanten Daten zugreifen kann. Eine gute Integration und klare Kommunikation zwischen Psychotherapeut*in und Assistenz kann die Qualität der Zusammenarbeit erheblich verbessern.

Kosten für eine Minijob-Lösung

Die Kosten für eine Minijob-Lösung sind relativ transparent und kalkulierbar:

- **Bruttogehalt:** 556 € im Monat (Stand 2025), was den maximalen Verdienst im Minijobrahmen darstellt.
- **Arbeitgeberanteile:** Diese betragen ca. 161 € monatlich, was etwa 29% des Bruttogehalts ausmacht (für Sozialversicherungsbeiträge wie Krankenversicherung, Rentenversicherung, etc.).
- **Gesamtkosten:** Die monatlichen Gesamtkosten für die Anstellung einer Minijob – Assistenz belaufen sich somit auf ca. 717 €.
- **Einmalige Ausstattungskosten:** Um die Assistenz gut auszustatten, müssen einmalige Kosten von etwa 1100–1650 € für Laptop, Software, Mobiltelefon und Büromaterial eingeplant werden.

Die langfristigen Vorteile der Anstellung einer Praxisassistenz gehen weit über die bloße Zeitersparnis hinaus. Eine gut integrierte Assistenz kann ein wichtiger Bestandteil der Praxisorganisation werden und langfristig:

- Die Erreichbarkeit und Servicequalität der Praxis verbessern.
- Fehlerquellen in der Organisation reduzieren, etwa durch die korrekte Abwicklung von Terminen und Abrechnungen.
- Den Fokus der Psychotherapeut*innen auf die eigentliche therapeutische Arbeit stärken und somit eine bessere Work-Life-Balance ermöglichen.
- Zu einer höheren Patientenzufriedenheit beitragen, da Wartezeiten verkürzt und administrative Hürden reduziert werden.

Insgesamt kann die Einführung einer Praxisassistenz dazu beitragen, dass die psychotherapeutische Praxis zukunftsfähiger wird, da sowohl die interne Organisation als auch die Servicequalität nach außen hin deutlich verbessert werden.

15.5 Beispiel: Expansion oder Spezialisierung – eine Entscheidung mit vielen Facetten

Die Entscheidung, mich auf tiefenpsychologische Verfahren für Kinder und Jugendliche zu spezialisieren, war rückblickend ein logischer Schritt. Schon während meiner Ausbildung hatte ich eine besondere Verbindung zu dieser Altersgruppe gespürt – ihre Offenheit, ihre Widersprüchlichkeit, aber auch ihre Verletzlichkeit hatten mich berührt. Die zusätzliche Weiterbildung in diesem Bereich gab mir nicht nur methodische Sicherheit, sondern auch das Gefühl, einen echten Beitrag leisten zu können – insbesondere bei komplexen familiären oder entwicklungsbedingten Problemlagen. Gleichzeitig blieb ich bewusst offen für andere Altersgruppen und Störungsbilder. In meiner Praxis arbeite ich heute nach einem „Schwerpunkte statt Ausschlüsse" – Prinzip: Ich kommuniziere klar, dass meine besondere Expertise im Bereich der Kinder- und Jugendpsychotherapie liegt, biete aber auch weiterhin Behandlungen für Erwachsene mit passenden Anliegen an. Diese Balance erlaubt mir fachliche Tiefe, ohne die Vielfalt meiner Arbeit zu verlieren – ein Aspekt, den ich persönlich als sehr bereichernd empfinde. Mit der wachsenden Nachfrage stellte sich jedoch bald eine neue Frage: *„Wie lange kann und will ich das allein stemmen?"*. Die Wartelisten wurden länger, und ich merkte, dass meine persönlichen Ressourcen – Zeit, Energie, Fokus – an ihre Grenzen kamen. Ich begann, über strukturelle Erweiterungen nachzudenken und noch jemanden als Psychotherapeut*in anzustellen. Auch stellte ich eine Praxisassistenz auf Minijobbasis ein – eine Entscheidung, die sich als absolut entlastend herausstellte. Endlich konnte ich mich stärker auf die Therapie selbst konzentrieren, während die Terminvergabe, Abrechnung und E-Mail-Kommunikation zuverlässig im Hintergrund liefen. Mit der gewonnenen Zeit konnte ich nicht nur qualitativ hochwertiger arbeiten, sondern fand auch wieder mehr Raum für Fallbesprechungen und Supervision. Langfristig denke ich darüber nach, einen Kassensitz für eine angestellte Therapeutin zu beantragen. Die rechtlichen Voraussetzungen sind komplex, aber der Nutzen – sowohl für mich, als auch für die Versorgungslage in unserer Region – ist offensichtlich. Bis dahin gehe ich Schritt für Schritt: Ich entwickle klare Strukturen, baue mein Netzwerk aus und reflektiere regelmäßig, wie mein beruflicher Weg mit meinen persönlichen Zielen vereinbar ist.

Expansion oder Spezialisierung? Für mich war die Antwort nicht *„entweder – oder"*, sondern *„sowohl – als auch, im eigenen Tempo"*. Die Kombination aus fachlicher Fokussierung und struktureller Entwicklung eröffnet mir neue Perspektiven, ohne mich festzulegen. Und vielleicht ist genau das der Schlüssel zu einer lebendigen, nachhaltigen Praxisführung: sich weiterzuentwickeln und trotzdem man selbst zu bleiben.

15.6 Fazit zu Kap. 15

Die Weiterentwicklung einer psychotherapeutischen Praxis ist kein Selbstläufer, sondern ein bewusster, strategischer Prozess. Ob über eine fachliche Spezialisierung, strukturelle Expansion oder durch administrative Entlastung – Wachstum braucht Klarheit über die eigenen Ziele, Ressourcen und Grenzen. Eine inhaltliche Fokussierung kann dabei helfen, die eigene Expertise zu vertiefen, das berufliche Profil zu schärfen und gezielt Patient*innen anzusprechen, für die man besonders wirksam arbeiten kann. Gleichzeitig birgt Spezialisierung auch das Risiko fachlicher Verengung – hier gilt es, Flexibilität und Tiefe klug auszubalancieren. Strukturelle Erweiterungen wie Praxisgemeinschaften oder Anstellungen bieten die Chance, Ressourcen zu bündeln, Versorgungslücken zu schließen und sich organisatorisch zu entlasten. Sie erfordern jedoch rechtliches Wissen, sorgfältige

Planung und ein hohes Maß an Verantwortung gegenüber Mitarbeitenden, Patient*innen und dem System. Auch die Beschäftigung einer Praxisassistenz kann – gerade bei zunehmender Auslastung – ein wertvoller Baustein sein, um die Qualität und Effizienz des Praxisbetriebs zu sichern. Wachstum ist kein Selbstzweck. Es sollte sich stets an den persönlichen Werten, fachlichen Interessen und strukturellen Möglichkeiten orientieren. Eine psychotherapeutische Praxis kann sich auf vielfältige Weise weiterentwickeln – entscheidend ist, dass der eingeschlagene Weg stimmig ist: für die eigene Lebenssituation, für die Patient*innen und für die Qualität der therapeutischen Arbeit. Wer mit Weitblick, Selbstreflexion und Offenheit agiert, schafft die Grundlage für eine nachhaltige, erfüllende und zukunftsfähige Praxis.

Checkliste zu Kap. 15

Kategorie	Maßnahmen/Empfehlungen
Fachliche Spezialisierung	• Eigene Interessensfelder analysiert (Störungsbilder, Zielgruppen, Methoden) • Nachfrage in der Region geprüft • Passende Fort- und Weiterbildungen geplant oder absolviert • Auswirkungen auf die Auslastung und Diversität bedacht • Langfristige Perspektiven und Motivation reflektiert
Praxisexpansion durch Kooperation	• Möglichkeiten zur Praxisgemeinschaft geprüft
	• Räumliche und infrastrukturelle Voraussetzungen vorhanden • Klare rechtliche und organisatorische Abgrenzung (Abrechnung, Datenschutz) • Gegenseitige fachliche Unterstützung und Notfallvertretung geregelt • Verbindliche Absprachen zu Verantwortlichkeiten getroffen
Anstellung von Kolleg*innen	• Bedarf und Finanzierung realistisch kalkuliert • Genehmigung der KV für Kassensitz/Anstellung vorhanden • Rechtssichere Arbeitsverträge vorbereitet (Urlaub, Vergütung, Aufgaben) • Datenschutz, Schweigepflicht und Einarbeitung gesichert • Struktureller Rahmen für Supervision und Qualitätssicherung geschaffen
Administrative Entlastung	• Aufgaben für Praxisassistenz klar definiert (z. B. Terminorganisation, Abrechnung) • Rechtskonforme Anstellung (Minijob, Sozialversicherung, Arbeitsvertrag) • Ausstattungskosten (Hard- /Software) berücksichtigt • Einführung in Datenschutz und Praxiskultur erfolgt

Reflexionsfragen – Kap. 15: Praxisentwicklung und Organisation

1. Fachliche Ausrichtung und Positionierung
   - Welche Patient*innengruppen oder Themen liegen mir besonders am Herzen?
   - Wodurch unterscheidet sich meine Praxis fachlich – und möchte ich diese Positionierung weiter schärfen?
   - Welche Spezialisierungen oder Zusatzangebote könnte meine Praxis sinnvoll ergänzen?
   - Welche Rolle spielt Forschung, Lehre oder Weiterbildung in meiner langfristigen Entwicklung?
2. Organisation und Expansion
   - Was brauche ich persönlich, um die Verantwortung für ein größeres Team oder eine höhere Auslastung zu tragen?
   - Welche Risiken nehme ich bei einer Expansion in Kauf – und wie gehe ich damit um?
   - Welche finanziellen, rechtlichen und organisatorischen Strukturen brauche ich für eine stabile Praxisentwicklung?
   - Welche Aufgaben möchte ich weiterhin selbst übernehmen – und welche könnte ich abgeben oder delegieren?
3. Teamführung und Zusammenarbeit
   - Wie stelle ich mir eine gute Zusammenarbeit im Team vor?
   - Welche Werte möchte ich in meiner Praxisgemeinschaft oder in meinem Team verankern?
   - Wie gehe ich mit Konflikten oder unterschiedlichen Arbeitsstilen im Team um?
   - Welche Führungsrolle passt zu mir – und wo möchte ich noch lernen oder Unterstützung suchen?
4. Persönliche Weiterentwicklung und Selbstreflexion
   - Wie kann ich mich selbst in meiner Weiterentwicklung gut begleiten – z. B. durch Supervision, Coaching oder Austausch?
   - Wie halte ich meine eigene Motivation langfristig lebendig?
   - Welche Balance möchte ich zwischen klinischer Arbeit, organisatorischen Aufgaben und persönlichem Leben finden?
   - Welche Zeichen für Überforderung nehme ich ernst – und wie kann ich rechtzeitig gegensteuern?

Literatur

Bradley University. (2022). *Counseling specialties: What areas can I specialize in?* https://onlinedegrees.bradley.edu/blog/counseling-specialties. Zugegriffen: 21. Juli 2025.

Karger Verlag. (2009). Brauchen wir mehr Spezialisierung in der Psychotherapie? *Verhaltenstherapie*, 23(2), 117–124. https://karger.com/ver/article/23/2/117/319292. Zugegriffen: 21. Juli 2025.

Kassenärztliche Bundesvereinigung. (2015). *Arbeiten im Team.* https://www.kvberlin.de/fileadmin/user_upload/Praxisnetze/bz_praxisnetze_kbv_arbeiten_im_team.pdf. Zugegriffen: 20. Juli 2025.

Gross, W. (2017). Psychotherapiepraxis als Unternehmen (3): Von der Gewinnerwirtschaftung. Deutsches Ärzteblatt PP, 16(3), 134–137. https://www.aerzteblatt.de/archiv/188724. Zugegriffen: 21. Juli 2025.

16 Ankommen, Weitergehen, Verbunden bleiben

> Das letzte Kapitel lädt Sie ein, innezuhalten und den Blick zu weiten: *„Was bleibt nach allen Hürden, Zahlen und Strukturen wirklich wichtig?".* Das sechszehnte Kapitel nimmt Sie mit auf eine Reise durch Rückblicke, Zweifel und Zuversicht – und zeigt, wie Selbstständigkeit in der Psychotherapie weniger ein fertiges Ziel als vielmehr ein fortlaufender Weg ist. Zwischen persönlicher Handschrift, kollegialer Verbundenheit und dem Mut, Unvollkommenheit zuzulassen, entsteht ein Bild von Selbstständigkeit, das realistisch und ermutigend zugleich ist. Dieses Kapitel bietet keine starren Vorgaben, sondern Impulse, um den eigenen Weg bewusst, authentisch und mit Gelassenheit zu gestalten – heute, morgen und in der Zukunft.

16.1 Rückblick und Standortbestimmung

Am Ende dieses Buches ist es sinnvoll, innezuhalten und den Blick auf den bisherigen Weg zu richten. Wir haben gemeinsam die unterschiedlichen Etappen betrachtet, die eine Praxisgründung begleiten: von den ersten Überlegungen zur Selbstständigkeit über die bürokratischen Hürden, die finanzielle Planung und die Gestaltung des therapeutischen Raumes bis hin zu Fragen der Selbstfürsorge, professionellen Haltung und zukunftsweisenden Entwicklungen. Jede dieser Stationen bringt ihre eigenen Herausforderungen, Chancen und Lernfelder mit sich. Dieser Rückblick verdeutlicht, dass Selbstständigkeit niemals als einmaliger Entschluss verstanden werden sollte, der nach der Gründung abgeschlossen ist. Vielmehr handelt es sich um einen dynamischen Prozess, der ständige Anpassungen erfordert. Strukturen, die heute sinnvoll erscheinen, können in einigen Jahren

L. Seifert, *Eigene Praxis, eigene Wege - Herausforderungen und Chancen der Praxisgründung für (junge) PsychotherapeutInnen*, Psychotherapie: Therapiegestaltung & Praxismanagement,
https://doi.org/10.1007/978-3-662-72888-8_16

überprüft und verändert werden müssen. Persönliche Lebensumstände, gesellschaftliche Entwicklungen oder gesundheitspolitische Neuerungen machen es notwendig, immer wieder den Kurs zu überdenken. Wer sich dieser Dynamik bewusst ist, kann gelassener mit Unsicherheiten und Zweifeln umgehen. Sie sind nicht Ausdruck von Scheitern, sondern normale Begleiter auf einem Weg, der geprägt ist von Lernschleifen, Kurskorrekturen und unerwarteten Wendungen. Gerade in diesen Momenten zeigt sich die eigene Flexibilität und die Fähigkeit, Entscheidungen neu auszurichten.

▶ **Wichtig** Selbstständigkeit ist kein geradliniger Weg, sondern eine Reise mit Abzweigungen, Umwegen und der Chance, immer wieder neu die eigene Richtung zu bestimmen.

16.2 Zwischen persönlicher Handschrift und äußeren Anforderungen

Eine Praxis ist niemals nur ein funktionaler Ort, an dem Sitzungen stattfinden. Sie ist immer auch Ausdruck der Persönlichkeit, der Werte und der Haltung der Therapeutin oder des Therapeuten, die darin arbeiten. Schon die Gestaltung der Räume, die Auswahl der Möbel und Farben oder die Art, wie Termine organisiert werden, spiegeln wider, wie jemand seine Arbeit versteht. Manche bevorzugen eine minimalistische, ruhige Umgebung, andere schaffen eine warme, farbenfrohe Atmosphäre. Einige organisieren Abläufe digital und papierlos, andere fühlen sich in klassischeren Strukturen wohler. Entscheidend ist nicht, dass es *„richtig“* oder *„modern“* wirkt, sondern dass es stimmig für die Person ist, die darin arbeitet – denn diese Stimmigkeit überträgt sich unmittelbar auf die Patient*innen. Gerade junge Kolleg*innen stehen oft unter dem Druck, sich an vermeintliche Standards oder Erwartungen anzupassen. Die Unsicherheit, etwas „falsch“ zu machen, führt leicht dazu, dass eigene Vorstellungen zurückgestellt werden. Dabei lohnt es sich, frühzeitig die eigene Handschrift zu entwickeln und kleine, persönliche Akzente zu setzen. Authentizität schafft Vertrauen, und Vertrauen ist die Grundlage therapeutischer Arbeit. Natürlich lassen sich äußere Anforderungen nicht ignorieren. Gesetze, Abrechnungsmodalitäten, Datenschutzrichtlinien oder räumliche Vorgaben setzen Grenzen, die manchmal wenig Raum für Individualität lassen. Professionelles Handeln bedeutet deshalb, in diesem Spannungsfeld einen Ausgleich zu schaffen: zwischen innerer Authentizität und äußerer Anpassung, zwischen persönlichen Werten und rechtlichen Rahmenbedingungen.

▶ **Tipp** Prüfen Sie regelmäßig, ob Ihre Praxis noch das widerspiegelt, was Ihnen wichtig ist und passen Sie Details behutsam an, wenn sich neue Bedürfnisse zeigen. Veränderungen dürfen schrittweise erfolgen; auch kleine Anpassungen können große Wirkung haben.

Am Ende zeigt sich: Die Entscheidung für eine Praxisform ist weit mehr als eine organisatorische oder wirtschaftliche Weichenstellung – sie ist Ausdruck der eigenen Persönlichkeit, Werte und Lebensumstände. Ein **Kassensitz** steht oft für Stabilität, Verlässlichkeit und das Bedürfnis nach klaren Strukturen. Wer darin arbeitet, bewegt sich in einem System, das Sicherheit bietet, aber auch Grenzen setzt – sowohl finanziell als auch in der Gestaltung des Praxisalltags. Die **Privatpraxis** hingegen spiegelt häufig den Wunsch nach Freiheit, Selbstbestimmung und individueller Gestaltung wider. Sie erlaubt, Schwerpunkte zu setzen, neue Formate zu entwickeln und die eigene therapeutische Handschrift sichtbar zu machen. Gleichzeitig erfordert sie mehr Risikobereitschaft, Marketingdenken und Selbstvertrauen in die eigene Positionierung. Beide Wege haben ihre Berechtigung. Entscheidend ist nicht, welches Modell objektiv besser ist, sondern welches Modell zu den eigenen inneren und äußeren Bedingungen passt – zur aktuellen Lebensphase, familiären Situation und persönlichen Haltung zum Beruf. Denn letztlich führt nicht die Struktur zum Erfolg, sondern die Fähigkeit, sich darin authentisch und stimmig zu bewegen.

▶ **Impuls** *„Welche Rahmenbedingungen unterstützen meine therapeutische Haltung – und welche engen sie ein?"*. Diese Frage kann helfen, den eigenen Weg immer wieder neu auszurichten, wenn sich das Leben oder die Praxis verändern.

16.3 Verbundenheit, Zweifel und Zukunft

Die Selbstständigkeit bringt neben Freiheit und Gestaltungsspielraum auch eine besondere Form von Verantwortung mit sich. Wer eine eigene Praxis führt, trägt nicht nur die Verantwortung für Patient*innen, sondern auch für die eigene wirtschaftliche und organisatorische Basis. Diese Verantwortung kann sich manchmal wie eine Last anfühlen – vor allem dann, wenn Zweifel aufkommen. Fragen wie: *„Bin ich gut genug?"*, *„Kann ich meine Praxis langfristig tragen?"* oder *„Werde ich den Anforderungen gerecht?"* gehören fast zwangsläufig zu diesem Weg. Zweifel sind dabei kein Zeichen von Schwäche, sondern Ausdruck eines ernsthaften Ringens um Qualität und Verantwortung. Wichtig ist, mit diesen Zweifeln nicht allein zu bleiben. Verbundenheit ist eine zentrale Ressource, die es ermöglicht, schwierige Phasen zu bewältigen. Supervision und Intervision schaffen Räume, um fachliche Unsicherheiten zu reflektieren und neue Perspektiven zu gewinnen. Kollegiale Netzwerke bieten nicht nur fachlichen Austausch, sondern auch emotionale Entlastung, weil deutlich wird: Viele Herausforderungen sind nicht individuell, sondern strukturell bedingt. Auch persönliche Gespräche mit Freund*innen oder Mentoring durch erfahrene Kolleg*innen können helfen, den Blick zu weiten und wieder Boden unter den Füßen zu spüren.

Gleichzeitig richtet sich der Blick nach vorn. Die Psychotherapie der Zukunft wird digitaler, stärker vernetzt und vielfältiger. Neue Versorgungsmodelle, interdisziplinäre Kooperationen und digitale Anwendungen eröffnen Chancen, werfen aber auch Fragen auf. Niemand muss sofort auf jeden Trend aufspringen. Es geht vielmehr darum, Entwicklungen aufmerksam zu verfolgen, sie kritisch zu prüfen und behutsam in die eigene Praxis zu integrieren.

Wichtig Wer sich dauerhaft jeder Veränderung verschließt, läuft Gefahr, den Anschluss an die Entwicklungen im Gesundheitswesen zu verlieren. Gleichzeitig gilt: Veränderungen sind dann sinnvoll, wenn sie die eigene Arbeit bereichern – nicht, wenn sie nur äußerem Druck folgen.

16.4 Schlussgedanken und Impulsfragen

Am Ende dieses Buches stellt sich die Frage, was bleibt. Praxisgründung und Selbstständigkeit sind kein Sprint, sondern ein Weg voller Etappen, Herausforderungen und Wendepunkte. Wer diesen Weg geht, darf lernen, dass es nicht die perfekte Praxis gibt – sondern diejenige, die zu den eigenen Bedürfnissen, Werten und Möglichkeiten passt. Fehler und Umwege gehören genauso dazu wie Erfolge und Routinen. Sie sind kein Zeichen von Scheitern, sondern Belege dafür, dass man unterwegs ist, Entscheidungen trifft und an Erfahrungen wächst. Es lohnt sich, diesen Weg mit einer Haltung der Gelassenheit und Offenheit zu beschreiten. Selbstständigkeit heißt nicht, alles allein schaffen zu müssen. Vielmehr geht es darum, sich mit anderen zu verbinden, Unterstützung anzunehmen und Netzwerke als Ressource zu begreifen. Gleichzeitig ist Selbstfürsorge kein optionales Extra, sondern ein zentraler Bestandteil, damit dieser Weg langfristig gesund und erfüllend bleibt.

> *„Zwischen Reiz und Reaktion liegt ein Raum. In diesem Raum liegt unsere Macht zur Wahl unserer Reaktion. In unserer Reaktion liegen unsere Entwicklung und unsere Freiheit."* – Viktor E. Frankl

Dieses Zitat macht deutlich, dass es in jedem Moment die Möglichkeit gibt, bewusst zu gestalten – ob in Therapie, im Umgang mit Patient*innen oder beim Aufbau der eigenen Praxis.

Das Abschlusskapitel soll Mut machen, die eigene Praxis nicht als fertiges Produkt, sondern als lebendigen Prozess zu begreifen. Jede Veränderung, jede Anpassung, jeder kleine Schritt kann ein Beitrag sein, um die Arbeit stimmiger und tragfähiger zu machen.

Impulsfragen

- *Welche Inhalte aus diesem Buch möchte ich konkret umsetzen?*
- *Welche Werte sollen meine Praxis prägen – heute und in Zukunft?*
- *Wo wünsche ich mir Unterstützung oder Begleitung?*
- *Welche ersten kleinen Schritte kann ich schon morgen gehen?*

Stichwortverzeichnis

L. Seifert, *Eigene Praxis, eigene Wege - Herausforderungen und Chancen der Praxisgründung für (junge) PsychotherapeutInnen*, Psychotherapie: Therapiegestaltung & Praxismanagement,
https://doi.org/10.1007/978-3-662-72888-8

Kolibri 360 GmbH
Ferdinand-Jühlke-Straße 7
99095 Erfurt, Deutschland
produktsicherheit@kolibri360.de